清 史 論 集

(七)

莊 吉 發 著

文 史 哲 學 集 成

文史哲出版社印行

國家圖書館出版品預行編目資料

清史論集 / 莊吉發著. -- 初版. -- 臺北市：文
　史哲，民 86 –
　　冊；　公分. -- (文史哲學集成；388–)
　含參考書目
　　ISBN 957-549-110-6(第一冊：平裝) .--ISBN957-549-
111-4(第二冊：平裝) .--ISBN957-549-166-1 (第三冊：
平裝) .--ISBN957-549-271-4 (第四冊：平裝) .-- ISBN
957-549-272-2(第五冊：平裝) .--ISBN957-549-325-7
(第六冊：平裝) .--ISBN957-549-326-5(第七冊：平裝)
.--ISBN957-549-331-1(第八冊：平裝) .--ISBN957-
549- 421-0(第九冊：平裝) .--ISBN957-549-422-9(第十
冊：平裝).--ISBN957-549-512-8(第十一冊：平裝) .-- ISBN
957-549-513-6(第十二冊：平裝) .--ISBN957-549-551-9 (
第十三冊：平裝) .--ISBN957-549-576-4(第十四冊：平裝) --
ISBN957-549-605-1(第十五冊：平裝)　ISBN957-549- 671-x
(第十六冊：平裝) ISBN978-957-549-725-5(第十七冊：平裝)

1.中國-歷史-清(1644-1912) -論文，講詞等

627.007　　　　　　　　　　　　　　　　　8601591

文史哲學集成　529

清 史 論 集（七）

著　　　者：莊　　　吉　　　發
出　版　者：文　史　哲　出　版　社
　　　　　http://www.lapen.com.tw
登記證字號：行政院新聞局版臺業字五三三七號
發　行　人：彭　　　正　　　雄
發　行　所：文　史　哲　出　版　社
印　刷　者：文　史　哲　出　版　社
　　　　臺北市羅斯福路一段七十二巷四號
　　　　郵政劃撥帳號：一六一八○一七五
　　　　電話 886-2-23511028・傳真 886-2-23965656

實價新臺幣四五○元

中華民國九十五年（2006）七月初版

清 史 論 集

（七）

目　次

出版說明　……………………………………………………… 3

傳承與創新

　——從民間宗教寶卷的流傳分析通俗文化的社會適應　…… 7

從現存史館檔看清史的纂修　………………………………　41

回顧與前瞻——清宮檔案的整理出版與檔案術語的規範　… 89

臺灣的滿學研究　……………………………………………… 135

清史研究的前景——新史料的發現與新清史研究　………… 153

激濁揚清爲國得人——清朝的官箴制度　…………………… 215

源遠流長——通古斯民族的源流及其分布　………………… 233

結盟拜會——從社會經濟變遷看清代臺灣秘密會黨的發展　273

評介宋恩常著《雲南少數民族社會調查研究》　…………… 325

評介烏丙安著《中國民間信仰》　…………………………… 339

林爽文「順天大盟主印」印文
《清史圖典・乾隆朝》

清史論集

出版説明

　　我國歷代以來，就是一個多民族的國家，各民族的社會、經濟及文化方面，雖然存在著多樣性及差異性的特徵，但各兄弟民族對我國歷史文化的締造，都有直接或間接的貢獻。滿族以非漢部族入主中原，建立清朝，參漢酌金，一方面接受儒家傳統的政治理念，一方面又具有滿族特有的統治方式，在多民族統一國家發展過程中有其重要的地位。在清朝長期的統治下，邊疆與內地逐漸打成一片，文治武功之盛，不僅堪與漢唐相比，同時在我國傳統社會、政治、經濟、文化的發展過程中亦處於承先啓後的發展階段。蕭一山先生著《清代通史》敍例中已指出原書所述，爲清代社會的變遷，而非愛新一朝的興亡。換言之，所述爲清國史，亦即清代的中國史，而非清室史。同書導言分析清朝享國長久的原因時，歸納爲二方面：一方面是君主多賢明；一方面是政策獲成功。《清史稿》十二朝本紀論贊，尤多溢美之辭。清朝政權被推翻以後，政治上的禁忌，雖然已經解除，但是反滿的清緒，仍然十分高昂，應否爲清人修史，成爲爭論的焦點。清朝政府的功過及是非論斷，人言嘖嘖。然而一朝掌故，文獻足徵，可爲後世殷鑒，筆則筆，削則削，不可從闕，亦即孔子作《春秋》之意。孟森先生著《清代史》指出，「近日淺學之士，承革命時期之態度，對清或作仇敵之詞，旣認爲仇敵，即無代爲修史之任務。若已認爲應代修史，即認爲現代所繼承之前代。尊重現代，

必不厭薄於所繼承之前代，而後覺承統之有自。清一代武功文治、幅員人材，皆有可觀。明初代元，以胡俗為厭，天下既定，即表章元世祖之治，惜其子孫不能遵守。後代於前代，評量政治之得失以為法戒，乃所以為史學。革命時之鼓煽種族以作敵愾之氣，乃軍族之事，非學問之事也。故史學上之清史，自當占中國累朝史中較盛之一朝，不應故為貶抑，自失學者態度。」錢穆先生著《國史大綱》亦稱，我國為世界上歷史體裁最完備的國家，悠久、無間斷、詳密，就是我國歷史的三大特點。我國歷史所包地域最廣大，所含民族份子最複雜。因此，益形成其繁富。有清一代，能統一國土，能治理人民，能行使政權，能綿歷年歲，其文治武功，幅員人材，既有可觀，清代歷史確實有其地位，貶抑清代史，無異自形縮短中國歷史。《清史稿》的既修而復禁，反映清代史是非論定的紛歧。

　　歷史學並非單純史料的堆砌，也不僅是史事的整理。史學研究者和檔案工作者，都應當儘可能重視理論研究，但不能以論代史，無視原始檔案資料的存在，不尊重客觀的歷史事實。治古史之難，難於在會通，主要原因就是由於文獻不足；治清史之難，難在審辨，主要原因就是由於史料氾濫。有清一代，史料浩如煙海，私家收藏，固不待論，即官方歷史檔案，可謂汗牛充棟。近人討論纂修清代史，曾鑒於清史範圍既廣，其材料尤夥，若用紀、志、表、傳舊體裁，則卷帙必多，重見牴牾之病，勢必難免，而事蹟反不能備載，於是主張採用通史體裁，以期達到文省事增之目的。但是一方面由於海峽兩岸現藏清代滿漢文檔案資料，數量龐大，整理公佈，尚需時日；一方面由於清史專題研究，在質量上仍不夠深入。因此，纂修大型清代通史的條件，還不十分具備。近年以來因出席國際學術研討會，所發表的論文，

多涉及清代的歷史人物、文獻檔案、滿洲語文、宗教信仰、族群
關係、人口流動、地方吏治等範圍，俱屬專題研究，題爲《清史
論集》。雖然只是清史的片羽鱗爪，缺乏系統，不能成一家之
言。然而每篇都充分利用原始資料，尊重客觀的歷史事實，認眞
撰寫，不作空論。所愧的是學養不足，研究仍不夠深入，錯謬疏
漏，在所難免，尙祈讀者不吝教正。

　　　　　　　　　　二〇〇七年六月　莊吉發

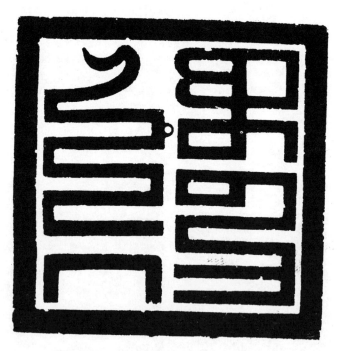

滿文篆體「皇帝之寶」（han i boo bai）

傳承與創新——從民間宗教寶卷的流傳分析通俗文化的社會適應

一、前　言

　　宗教信仰是一種複雜的社會文化現象，它伴隨著人類的歷史發展而存在，有它產生、發展的過程，既有其長期性，亦有其複雜性和群眾性。清初諸帝相信儒家的倫理道德，能為清朝政府帶來長治久安、社會穩定的積極作用。為貫徹崇儒重道的文化政策，他們都以儒家思想為正統思想，同時也以儒家思想為主流文化。康熙皇帝認為孔孟之學即堯舜之道，堯舜之道，就是帝王之道。他也以上接二帝三王的正統思想為己任。

　　孔子雖然不言「怪力亂神」，但是，在「子不語」的背後，卻反映了當時的社會裡已有人談論怪力亂神，宗教信仰的問題，早已受到重視。相對於傳統儒家思想而言，佛道二氏的教義，並不符合堯舜孔孟的正道。但因佛教、道教流傳已久，對於宋明理學的發展也起過作用。雍正皇帝頒諭指出：

> 域中有三教：曰儒；曰釋；曰道。儒教本乎聖人為生民立命，乃治世之大經大法。而釋氏之明心見性，道家之鍊氣凝神，亦與吾儒存心養氣之旨不悖。且其教皆主於勸人為善，戒人為惡，亦有補於治化①。

　　儒釋道各具治世、治心、治身的長處，各具文化意義，亦即以儒治世，以佛治心，以道治身。儒釋道各有所長，可以相輔相成。儒家學說是正統思想，佛道二氏是正信宗教，以佛道二氏的

教義思想，作爲儒家學說的輔助力量，更能產生潛移默化的教化
功能，都有助於政治和社會的穩定發展。

民間宗教是由佛道等正信宗教派生出來的世俗化新興混合宗
教，同時依附於儒釋道的思想信仰而流佈於社會底層。新興教
派，名目繁多，有其多元性、群衆性，對下層社會識字不多的善
男信女具有社會教化功能，而成爲正信宗教的輔助力量，同樣有
助於政治和社會的穩定發展。民間宗教各新興教派在它的發展和
傳播過程中，因其吸收正信宗教和民間信仰的各種神祇，所以也
吸收了崇拜各種神祇的信衆。各教派多將諸佛菩薩及歷史人物改
造成爲民間宗教所崇拜的神祇。信如七十二賢聖本爲孔子七十二
弟子，經明末大乘天眞圓頓教吸收後即被改造成爲它的教化神。
佛教禪宗奉南天竺僧人菩提達摩爲初祖，經民間宗教吸收後，稱
爲達摩老祖。並且被改造成爲協助未來佛完成三期末劫總收圓的
佛祖之一②。呂祖本爲道教神仙，經民間宗教吸收後，各新興教
派多以呂祖爲無生老母差遣下凡掌教的佛祖之一。

寶卷是一種由變文衍生出來的講唱文學，其結構與變文大同
小異，大多採用通俗易曉的語言，配合音樂，加以講唱，以求通
俗化。寶卷的體例，是以韻文爲主，以散文爲補充說明。講唱的
內容，多以因果報應，或佛道故事爲主③。民間宗教新興教派，
爲了宣講教義，除了念誦佛道經卷外，也念誦各種寶卷，包括佛
教寶卷、勸世文寶卷等等，各教派也大量改編民間宗教寶卷。
《寶卷》初集出版說明已指出據不完全統計，存世寶卷，大約有
一仟餘種。任何一個教派都有自己的經典著作，寶卷便是白蓮教
的經典和一般撰述。有的是民衆根據傳統思想創作出來的，區別
於儒道佛三教；有的是襲取單一的佛教思想撰寫成書。在清代中
葉以前，大部分寶卷是爲了宣傳教義，進行布道，人們把這一時

期產生的寶卷稱爲前期寶卷。清代中葉以後的寶卷稱爲後期寶卷，在內容上發生了很大變化，大多數是宣講各種故事的宣卷，成爲純正的民間俗文學。民間藝人借助於宣講演唱，或勸人行善，或伸張正義，或進行自娛。這些純屬文學性質的寶卷，大多取材於儒教、道教和佛教，也有一部分取材於民間的古老故事、傳說和戲曲④。

明清時期，各新興教派所宣講的民間宗教寶卷，主要包括儀式，說白、吟誦、歌唱等部分。宣卷時首先焚香請佛，開頭與結尾，都要迎請和恭送諸佛菩薩。宣卷說白，使用口語化的散文。吟誦部分，一般多用七言或十言的韻文。歌唱時，則以詞牌譜曲，如十字亂彈調，以便於誦唱。民間宗教寶卷可以說是儒釋道三教經典通俗化的宗教讀物，俚俗生動，富於變化，容易爲下層社會識字不多的善男信女所接受。由於民間宗教寶卷的輾轉抄寫翻刻，流傳甚廣。通過民間宗教寶卷文本的分析，有助於了解民間教寶卷通俗化的特色及其社會適應的過程。

二、從文化政策的宣導看通俗文化的社會適應

清朝政權進入中原之初，即已深悉儒家思想有利於統治政權的鞏固，積極制訂文化政策。順治十年（1653）四月，禮部遵旨將「崇儒重道」定爲基本國策，於各省設立學宮，令士子讀書，各治一經，以培養教化⑤。清朝國策的制訂，反映順治年間的政治氣象，已經頗具規模。

清聖祖康熙皇帝深信儒家的綱常名教，君臣、父子、夫婦、朋友之倫，上下尊卑之序，就是社會秩序賴以維繫的生活規範。康熙九年（1670）十月，康熙皇帝諭禮部時，進一步將順治年間制訂的「崇儒重道」國策具體化，提出了以「文教是先」爲核心

的十六條聖訓，其條目如下：

> 敦孝弟以重人倫，篤宗族以昭雍睦，和鄉黨以息爭訟，重
> 農桑以足衣食，尚節儉以惜財用，隆學校以端士習，黜異
> 端以崇正學，講法律以儆愚頑，明禮讓以厚風俗，務本業
> 以定民志，訓子弟以禁非爲，息誣告以全良善，誡窩逃以
> 免株連，完錢糧以省催科，聯保甲以弭盜賊，解讐忿以重
> 身命⑥。

前引十六條聖訓的範圍很廣，自綱常名教之際，以至於耕桑
之間，本末精粗，公私鉅細，民情所習，都包含在內，其宗旨在
化民成俗。清初諸帝在強化中央集權統治的同時，又竭立鼓吹儒
家倫常思想，他們以儒家倫理來移風易俗，其本身就是一項重大
的政治活動。清初諸帝的倫理觀念也被納入政治思想體系之中，
他們深信儒家倫理道德，能爲他們帶來長治久安，以及社會穩定
的積極作用。儒家思想遂成爲正統思想，同時也是主導文化或顯
文化。十六條聖訓，可以說是清朝政府的基本文化政策，也都是
化民成俗的具體項目，其目的不僅在鞏固清朝政權，同時也在穩
定社會秩序。

清世宗雍正皇帝即位後，亟於移風易俗，對於崇儒重道政策
的推行，可謂不遺餘力。雍正二年（1724）二月，雍正皇帝將聖
訓十六條尋繹其義，旁徵博引，推衍其文，共得萬言，題爲《聖
諭廣訓》，並譯成滿文本和蒙文本，令八旗於每月朔望之日宣
講，因聽講之人往往不能齊集，所以後來又規定每月逢三，逢八
之日，八旗齊集教場操練兵丁時，於射箭之後，宣講聖訓一、二
條，如此則「地廣人多，於家喻戶曉之道，似有裨益。」⑦宣講
聖訓，必須家喻戶曉，方能化民成俗，以免流於形式。雍正年間
（1723～1735），無論是每月塑望宣講，或是逢三、逢八之日宣

講，聽講之人，多以滿族或旗人爲主，附近居民聚集聽講者，寥寥無幾。至於鄉鎮村莊，或下層社會的民眾，只能閱覽張掛的告示，很難「牖民覺世，啓迪民智」。乾隆八年（1743）閏四月，清高宗乾隆皇帝諭令直省督撫務必董率所屬，實力奉行《聖諭廣訓》，留心化導，不得視爲虛文。

爲了配合《聖諭廣訓》的宣講，各州縣一方面清查保甲，實力奉行；一方面由保甲分司講鐸，以厚風俗。譬如山東城武縣的保甲是就四鄉里耆分司講鐸。因村莊子弟無力讀書識字，多失於教訓，稍長則競習嚚薄，好勇鬥狠，動觸法網，以致喪身亡家，所以每於農隙時節及每月塑望宣講《聖諭廣訓》，使其平時「曉然於善之當爲，不善之不可爲，則良心時時提醒，自然革薄從忠。」城武縣知縣趙嗣晉曾因講鐸舊本，多述成語，不能深入淺出，鄉民不能理解，所以另編通俗演義一書，廣爲講解。後因年久版失，知縣袁章華將《聖訓廣訓》抄錄多本，於編定保甲後，即集合各鄉里耆，每名給發一本，由各里耆於所管該里內，選擇人煙湊集之所，逢朔望日集合里中士庶拱聽宣講⑧。

道光、咸豐年間（1821～1861），太平軍勢力方興未艾，教派盛行，爲貫徹崇儒重道的文化政策，清宣宗道光皇帝特頒《欽定敬闡聖諭廣訓黜異端以崇正學韻文》一篇。清文宗咸豐皇帝爲實力奉行聖訓，特將所頒韻文親書一通，命武英殿勒石搨印，頒行各省，期盼「自今庶民，各守爾義，農服耕耘，士脩孝弟，商阜其財，工勤其藝，莫作非爲，永保勿替。」⑨《聖諭廣訓》的宗旨就是崇正學，重視綱常，潛移默化，士農工商，安分守己，共享安康，如此則「人其永壽，天亦降祥。」

清朝勢力進入關內之初，兵事方殷，休養生息，未遑及之，然而終能實現國家的統一，中央政權益趨鞏固，社會經濟逐漸繁

榮，促成這一歷史轉變的因素，固然是多方面的。但是，清朝政府始終以「文教是先」作爲制訂文化政策的立足點，把文化教育作爲治理國家的根本大計，其文化政策，確實發揮了積極的歷史作用⑩。崇儒重道是歷代以來的社會道德規範，以崇儒重道爲核心的文化政策，確實較易形成共識，成爲全體社會成員的凝聚力量。因此，清朝政府以崇儒重道爲立國方針，並制訂文教爲先的文化政策，這不僅是爲了鞏固滿族政權，同時也有助於凝聚多民族的社會力量，建立全民公共道德規範。

　　宣講《聖諭廣訓》是一種長期的教化工作，對下層社會的販夫走卒，或識字不多的善男信女，宣講《聖諭廣訓》固然要增加趣味性，尤其要使它通俗化，方能深入淺出。王見川、林萬傳主編《明清民間宗教經卷文獻》收錄《繪圖宣講集要》一書，就是民間宣講《聖諭廣訓》的通俗化勸善宗教讀物。原書經改良增圖，由上海錦章圖書局印刷出版。全書共十五卷，插圖多幅。原書卷首列有翰林院編修郭嵩燾撰序文。序文中指出宣講聖諭，自順治、康熙以來，疊奏疊頒，然而比閭鄉黨仍然不能遍行的原因，「皆以愚民不知奧理，訓俗型方，無善本故也。」所謂「善本」，當指適宜「愚夫愚婦」閱讀的通俗化文本。郭嵩燾進一步指出，「今見是書，于十六條中，加以細注，徵引古今事跡，均有實證，所採各種歌調，雖未盡善，亦屬雅俗參半，差可爲宣講推廣之意。」⑪原書有圖繪歌調，可以雅俗共賞。

　　爲了說明《繪圖宣講集要》對宣講《聖訓廣訓》通俗化過程中所扮演的角色，可以先將該書各卷子目列舉如下：

　　　卷一，敦孝弟以重人倫：孝字、大舜耕田、閔損留母、子
　　　路負米、王祥臥冰、姜詩躍鯉、蔡順拾椹、郭巨埋兒、丁
　　　蘭刻木、王裒泣墓、老萊戲綵、王公孝友、營工養親、推

廣親心、純孝感母、孝子還陽、楊一哭墳、捨身救父。

卷二，敦孝弟以重人倫：孝子挽母、嫁妻養母、堂上活佛、送米化親、朱衣救火、痛父尋尸、孝避火災、苦子行孝、子誠尋父、壽昌尋母、孝虎祠、勸孝戒淫、和九報母、孝逆現報、啣刀救母、片念格天、孝義善報。

卷三，敦孝弟以重人倫：雷打周二、風亭趕子、樹夾惡子、雷擊鍾二、雷打花狗、神誅逆子、逆子自殺、妒逆遭報、逆子分尸、神譴敗子、文玉現報、水淹達昌、玉經怨妻、逆婦斫手、惡媳變牛、竈君顯化、不孝冥報、哭靈咒子、懷粽看妻。

卷四，敦孝弟以重人倫：盡孝全節、鬻子節孝、朱氏節孝、友愛全節、黃氏節孝、斷機教子、全節救父、割耳完貞、割鼻誓志、齊婦含冤、墜樓全節、錢氏盡孝、徐氏完貞、崔氏守節、何氏全烈、孝媳化妒、賊化為善、賢媳勸翁、鄧氏節孝。

卷五，敦孝弟以重人倫：雪裡救母、惜錢歌、賣身葬父、救難全節、殺身救父、留嗣成名、石陳砌身、改過成孝、雷打二女、雷打逆女、嫌媳受累、嫌媳惡報、悍婦凶忘、無福受、蔣勸民歌、勸婦女歌、附體論。

卷六，敦孝弟以重人倫：大團圓、全家福、上俊歸家、雲霄埋金、荊樹三田、和睦美報、稽山賞貧、兄義弟利、侯氏取針、高二逐弟、仲仁遵比、狗報恩、石玉尋父、陸英訪夫、胡耀欺兄、古廟咒媳、悔後遲。

卷七，敦孝弟以重人倫：賢妻勸夫、埋狗勸夫、夫婦孝和、持刀化妻、敬竈勸夫、彥珠教婦、徐信怨妻、崔氏逼嫁、改嫁瞎眼、聽諭明目、惡婦受譴、欺瞞丈夫、大男速

長、嫌貧遭害。

卷八，篤宗族以昭雍睦：七世同居、接嗣報、創立義田、無賴叔。和鄉黨以息爭訟：教子息爭、三善回天、大德化鄉、祝地成潭、無心得地、化蛇報怨、忍讓睦鄰、解怨愈疾、敗節變豬、握苗報仇、搜雞煮人。

卷九，重農桑以足衣食：農桑順案，忌戊眞言、務本力農。尚節儉以惜財用：惜福報案、黃氏遊冥、暴殄天物。隆學校以端士習：修德獲福、葬師獲名、陳財美報、垂青傷身、國常墜馬、惜字獲金、濫寫遭譴、惰師變犬。黜異端以端正學：送河伯婦、勸民俚歌、燒丹詐財。

卷十，講法律以警愚頑：宣講美報、鑽耳獄宣講、談白話宣講、息訟得財。明禮讓以厚風俗：讓產立名、分米齊貧、忍飢成美、釋怨承宗、玷節現報、嫌貧受貧、神譴白回宣講、血書見志、積米奉親、小樓逢子、刻薄受報、勸弟淡財、孝善逃劫。

卷十一，務本業以定民志：務本業、傳方解厄、天理良心、自了漢、勸盜賊、變善橋、女轉男身、估嫁妻、方便美報。

卷十二，訓子弟以禁非爲：成玉、孝子、培文教、孟母教子、鳴鐘訴冤、現眼報、強盜咬母、士珍醉酒、將就錯、淫逆報、獨腳板、雙人頭、焦氏殉節、用先改過、團圓報。

卷十三，息誣告以全善良：息得財、忠孝節義。戒逆逃以免株連：貪財後悔。完錢糧以省催科：教民完糧。聯保甲以弭盜賊：貪財受害、鳴鼓擒賊。解釁忿以重身命：小忿喪身、王生買薑、雪花銀、金玉滿堂。

卷十四，誠孝恪天、逆子遭譴、冥案實錄、惡巧報、欺貧賭眼、宣講解冤、施公奇案、溺女現報、司命顯化、冤孽現報、毀謗受譴、善應速報、信神獲福。

卷十五，醒世格言：破迷說、文昌帝君勸孝文、桂宮楊仙勸孝文、勸孝八反歌、三父八母歌、勸孝詞十首、受恩十則、報恩十則小警俗勉孝歌、文昌帝君過慾文、張公日旦嘆世詞、呂祖嘆世詞八首、聖帝諭、觀音大士醒世新詞、濟顛大師教孝篇、鑒察神唐天君諭、孚佑帝君諭、周大將軍論、觀音大士諭、武聖帝君諭、宏教眞君諭、呂祖嘆世歌、張夫子諭、關夫子諭、養心歌、皮囊歌、警世歌、羅狀元解組詩八首、邵堯夫詩四首、江西月勸諭詩四首、楊狀元四足歌、辛央君勸世讜言四首、文帝勸世歌、呂祖延壽育子歌、申瑤泉百字銘、安家箴、達觀吟、唐伯庶嘆世歌、石天基安樂歌、方便歌、自在歌、石成金快樂歌、清福歌、儉約西江月、享福歌、首尾循環歌、安分歌、勸士格言、萬空歌、清平調、田頭歌、王鳳洲正家箴、知足歌、不知足歌、勸世八則、陳矣鮮先生勉世歌、邵堯夫養心歌醒迷歌、心命歌、亞拙知足歌、亞拙醒世歌、關聖帝君訓世篇、勸世極言、善惡報應俗歌、存心俗歌、思讓歌、邵先生醒世歌、歐夫子治家格言、訓媳令篇、古佛應驗明聖經、利幽歌、附錄念佛案證。

由前引目錄子題可知全書十五卷中特重聖諭第一條〈敦孝弟以重人倫〉，卷一至卷七旁引節孝案證幾乎佔了全書二分之一的篇幅。原書卷一旁引孝案十八條，其中〈大舜耕田〉、〈閔損留母〉、〈王祥臥冰〉、〈姜詩躍鯉〉、〈蔡順拾椹〉、〈丁蘭刻木〉、〈老萊戲綵〉、〈孝子還陽〉等八個子目，分別繪圖描

述，內容都是孝順父母的民間故事。譬如〈孝子還陽〉講述山西新城縣耿家村孝子耿萬發三歲父亡，其母趙氏守寡撫育長大成家。耿萬發孝順父母，無論在家在外，凡有好飲食，必先奉母。耿萬發因病身故，亡魂進入冥府，判官展閱善冊，見冊上記載耿萬發大善十條：第一條，竭力養親；第二條，未犯四淫；第三條，同鄉王某家貧嫁妻，他出錢四千，全人夫婦；第四條，遇人作惡，必苦心勸解；第五條，不彰人短；第六條，敬惜字紙；第七條，不傷物命；第八條，與人傭工，忠心顧主；第九條，培補道路，砌古塚；第十條，扶持老弱，過險道，仔細指引迷路。經糾察善神奏明天帝後加耿萬發四十年壽限，還陽奉母，賜黃金一窖。耿萬發因廣行善事，後生二子，得中一文一武。故事結尾指出，「這是貧苦人盡心竭力行孝的福報，勸你們爲兒子的，都學耿孝子。」耿萬發所行十條大善，反映的就是傳統社會的道德規範，通過繪圖說故事的形式，勸人實踐，確實產生了社會教化的作用。

　　原書卷二旁引孝案十七條，其中〈孝子挽母〉、〈堂上活佛〉、〈朱衣救火〉、〈孝虎祠〉等四子目分別繪圖描述。圖中將〈堂上活佛〉標爲〈家中活佛〉，〈朱衣救火〉標爲〈生花救火〉，〈孝虎祠〉標爲〈虎孝祠〉。原書卷三旁引不孝案證十九條，其中〈雷打花狗〉、〈水淹達昌〉、〈逆婦斫手〉、〈惡媳變牛〉等四子目分別繪圖描述。譬如〈惡媳變牛〉的故事，是敘述揚州興化縣鍾氏女嫁到余家，公公早亡，不到兩年，丈夫余光顯又死，所生一子，乳名丁元，婆婆張氏，年已六十歲。惡媳鍾氏動輒惡言亂罵，要婆婆來服侍，鄰人將惡媳不孝的行爲編成一首歌來傳誦。歌詞中指出，「三餐茶飯要婆辦，又要與他洗衣衫，辦菜或嫌鹹與淡，衣不潔淨不愛穿，銀錢鹽米是他管，好酒

好肉母手餐，婆在一旁光眼看，每頓吃飯在一邊，母子吃完忙收碗，餵豬還要種茶園。」種種不孝，罄竹難書。影印原圖如下：

惡媳變牛圖
《明清民間宗教經卷文獻》

惡媳出遠門看戲前，打米四合半，吩咐婆婆吃兩天。婆婆獨自一人坐在門前傷心痛哭，觸動了觀音菩薩，變一和尚來化緣，拿衣換米。惡媳回家後強取此衣披在身上，說也奇怪，渾身長出毛來，頭上宛然兩角，跪在婆婆面前，雙目垂淚，引得眾人來觀看，變牛後的惡媳鍾氏哭哭啼啼地唱道：「眾位齊來把我看，聽我逆婦說的端。不該將婆來作賤，是我不孝大罪愆。罵婆惇牛將牛變，悔斷肝腸自枉然。神罰我來將世勸，把我當作榜樣看。世間婦女聽我勸，公婆第一孝為先。看我於今悔不轉，萬劫不能把身翻。」⑫鍾氏唱畢，遂不能言語，於是遠近傳聞，四鄰無不悚然，三日後不食而死。鍾氏是傳統社會反映不孝的榜樣，藉以勸導世人孝順公婆。

　　《繪圖宣講集》中採集了多種歌調，雖然雅俗參半，但就文化政策的宣導而言，其通俗化的社會適應作用，是不容忽視的。譬如原書卷十五〈醒迷歌〉的內容云：

　　　　財也大，產也大，子孫後來禍也大。借問此理是如何？子孫錢多膽也大，人大事來也不怕，不喪身家不肯罷。財也少，產也少，子孫後來禍也少。借問此理是如何？子孫無錢膽也小，些小生產自知保，儉使儉用也過了⑬。

　　財大產大，子孫禍患也大，倒不如安貧樂道，言之成理，對下層社會家無恒產的販夫走卒而言，產生了知足常樂的心理作用。原書〈心命歌〉的內容云：

　　　　心好命又好，富貴真到老。心好命不好，天地終須保。命好心不好，中途天折了。心命俱不好，貧賤受煩惱。心乃命之源，俱要存公道。命乃形之本，窮通難自料。信命不修心，陰陽恐虛矯。修心不聽命，造物終須報。李廣誅降卒，封侯事虛杳。宋郊救螻蟻，及第登科早。善乃福之

基，惡乃禍之兆。陰德與陰功，存忠更存孝。富貴有夙
因，禍福人自召。救困與扶危，勝如做齋醮。天地有洪
恩，日月無私照。子孫受餘慶，祖宗延壽考。我心與彼
心，各欲致榮耀。彼此一般心，何用相計較。第一莫欺
騙，第二休奸狡。萌心欲害人，鬼神暗中笑。只有五分
強，心要十分好。心命俱修持，便是終身寶⑭。

　　由引文內容可知〈心命歌〉就是一種可以歌唱吟詠的宣講體
裁。心命俱修持，便是終身寶。善乃福之基，存忠又存孝，多積
陰德，因果報應，子孫有餘慶，〈心命歌〉對社會教化產生了積
極性的作用。《聖諭廣訓》是一種聖賢書籍，《繪圖宣講集要》
將《聖諭廣訓》通俗化，同時穿插民間故事或歷史故事，並採集
各種歌調，而成為下層社會宣講勸善文本，一方面宣導清朝文化
政策，一方面將佛道善惡報應教義改編成說唱並用的通俗性讀
物，反映了儒釋道三教融合的濃厚思想。《繪圖宣講集要》就是
分析通俗文化社會適應值得重視的一個例證。通過文化的通俗化
而使《聖諭廣訓》的內容普及於下層社會。

三、從宗教寶卷的宣講看通俗文化的社會適應

　　明清時期流傳較廣的寶卷，在內容和形式上都有很大的變
化，可以從不同的角度將各種寶卷進行不同的分類。從寶卷的內
容和性質，可將寶卷分為宗教寶卷和文學寶卷兩大類。宗教寶卷
除佛道正信宗教外，還包含民間新興教派，其內容主要是演繹宗
教經卷、宣講教義和勸善良言。民間新興教派的各種寶卷，雖然
並不是文學作品，但多利用寶卷文學的講唱形式，同時穿插一些
故事情節的描述，而增加民間宗教寶卷的生動化和趣味性，尤其
講求它的通俗性，一方面將佛道故事通俗化，一方面結合民間信

仰，而使民間宗教寶卷在下層社會裡產生更大的教化作用。其中以婦女修行而得到福報的故事，最爲宣講師父所津津樂道。譬如《劉香寶卷》就是善男信女耳熟能詳的一種民間宗教寶卷。

　　張希舜等主編《寶卷》初集收錄常郡樂善堂藏板光緒二十九年（1903）癸卯春月重刊本《劉香寶卷》上、下計二卷。《劉香寶卷》的全名是《太華山紫金鎮兩世修行劉香寶卷全集》。寶卷中敍述宋眞宗紹元年間山東泰華山紫金鎮人劉光一生正直，心性公平。他的祖上，向來齋僧佈施，是忠厚積善人家。劉光因家中清淡就在鎮上開設豬酒飯店，做的都是造罪孽的生意。劉光妻室徐氏，寬宏大量，賢德慈心。夫妻恩愛，年近四十，生下一女，面如滿月，取名香女。到了六、七歲時，就曉得持齋把素。年方十歲，慈心念佛，在福田菴聽眞空法師講述佛法因果，善惡報應，要知前世因，今生受者是；要知後世因，今生作者是。爲人在世，修因而後得果。劉香聽後，思想起來，分毫不差，只見世人行善的少，作惡者多，所以享福者少，受苦者多。劉香奉勸父母將肉收起來，另開素麵飯店，持齋把素，看經念佛。劉光是有善根的人，轉意回心，放下殺豬屠刀，開設素麵飯舖。上午開店，下午關了店門，只管念佛，廣結良緣。大樹坊富豪馬忻，生有三子：馬金、馬銀、馬玉。馬忻夫妻，不敬三寶，愛殺生命。劉香十五歲時，許配馬玉。劉香奉勸雙親堅心念佛，上床脫了鞋和襪，未知明日穿不穿，世人不肯勤念佛，一雙空手見閻王。婚後三日，馬玉拜別父母，參加科舉考試。公公婆婆百般虐待劉香，逐出家門，大娘、二娘設計挑唆，陷害劉香。劉香流落西山下草菴修行。後來馬玉考中進士，到潮州做官。馬忻夫妻、馬金、馬銀等二十二口，因食物中毒，一夜而亡。

　　《劉香寶卷》卷末有一段敍述善惡報應的總結。原來閻王細

查受生冊，查得馬玉前世是一個高僧和尚，隱居太華山頂，眞心辦道，名喚善因和尚。劉香前世乃是湘州李百倍之女，不肯出嫁，在家修行，名喚善果。只因二人路遇之中，劉香頭揷桂花，善因和尚鼻聞一陣香氣，回頭一看，兩人俱各微微含笑，偶動凡心，故此馬玉和劉香轉生今世，該有三日夫妻緣分。馬玉爹娘哥嫂不信佛法，罪孽深重，墮落地獄，永不超生，幸得馬玉夫婦虔誠超度，得判人身。最後，馬玉、劉香往生後，都到西方極樂世界，馬玉稱名無愚佛，劉香稱爲寶月尊⑮。正是「劉香寶卷宣完成，勝誦蓮華一部經」。佛教因果報應的教義，通過故事情節的變化，較易引起善男信女的共鳴。

目連救母是民間最流行的佛教故事之一，《血湖寶卷》描述的內容就是目連遊歷地獄救母脫苦的經過。《寶卷》初集第二十二冊收錄周素蓮藏板《血湖寶卷》。第二十七冊，收錄光緒二十四年（1898）新鐫板《目蓮三世寶卷》，都是探討目連救母故事的重要民間宗教寶卷。有清一代，各省督撫查辦教案時所起出的寶卷，名目繁多。譬如清仁宗嘉慶二十二年（1817）六月湖北安陸縣人尹邦熙等赴官自首，承認惑於求福免禍之說，信奉大乘教，自祖上以來遺有寶卷三十五部。其中《血湖經》就是民間宗教所稱的《血湖寶卷》。

目連，又作目蓮，亦稱目犍，或作摩訶目犍，是釋迦牟尼十大弟子之一。唐代說唱文學《目連變文》即取材於目連救母的故事。光緒二十四年（1898）新鐫《目蓮三世寶卷》，計上、中、下三卷。上卷卷首刻有〈目蓮三世化生像〉，影印於下：

目蓮三世化生像
《明清民間宗教經卷文獻》

　　故事開端敘述南都關西傅員外娶妻劉青提，未曾生育。傅員外向善持齋，看經念佛，獨造萬緣橋、萬佛堂，齋僧佈施。有一天，家人挖蘿蔔，忽然來了一個老和尙，傅員外即佈施蘿蔔。老和尙吃完蘿蔔，倒身而亡。傅員外買得棺木，收殮殯葬。當天夜晚三更時分，傅員外夢見老和尙來酧謝。傅員外驚醒時，夫人生下公子，想必是老和尙來投胎，爲化緣蘿蔔而起，遂取名傅蘿蔔，寄名目連。傅員外拜有緣、遇緣兩和尙爲師，皈依三寶，發下宏誓大願，倘有開齋破戒，永墮地獄。傅員外在家中起了佛堂

二座，一座叫齋館，一座叫三官堂。傅員外悟道養性，功成圓滿，囑咐母子二人切勿開齋破戒，傅員外白日昇天。目連追荐父親，七日道場，功德圓滿。目連入報恩寺修行，削髮爲僧。劉氏胞兄劉賈勸她開齋破戒。劉氏自從開齋之後，每天殺害生靈，白骨埋在後花園枯井之內。目連回家後，得知母親破了齋戒，開了葷酒，心中好生不樂。母親不肯說出開齋破戒實情，反倒在後花園中擺設香案，對天發誓，若有破戒，即刻亡在花園。不料牛頭馬面站立兩旁，等候多時，劉氏起誓未完，七孔流血而死，被牛頭馬面帶到地獄血湖中受盡苦難。目連請求佛祖慈悲，佛祖說：「目連你母親造罪過重，不能赦放，念你行善救母，乃是大孝之人，賜你衣缽，九環禪杖，望幽冥去。將杖在地獄門上，輕輕一點，救出你母。缽內有水飯，可與你母充饑。」⑯

　　《目蓮三世寶卷》簡稱《目蓮寶卷》：融合了儒釋道的思想。《大學》云：「財聚則民散，財散則民聚，是故言悖而出者，亦悖而入；貨悖而入者，亦悖而出。」《目蓮三世寶卷》敘述六道輪迴，富貴貧賤胎卵濕化的因果報應，並引《大學》語謂「亦悖而入，貨悖而出者，陰曹報應，絲豪不爽。」⑰《孟子‧梁惠王》有「七十者可以食肉矣」、「七十者衣帛食肉、黎民不饑不寒」等句。《目蓮三世寶卷》敘述劉氏胞兄弟劉賈勸她開齋破戒一段話說：「爲人在世上，吃什麼齋，受什麼戒，孟子曰，人到七十者，非帛不煖，非肉不飽，滿地豬羊，雞鵝魚鱉蝦蟹，皆是人所吃的。」⑱《大學》、《孟子》等聖賢書籍是屬於主流文化，寶卷引《大學》、《孟子》，並結合佛教因果報應思想，而成爲通俗化的宗教讀物。

　　《血湖寶卷》爲了便於宣講或吟唱，而對血湖的景象，作了片斷的描述，富於變化。目連尊者所看見的是一個深廣的血湖地

獄，池中有鐵樑、鐵柱、鐵枷、鐵索。左有鬼王，右有獄主，前
有牛頭，後有馬面鬼卒夜叉，三十六司，二十四案監察尊神，善
惡二判主，掌管血湖地獄。判官手執文簿，馬面手拿鐵叉，牛頭
手執長枷。青面獠牙，硃紅頭髮，捉拏惡毒作孽婦女的亡魂，送
到血湖地獄受罪。這些婦女生前不肯持齋念佛，造下無邊大罪。
生產之時，又不小心，污血觸犯了一切神祇。又把滾湯潑地，燙
死無數諸蟲螻蟻生命。常在灶前詖罵公婆，怨天恨地，呵風罵
雨，打僧罵道，欺壓天主，瞞心昧己，將無作有，以直為非，大
秤小斗。姑嫂不和，妯娌不睦，斷絕六親，不尊長上，打男罵
女。無故詖罵平人，將身上灶，不先淨手，觸犯灶君。漿洗衣
裳，多費漿粉，作賤油鹽醬油，拋撒五穀粥食家伙什物，費多用
少，造罪如山。閻王叫夜叉將一眾婦人上了長枷剝去衣裳，送在
血湖池中受罪。只見牛頭馬面各執狼牙鐵棒來到血湖池邊，叫眾
婦人快將血水吃下幾碗，正所謂「血湖池內千般苦，一日三餐血
水吞。」每日三餐將血水灌下喉嚨，何年吃盡血水？哪日脫離火
坑？《血湖寶卷》一方面描述血湖池中婦女啼哭不止的景象，一
方面敘述目連尊者遊獄尋母的經過。當目連尊者來到血湖地獄
時，只見許多婦女披頭散髮，長枷扭手，都在血湖池中飽受苦
痛，目連見了受罪婦女，想起了生身老母親，於是合掌長跪，請
求我佛大慈大悲救度婦女。佛開金口，給與目連九環錫杖、明珠
一顆，晝夜光明，在鐵圍城中將這錫杖一搠三振，將鐵圍粉碎。
目連尊者懺母功德圓滿，超生極樂國土，佛放光明，眾苦地獄，
化作天堂，血湖池中婦女盡得昇天。《血湖寶卷》的宗旨，主要
就是在說明兒女孝順父母，持齋念佛，其母終於脫離血湖之苦。

　　目連救母故事的基本雛型，主要是出自《佛說盂蘭盆經》，
其要點包括目連的孝行、地獄的遊歷、憑藉佛力而解脫因果報

應。唐代說唱文學目連變文就是取材於目連救母的故事。後來的戲曲、寶卷，多據目連變文編造成書。所謂變文，就是指改造佛經，成為通俗的說教，而以散韻交迭的方式，配合圖繪，來講唱故事⑲。在敦煌石室的大量變文中，目連變文是其中數量較多的一種。

變文消失以後，寶卷繼承了它的系統，繼續在民間流傳。寶卷繼承了變文的內容和結構，以散韻交錯的方式，說唱佛道故事。目連寶卷除了《升天寶卷》、《三世寶卷》外，還有《血湖寶卷》。韻文是寶卷中最突出的部分，除敘述體、代言體外，還有五更調等俗曲。所謂五更調，又稱五更轉，是按五更分段的曲調，其起源甚早。樂府平調從軍行一類的歌曲，其內容多述軍中苦辛生活，曲調自一更至五更，遞轉詠歎，所以稱為五更轉，是民間流行的通俗小曲。《血湖寶卷》中的哭五更，就是屬於五更轉的通俗曲調，道盡了血湖池中的苦難煎熬，其內容如下：

　　一更慘傷，墮在血湖受苦難，每日河中踏浸的皮肉爛，我的佛呀！不得片時間萬苦千辛幾時扒上岸，銅蛇來吞鐵狗咬。

　　二更心焦，血水漫漫浸到腰，無處去投告，兒女誰知道，我的佛呀！渾身赤條條受苦難保，空把爹娘叫，生男養女作孽了。

　　三更無眠，血湖受苦誰可憐，不見親娘面，又無人看望，我的佛呀！血水食三餐當飯充饑，只得開口嚥，若是不吃鐵棍鞭。

　　四更心憂，血湖池中日夜愁，浸得周身臭，苦痛真難受，我的佛呀！衣破不遮蓋，赤體精形上下皮肉露，自己恓惶低了頭。

五更傷悲，自恨前生分娩時，自己全不是，血水潑在地，
我的佛呀！又洗穢污衣，觸犯精神造下無邊罪，今日受苦
怨誰人⑳。

　　哭五更承襲了變文傳統的韻文，句式交錯變化，每句字數，
或四字，或五字，或七字，或十字，充分表現了民間通俗文化的
特色。哭五更內容中的「我的佛呀!」，是五更轉具有相當作用
的虛腔，也充分表現了民間俗曲的特色。《血湖寶卷》中演唱的
內容，主要是採用三字和四字交迭的句法。譬如報恩曲的句法結
構，就是採用三、四互用的形式，其內容如下：

一炷香，報天地，日月蓋載。運行風，運行雨，萬民安
康。虧日月，和天地，生長萬物。腹飽暖，心具足，正好
修行。

二炷香，報國皇，皇皇水土。虧我皇，文武將，定國安
邦。魔不起，世情平，正好辦道。普天下，持齋戒，報答
皇皇。

三炷香，報爹娘，懷胎十月。將惜大，娶媳房，配對成
雙。夫婦們，念父母，殺身難報。看血湖，持長齋，孝敬
爹娘㉑。

　　目連救母的故事，是以目連的孝行為骨幹，《血湖寶卷》所
強調的就是奉勸世人「看血湖，持長齋，孝敬爹娘。」句中三
字、四字靈活變化。《血湖寶卷》中七字句的運用，也是演唱的
常見句式。《血湖寶卷》開宗明義就指出，「血湖寶卷初展開，
地藏菩薩降臨來；善男信女齊來賀，血湖地獄變蓮臺。」句式承
襲了變文傳統的韻文，展開《血湖寶卷》，菩薩降臨，血湖地獄
即可變蓮臺。」由七字句轉接十字句的變化，也是民間流行俗曲
的特色。《血湖寶卷》中有一段內容，例如「今朝有緣眾冤魂，

幸遇眞僧離盆；目連僧大德行求物懺悔，邊三匝禮四拜合掌當胸；告我佛可怜見生身老母，我情願替我母受苦當形；想我母懷胎時十個月日，養我時三年苦費盡心勤」等句，由七字句轉接十字句，在唱腔上的變化，是值得重視的民間文學趣味。勸化是寶卷共有的主旨，勸善懲惡的內容，佔了較大的篇幅。同時對因果報應的警惕，也表現在字裡行間，對善男信女的傾聽福音，也表達了善有善報的祝福。《血湖寶卷》末幅云：「血湖寶卷宣圓滿，佛也歡來神也歡；儔歡神喜添吉慶；神歡儔喜保平安。今日宣了血湖卷，增福延壽保長生；仰勞大眾輪珠數，蓮池海會念千聲。」善男信女增福延壽保長生，《血湖寶卷》宣講圓滿，至此全卷結束。

　　民間新興宗教各教派，爲歌唱或宣講教義，多繼承變文的傳統，編造寶卷或通俗佛曲。例如直隸蠡縣人董敏，他自幼吃齋讀書，其故祖遺存《收圓經》等經卷，董敏粗知文義，他以誦經爲由，欲收徒取財，於是將《收圓經》等經卷抄寫成曲，易於歌唱，先後收段雲等人爲徒，成立白陽會友，共同歌唱佛曲，嘩誦經文。村中善男信女布施香錢一、二十文不等，隨同入會，乾隆五十二年（1787），案發被捕。

　　民間新興宗教各教派所宣講的寶卷內容，或三字句，或七字句，或十字句，通俗易解，因寶卷流傳日廣，民間遂稱之爲《七字經》或《十字經》，成爲寶卷的名稱。例如乾隆三十三年（1768）六月間，貴州查獲彌勒教要犯楊光前等人，供出教中藏有《七字經》等經卷㉒。嘉慶二十二年（1817），直隸獻縣取締紅陽教，起出《十字經》等經卷。道光初年，河南涉縣人申老敘傳習白陽教，教中念誦《十字經》等經卷。各教派傳習的寶卷通俗生動，在下層社會裡流傳甚廣，有助於民間宗教的發展。探討

清代民間新興宗教寶卷的流傳，不能忽視通俗文化的傳播及其社
會適應作用。

四、從社會教化功能看通俗文化的社會適應

世俗道德的社會功能，主要是通過社會輿論的力量來調節人
與人之間的關係；宗教道德除了社會輿論的力量外，還具有神聖
性、補償性和感化性的特點。民間宗教的道德行為規範，其主要
特點是在於它具有通俗性的社會教化功能。

民間宗教各教派對社會教化扮演了重要的角色，各新興教派
多將儒家的世俗道德規範與佛道正信宗教的戒律善行規範結合並
改編成為通俗化的經卷歌詞，而在社會底層普遍流傳。乾隆四十
六年（1781）正月，直隸南宮縣人簡七前往寧晉縣高口地方拜收
元教兌卦教首麥成章為師。麥成章用黃紙一張，填寫簡七姓名。
望空燒化，令其磕頭為徒。在黃紙中有「四相嚴謹，五行歸中」
及「人之視聽言動，不可邪妄，教得好徒弟，愈多愈好，死後可
以上昇㉓。」所謂「視聽言動」是指傳統社會主導文化中的非禮
勿視、非禮勿聽、非禮勿言、非禮勿動的禮教道德規範，是調節
人際關係的世俗道德輿論，民間宗教將它轉化成為宗教道德規
範。

張洛雄是直隸無極縣人，莊農度日。嘉慶八年（1803），張
洛雄拜同縣人趙洛希為師，皈依天香教。教中每逢朔望向空焚香
三炷，供茶三盅，磕頭禮拜，並勸人非禮勿視，非禮勿聽等語，
希圖消災獲福㉔。非禮勿視、非禮勿聽、非禮勿言、非禮勿動，
視聽言動，不可邪妄，都是提昇個人品德、端正社會風氣的儒家
生活規範。收元教、天香教等教派將儒家生活規範賦與神聖性
後，轉化成為民間宗教通俗化的宗教道德規範，更能促使信衆虔

誠地遵守實踐。

　　善惡報應是佛道正信宗教的一種因果論，善人到極樂世界，惡人下冥府地獄。民間新興教派中多有勸人行好，唱說孝順，和睦鄉里等好話㉕。嘉慶三年（1798），直隸南皮縣人李可學因自身有病拜同村人張成位為師，皈依紅陽教，每年兩次在張成位家做會，念誦《地藏經》，唱說好話。

　　江蘇沛縣人郭振拜陳柱為師，皈依震卦教。陳柱傳授好話的文句，以及唱說的技巧。郭振於乾隆五十六年（1791）九月被捕後供稱，「我聽了他的話，就認他做了師父。他叫我每日向著太陽磕頭三遍，口中念誦孝順父母，尊敬長上，和睦鄉里，不瞞心，不昧己。」㉖直隸束鹿縣人劉黑知等人傳習離卦黃陽教。嘉慶二十二年（1817）六月，劉黑知等人被捕後供述教中念誦無字真經歌訣，同教信眾輪流做會，邀集信眾到家中說唱好話歌㉗。禮拜太陽時念誦好話，具有神聖性的誓願作用。民間宗教把勸善好話改編成歌曲，文字俚俗，容易唱念，充分表現下層社會的通俗說唱藝術，善男信女樂於接受。由於唱說好話的風氣日益盛行，「好話」一詞遂逐漸發展成為新興教派名稱，例如好話教、一炷香好話教、好話摩摩教等等，都是因為教中平日唱說好話而得名。

　　打坐運氣，稱為坐功，是民間宗教常見的治病健身方法，它兼具身心治療的功效。各新興教派的信眾面向太陽，磕頭禮拜，口中念誦真言歌詞，病人相信可以產生神力治療的作用。雍正初年，山東魚臺縣查禁空子教，信眾李萬祿等人被捕。據李萬祿供稱，教中有內承法和外承法之分，編有八卦歌說唱，傳授運脈口訣，閉目捲舌運氣，默念真言，稱為內承法，日久之後，便可消災除病。直隸冀州人崔延孟等傳習一炷香好話摩摩教，勸人習

教，以免輪迴。教中還將《論語・學而篇》中「子曰：學而時習之，不亦說乎」等句改編成運氣歌訣㉘。這是民間宗教將儒家主流文化通俗化的具體表現。民間宗教將傳統儒家學說轉化爲販夫走卒或善男信女的運氣歌訣，就是儒家道統文化在下層社會的一種文化適應。

　　未來眞教又名天門眞教，教中傳授五戒十勸的勸善好話。嘉慶二十一年（1816）二月間，直隸拏獲教犯崔煥等人，錄有供詞，節錄一段內容如下：

　　　　我是直隸靜海縣人，在蔡公莊居住，年三十七歲。父崔文載，母周氏，大兄崔烜，已故二兄崔寅，三兄崔賓出嗣本宗伯叔爲子，我行四，妻賈氏，生二子，俱幼。我於十五、六歲時學習吹打念經，遇人家白事，前往吹打樂器，唪念《大悲咒心經》、《阿彌陀經》，名爲音樂會。嘉慶十一、二年間，有交河縣人同姓不宗的崔大功來至本莊傭工，說起他是未來眞教。教內過去的爲燃燈佛，現在的爲釋迦佛，未來的爲彌勒佛。我父親崔文載就同我拜崔大功爲師，入了未來眞教，傳了五戒十勸。五戒就是佛家不殺、不淫等戒；十勸是一勸回頭向善，二勸低頭拜佛，三勸永不虧心，四勸指路明人，五勸改邪歸正，六勸眞心行好，七勸多積陰功，八勸休攬雜事，九勸休要錯意，十勸普積善緣。曾經給過崔大功盤纏錢數百文。我族姪崔才及同莊人朱明順也拜了崔大功爲師入教。曾聞崔大功說過，此教始自順治、康熙年間河南張姓，嗣張姓身故，其教不行，至乾隆三、四十年間有直隸清河縣人劉姓復興未來眞教㉙。

　　由引文內容可知未來眞教的活動，可能始自順治、康熙年間

（1644～1722），其教義思想，主要在勸人行善，將佛教五戒和
民間勸善要言結合，改編爲五戒十勸的內容，將佛教的教義轉化
爲民間宗教的教義思想，藉以教化下層社會的善男信女，一方面
使佛教教義更加通俗化，一方面使佛教文化在下層社會更加容易
適應生根。

　　嘉慶初年，山東姜明等拜邵大棱爲師，傳習歌詞。隨後又邀
劉八等倡立如意教，上供燒香，唱誦歌詞。嘉慶十九年（1814）
正月間，姜明等人被捕後，軍機處將姜明所傳習的歌詞抄錄進呈
御覽。嘉慶皇帝披覽歌詞後命軍機大臣寄信山東巡撫同興，節錄
〈寄信上諭〉一段內容如下：

> 姜明於嘉慶九年正月由邵大棱傳給歌詞，伊即邀同劉八起
> 立如意會，燒香念誦。本年正月被該縣訪拏，伊情願改過
> 自新，別無傳徒惑眾情事，並將姜明供出歌詞，鈔錄呈
> 覽。朕閱其歌詞雖屬鄙俚，均係勸人爲善，並無違悖字
> 句。惟伊等既知勸善，則聖賢書籍，何非教人爲善之意。
> 外此如世所傳之陰隲文、感應篇等類，朝夕誦習，亦可爲
> 修身行善之助。若自行編造歌詞，私立會名，轉相傳授，
> 是即與邪教相類㉚。

　　姜明、劉八等人所傳習的如意會，就是說好話的如意教，教
中所誦習的勸善歌詞，雖鄙俚通俗，但是，並無違悖字句，不含
政治意味。古聖先賢著書立說，自成一家之言。嘉慶皇帝以儒家
道德規範作爲社會教化的行爲準則，因此他堅持要以聖賢書籍作
爲勸善的教材或讀本。其實，處於教育尚未普及，群眾識字不多
的傳統下層社會裡，將聖賢書籍或佛道經卷改編成說唱的鄙俚通
俗勸善歌詞，則更能被市井小民所接受，產生了更大社會教化的
作用，這是在傳統社會裡文化適應的具體表現。引文中的《感應

篇》是《太上感應篇》的簡稱。《宋史‧藝文志》著錄李昌齡
《感應篇》一卷。《道藏‧太清部》著錄作《太上感應篇》三十
卷。清初順治十二年（1655）奉敕刊行，其書內容多取晉葛洪
《抱朴子》，以勸人爲善居多，託名爲老子之師太上，以宣揚因
果報應，在傳統社會裡流傳甚廣。陰隲文是勸人布施陰德的文
字。道光二十四年（1844）刊印的《陰隲文圖證》一書，是民間
宗教通俗化的一種經卷，由費丹旭繪圖，共計八十八圖，各以故
事爲比喻，有圖有文，各圖多標列主題，包括：爲士大夫身、未
嘗虐民酷吏、救人之難、濟人之急、憫人之孤、容人之過、廣行
陰隲、上格蒼穹、人能如我存心天必錫汝以福，於是訓於人、昔
于公治獄大興駟馬之門、竇氏濟人高折五枝之桂、救蟻中狀元之
選、埋蛇享宰相之榮、欲廣福田須憑心地、行時時之方便、作種
種之陰功、利物、利人、修善、修福、正直代天行化、慈祥爲國
求民、忠主、孝親、敬兄、信友、或奉眞朝斗、或拜佛念經、報
答四恩、廣行三教、濟急如濟涸轍之魚、救急如救密羅之雀、矜
孤、恤寡、敬老、憐貧、措衣食周道路之饑寒、施棺槨免屍骸之
暴露、家富提攜親戚、歲饑賑鄰朋、斗秤須要公平不可輕出重
入、奴僕待之寬恕豈宜備責苛求、印造經文、創修寺院、捨藥材
以拯疾苦、施茶水以解渴煩、或買物而放生、或持齋而戒殺、舉
步常看蟲蟻、禁火莫燒山林、點夜燈以照人行、造河船以濟人
渡、勿登山而網禽鳥、勿臨水而毒魚蝦、勿宰耕牛、勿棄字紙、
勿謀人之財產、勿妒人之技能、勿淫人之妻女、勿唆人之爭訟、
勿壞人之名利、勿破人之婚姻、勿因私讐使人兄弟不和、勿因小
利使人父子不睦、勿恃權勢而辱善良、勿恃富豪而欺窮困、善人
則親近之助德行於身心、惡人則遠避之杜災殃于眉睫、須隱惡揚
善、不可口是心非、翦礙道之荆榛、除當塗之瓦石、修數百年崎

嶇之路、造千萬人來往之橋、垂訓以格人非、捐貲以成人美、作事須循天理、出言要順人心、見先哲於羹牆、愼獨知於衾影、諸惡莫作衆善奉行、永無惡曜加臨、常有吉神擁護、近報則在自己、遠報則在兒孫、百福駢臻千祥雲集、豈不從陰隲中得來者哉㉛。原書首葉由年紀七十七歲的嘉興人張廷濟鈔錄〈文昌帝君陰隲文〉一篇，烏程人費丹旭根據原文逐句繪圖，海昌人許光清按圖集證，成為下層社會導人行善的宗教讀物。例如原書第十四圖〈埋蛇享宰相之榮〉，故事內容就是敘述孫叔敖兒時出遊，見兩頭蛇，殺而埋之，以說明有陰德者必有善報的道理，孫叔敖終於出任楚國令尹，享宰相之榮。原書第十八圖〈利物〉影印如下：

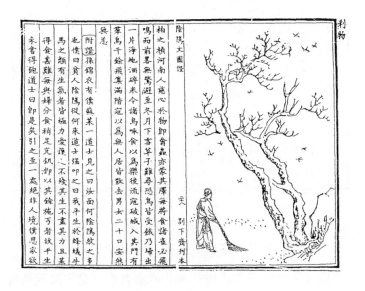

利物圖
《明清民間宗教經卷文獻》

　　原圖所繪故事內容是敘述河南人柏之楨爲人慈善，即使是禽蟲，亦蒙受恩澤，每將食，鳥雀必飛鳴而來，毫不驚避。冬月下雪，草籽難覓，柏之楨恐鳥雀受餓，而灑碎米餵鳥，鳥雀愈集愈多。後來流寇破城進入柏之楨家門，見群鳥千餘隻飛集庭院，流寇以爲是空屋，無人居住，流寇都散去，柏之楨家中男女二十口，都安然無恙。原書第四十一圖〈歲饑賑濟鄰朋〉印如下：

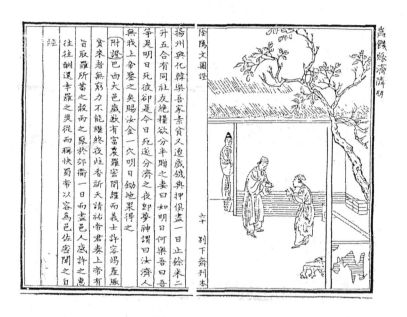

歲饑賑濟鄰朋圖
《明清民間宗教經卷文獻》

　　原圖故事內容云：「揚州興化韓樂吾家素貧，又遭歲饑，典押俱盡。一日，止餘米二升五合，有同社友絕糧，欲分半贈之。妻曰：如朋日何？樂吾曰：吾等是明日死，彼卻是今日死。遂分

濟之。夜即夢神謂曰：汝濟人無我，上帝鑒之矣，賜汝金一穴。
明日鋤地，果得之。」濟人無我，就是一種積陰德的表現。宣統
年間（1909～1911）所編《滿蒙漢三文合璧教科書》第三冊，將
韓樂吾故事譯出滿文和蒙文，並編入第二十課，影印課文如下：

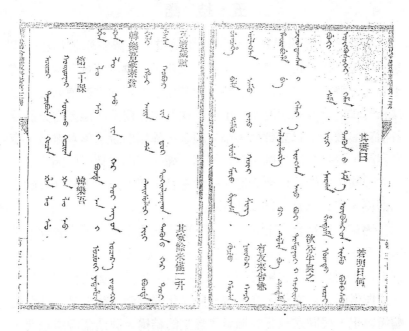

韓樂吾故事（局部）
《滿蒙漢三文合璧教科書》

　　課文內容，與《陰隲文圖證》文字略有不同，其中韓樂吾夜
間夢神賜金一節，《滿蒙漢三文合璧教科書》沒有這一段內容，
《陰隲文圖證》卻有濃厚的果報思想，強調多積陰德，必得福
報，並繪圖描述，更具可讀性。
　　民間宗教通俗化的勸善歌詞及形象圖繪，主要是採用宗教信

仰的神聖性語言向下層社會的善男信女進行社會教化。通過禮
拜、燒香、戒律、禁忌、教法和修行等方面的行爲規範或活動方
式表現出來，而使學好向善成爲善男信女發自內心的生活規範，
而產生潛移默化的社會教化作用。

五、結　語

清初諸帝提倡道統文化，崇儒重道，以儒家學說爲正統思
想。佛道二氏是正信宗教，儒釋道文化就是屬於傳統社會的主流
思想或主導文化，可以稱它爲「顯文化」。民間宗教信仰雖然是
揉和儒釋道教義思想而派生出來的複雜文化現象，但因官方認爲
各種新興教派，私立會名，創立經卷，異端邪說，男女雜處，夜
聚曉散，於是制訂律例，禁止師巫邪術。民間宗教信仰因遭受政
府的取締，只能在社會底層，暗中滋長，逐漸形成傳統社會的文
化潛流，可以稱爲「隱文化」㉜。

傳統下層社會「市井小民」，或「販夫走卒」，由於教育尙
未普及，識字不多。同時由於經濟條件較低下，他們或日出而
作，日入而息，或肩挑負販，傭趁度日。下層社會的庶民文化是
一種俚俗的通俗文化，亦即屬於隱文化的範疇。說唱是一種民俗
藝術表現，民間宗教寶卷繼承了變文的結構，改造儒釋道經典，
以散韻交錯的方式，採用通俗曲調來說唱教義思想，宣講因果報
應勸善故事，容易爲識字不多的善男信女所接受，充分表現了通
俗文化社會適應的特色。

崇儒重道，是清朝的文化政策，也是基本國策。《聖諭廣
訓》的刊行與宣講，就是宣導文化政策、化民成俗的具體措施，
其目的不僅在鞏固清朝政權，同時也在穩定社會秩序。從清初至
清末，宣講《聖諭廣訓》有逐步普及化、通俗化的發展。起初，

無論是每月朔望或逢三、逢八之日，或在都統衙門，或在教場，聽講之人，多以旗人兵丁為主，未能家喻戶曉。至於鄉鎮村莊或下層社會的百姓，只能閱讀張掛的告示，很難牖民覺世。乾隆年間（1736-1795），喻令各省督撫務必董率所屬，留心化導。為了配合《聖諭廣訓》的宣講，各州縣清查保甲，實力奉行，由保甲分司講鐸，譬如山東城武縣知縣趙嗣晉曾因講鐸舊本，多述成語，而另編通俗演義一書。道光年間（1821-1850），朝廷特頒《聖諭廣訓》韻文。咸豐年間（1851-1867），咸豐皇帝親書韻文石印頒行各省。同光年間印行的《繪圖宣講集要》，將《聖諭廣訓》改良增圖，穿插民間故事，並採集各種歌調，而成為民間宗教一種雅俗參半的勸善文本，通過文化的通俗化而使官方的《聖諭廣訓》普及於下層社會，成為分析文化社會適應的重要例證。

　　民間宗教寶卷繼承變文的結構，以散韻交錯的方式，說唱儒釋道思想或故事。《大學》、《論語》、《孟子》等聖賢書籍是屬於顯文化，《目蓮三世寶卷》引《大學》「貨悖而入者，亦悖而出」等語，並融合佛道因果報應思想，而改編成寶卷中「亦悖而入，貨悖而出者，陰曹報應，絲毫不爽」等句。直隸一炷香好話摩摩教，將《論語》「子曰：學而時習之，不亦說乎」等句改編成民間宗教運氣歌訣。都是顯文化通俗化後在下層社會轉化成隱文化的具體例證，有助於了解通俗文化社會適應的過程。

　　民間宗教寶卷的社會教化作用可以概括為勸善。車錫倫《中國寶卷研究論集》已指出，寶卷引導人們追求的是道德、行為和修養和完善，去惡揚善，以調適平民社會人際關係的和諧、社會的安定。善有善報，惡有惡報的因果報應，可以延伸到前生、來世，作宿命的解釋，凸顯了民間寶卷中的信仰特徵。它使平民百

姓暫時擺脫現實生活中的困境，追求自我道德的完善，把希望寄託於今生的善終，或來世的善報，因而取得心靈的慰藉和生活的信心㉝。通俗化的民間宗教寶卷因宣講下層社會世代遵循的道德規範及行爲準則，而使寶卷的形成發展成爲較爲固定的模式。總而言之，民間宗教寶卷，由於它的通俗化，而更貼近平民百姓的生活，使它產生社會適應的作用。

【註　釋】

① 《起居注册》（臺北，國立故宮博物院），雍正九年正月二十四日，內閣奉上諭。

② 濮文起主編《中國民間秘密宗教辭典》（成都，四川辭書出版社，1996 年 10 月），頁 37。

③ 《佛光大辭典》（高雄，佛光出版社，1988 年 12 月），第七册，頁 6745。

④ 張希舜等主編《寶卷》初集（太原，山西人民出版社，1994 年 10 月），第一册，出版說明，頁 2。

⑤ 《清世祖章皇帝實錄》（臺北，華聯出版社，民國五十三年十月），卷 74，頁 13。順治十年四月甲寅，諭旨。

⑥ 《清聖祖仁皇帝實錄》，卷34，頁11。康熙九年十月癸巳，諭旨。

⑦ 《起居注册》（臺北，國立故宮博物院），雍正十三年八月十六日，諭旨。

⑧ 袁章華修《城武縣志》（臺北，國立故宮博物院，道光十年刊本），卷 7，武備志，頁 9。

⑨ 《上諭檔》（臺北，國立故宮博物院），咸豐元年七月二十二日，敬闡聖諭廣訓黜異端以崇正學韻文。

⑩ 《清代全史》（瀋陽，遼寧人民出版社，1991 年 7 月），第三卷，

　　　頁 407。

⑪　王見川、林萬傳主編《明清民間宗教經卷文獻》（臺北，新文豐出
　　　版公司，民國八十八年三月），第十二冊，頁 473。

⑫　《明清民間宗教經卷文獻》，第十二冊，頁 663。

⑬　《明清民間宗教經卷文獻》，第十二冊，頁 1173。

⑭　同前註。

⑮　《劉香寶卷》，見張希舜等主編《寶卷》（太原，山西人民出版
　　　社，1994 年 10 月），初集，第三十冊，頁 197～448。

⑯　《目蓮三世寶卷》，光緒二十四年新板。見《寶卷》初集，第二十
　　　七冊，頁 279。

⑰　《寶卷》，初集，第二十七冊，頁 321。

⑱　《寶卷》，初集，第二十七冊，頁 249。

⑲　陳芳英著《目連救母故事之演進及其有關文學之研究》（臺北，國
　　　立臺灣大學出版委員會，民國七十二年六月），頁 83。

⑳　《寶卷》，初集，第二十二冊，頁 459。

㉑　《寶卷》，初集，第二十二冊，頁 437。

㉒　《上諭檔》（臺北，國立故宮博物院），乾隆五十二年三月初二
　　　日，軍機大臣奏片。

㉓　《軍機處檔・月摺包》，第 2776 箱，146 包，34875 號。乾隆四十
　　　八年十二月初十日，劉峨奏摺錄副。

㉔　《奏摺檔》（臺北，國立故宮博物院），道光八年五月，護理直隸
　　　總督屠之申奏摺抄件。

㉕　《外紀檔》（臺北，國立故宮博物院），道光五年十二月十九日，
　　　直隸總督那彥成奏摺抄件。

㉖　《乾隆朝上諭檔》（北京，檔案出版社，1991 年 6 月），第十六
　　　冊，頁 463。乾隆五十六年九月初六日，郭振供詞。

㉗　《軍機處檔・月摺包》，第 2751 箱，27 包，52085 號。嘉慶二十
二年二月十六日，直隸總督方受疇奏摺錄副。

㉘　《軍機處檔・月摺包》，第 2751 箱，19 包 50647 號。嘉慶二十二
年二月十六日，直隸總督方受疇奏摺錄副。

㉙　《上諭檔》，嘉慶二十一年三月初三日，托津等奏片。

㉚　《清仁宗睿皇帝寶錄》，卷 289，頁 14。嘉慶十九年四月辛未，寄
信上諭。

㉛　《陰隲圖證》見王見川、林萬傳主編《明清民間宗教經卷文獻》
（臺北，新文豐出版公司，民國八十八年三月），第十冊，頁
677～743。

㉜　顯文化、隱文化等詞的介定，可參閱金澤著《中國民間信仰》（杭
州，浙江教育出版社，1995 年 3 月），頁 25。

㉝　車錫倫著《中國寶卷研究論集》（臺北，學海出版社，民國八十六
年），頁 23。

從現存史館檔看清史的纂修

一、前　言

　　滿族以邊疆部族入主中原，在清朝長期的統治下，邊疆與內地逐漸打成一片，全國統一，其文治武功，遠達漢唐，清朝在多民族統一國家發展過程中有其重要地位。清史是清代的中國史，而非愛新覺羅的清室家族史。清朝能統一國土，能治理人民，能行使政權，能綿歷年歲，在史學上確實能占一代正史的位置。清聖祖康熙年間，在東華門內設置國史館後，沿襲歷代纂修正史的體例，著手纂修清朝國史，現存清朝國史館紀、志、表、傳的稿本及其相關資料，為數相當可觀。

　　辛亥革命推翻清朝政權後，政治上的禁忌雖然已經解除，但是反滿的情緒仍然十分高昂，應否為清人修史，成為爭論的焦點。孟森先生曾指出：「近日淺學之士，承革命時期之態度，對清或作仇敵之詞，既認為仇敵，既無代為修史之任務。若已認為應代修史，即認為現代所承之前代。尊重現代，必並不厭薄于所繼承之前代，而後覺承統之有自。清一代武功文治，幅員人才，皆有可觀。明初代元，以胡俗為厭，天下既定，即表章元世祖之治，惜其子孫不能遵守。後代於前代，評量政治之得失，以為法戒，乃所以為史學。革命時之鼓煽種族，以作敵愾之氣，乃軍旅之事，非學問之事也。故史學上之清史，自當占中國累朝史中較盛之一朝，不應故為貶抑，自失學者態度。」①清朝政府的功過及是非論斷，人言嘖嘖。然而一朝掌故，文獻足征，其成敗得

失，足爲後世殷鑒，筆則筆，削則削，不可從闕，亦即孔子作
《春秋》之意。尊重現代，不必否定前代，表明正統之有自，爲
前朝纂修正史，具有時代意義。1914 年，國民政府國務院呈請
設立清史館，欲踵二十四史沿襲的正史舊例，成爲千秋信史之
徵，表明民國政府並未否定清朝在史學上的正史位置。現存清史
館紀、志、表、傳的各種稿本及其相關資料，也是數量可觀。從
現存清朝國史館暨民初清史館檔案繁多的情況，可以了解清朝國
史或清史的纂修，是我國歷代以來傳統正史體例的最後一個階段。

　　《清史稿》關外本及關內本相繼問世以後，可以看出民國政
府的態度，"亦非謂清不當有史"，但不承認《清史稿》即爲清
史。近人討論纂修清史時，曾鑒於清史範圍旣廣，其材料尤多，
若再用紀、志、表、傳舊體例，則卷帙必多，重見牴牾之病，勢
必難免，而事跡反不能備載，於是主張採用通史體例，以期達到
文省事增之目的。但是，我國歷代繼統，代有正史，清代旣是我
國歷代以來最後一個朝代，清代正史不可獨缺，紀、志、表、傳
的傳統體例，仍不可廢。《清史稿》旣非清朝正史，近年來，國
防研究院出版的《清史》，國史館與國立故宮博物院共同完成的
《清史稿》校注本，同樣也不能定爲清朝正史，或清史的定本。
但因清朝國史館暨民初清史館藏有豐富的稿本及相關資料，無論
重修清史或整修清史，都不能忽視史館檔案，在清朝國史館暨民
初清史館纂修清朝國史及《清史稿》的基礎上整修清史，似乎較
符合纂修正史的要求，也較易完成修史工程，因此，從現存史館
檔來探討清史的纂修問題，較爲具體。

二、清史本紀的纂修

　　清朝國史館的設立，可以追溯至滿族入關以前，編纂史書就

是內國史院的主要職掌之一。但因清初兵事方殷，國史的纂修，迄未著手。清聖祖康熙二十九年（1690 年）三月，山東道御史徐樹穀疏請纂修清太祖、太宗及世祖三朝國史，經禮部等衙門議准，設國史館於東華門內，成爲常設修史機構。同年四月，以大學士王熙爲監修總裁，大學士伊桑阿等爲總裁官。國史館纂修清朝國史，沿襲歷代纂修正史的體例，分爲紀、志、表、傳。其纂修工作，自康熙年間至清末，並未中斷。1914 年春，國民政府國務院呈請設立清史館，以原國史館爲清史館館址。同年 9 月 1 日開館。開館之初，首議修史體例，沿襲二十四史舊例，仿《明史》先修長編。

本紀是傳統正史中記載帝王大事的專文，以一帝爲一紀，本其事而記之，爲志傳之綱，以編年爲體。清朝國史館纂修歷朝本紀就是因襲正史本紀體例纂修成書，主要是取材於實錄。臺北國立故宮博物院現存清史本紀，主要爲兩大類：一類爲國史館歷朝本紀，成書於清代，其中漢文本計 524 冊，滿文本計 297 冊，合計 516 冊。國史館本紀自清太祖至清穆宗各朝，俱以黃綾封面裝潢成帙，習稱黃綾本本紀，清德宗本紀，僅成稿本，並未定稿。清史館本紀稿本，分別由柯劭忞、金兆蕃、鄧邦述、吳廷燮、袁勵准、王慶祺、陳寶琛、爽良、瑞洵、李哲明等纂輯校訂，內含初輯本、初繕本、覆勘本、重繕本及排印本等，現刊《清史稿》關外本本紀，共 12 朝，計 25 卷，多據排印本付梓出版。

清朝國史館纂修本紀，卷首詳列凡例，標明本紀爲綱，志傳爲目，帝紀內但載大綱，其詳俱分見於各志傳。探討本紀的體例，必須詳閱本紀凡例。清太祖未即位以前，事屬創興，多未書明日期，即位以後多書日，其一切制度及大事，但舉大綱而已。清太宗在位期間，其定制立法，僅書其大綱，即所謂"辭不敢

繁，事不敢略”。本紀記動而不記言，凡諸大政，皆用序事體，
節書其切要者。宣統年間，纂修清德宗本紀，僅成稿本，計 136
冊。從稿本粘箋刪改的痕跡，可以了解本紀的體例及當書或不當
書的歷史事件，大致而言，舉凡申明前旨，解協餉銀，知縣建
祠，添練鎮兵，飭解捕盜銀兩，尋常撥餉，總兵撤降，非要需經
費，閱兵大臣非實官，賞大臣朝馬，因病乞休，尚書乞休，年例
賞八旗錢糧，撥解槍藥，非議定事件，不詳始末事件，每年例行
彙奏等等，俱可不書。若盡行載入，必卷帙浩繁，則有失本紀體
例。通紀並非正史體例，不能取代本紀。一帝一紀，自成系統，
其功過得失，容易論斷。《清史稿》歷朝本紀，未載凡例。整修
清史本紀，首先須將黃綾本歷朝本紀卷首凡例，刪繁就簡，合併
爲總凡例，根據新定凡例，以進行黃綾本歷朝本紀內容的刪略工
作。本紀只書事，即記歷史事件，不載空言。對於國家治亂，政
治得失，民生休戚，以及帝王賢否等歷史事件，皆當詳書，使讀
本紀，如讀通鑒，以見一代興衰關鍵。至於空言細事、皆不當
書。所謂空言，多係具文，舉凡誡諭、泛論、言官條陳、各抒所
見、請旨不允、詔禁奢靡、禁止餽遺、未見事實、非終事、無下
文、未見實行、制度未定、隨置隨罷等事件，均不當書。所謂細
事，如知縣同知土知州等微員改要缺，編修府尹革職，末弁裁
革，侍衛進香行圍，參將建祠，紳民附祀，漕米改徵，查勘工
程，巡撫丁憂等事件，按正史體例，皆非本紀所應書，其事太
細，皆可不書於本紀。清史館金兆蕃等纂修聖祖本紀稿本雖較爽
良覆勘本爲優，但因未定凡例，不合體例，文筆亦不及黃綾本
《清聖祖仁皇帝本紀》。

　　本紀是志傳的綱目，年經月緯，系日載事，其體例與志傳不
同，日期必須正確，以便稽考。現刊《清史稿》本紀疏漏之處，

首先是日期的錯誤，繫日不正確，有日無月，未繫日序干支，體例前後不一致。其次是東北、蒙古等邊疆人名地名的同音異譯，此外就是一些衍文錯字，校刻不精。《清史稿》本紀之失，不當一概而論，清史館各種本紀稿本，並非出自同一人之手，各人取材不同，其可信度遂彼此不同，《清史稿》選刊的排印本，並非都是佳作，清史館現存本紀稿本中仍不乏佳作，竟未被採用，而有遺珠之憾。例如《清史稿》選刊的太祖本紀，主要是取材於《東華錄》，國史館黃綾本太祖本紀，似未採用，以致頗多疏漏。太宗本紀、世祖本紀的初輯本，出自金兆蕃之手，取材於實錄，可信度較高。其覆勘本則出自柯劭忞之手，柯氏取黃綾本的本紀加以較勘，凡初輯本原稿與黃綾本本紀互相出入之處，柯氏具按黃綾本改正，往往抄襲黃綾本本紀的原文。在世祖本紀初輯本內附有清史館校注本一冊，校閱細心，體例嚴謹，現刊《清史稿》太宗、世祖兩朝本紀，堪稱佳作，其中紕謬較少。現存清史館聖祖本紀初輯本是由鄧邦述、金兆蕃同編，可信度較高。其覆勘本則出自奭良之手，擅加改動，謬誤極多，現刊《清史稿》的聖祖本紀就是採用奭良複刊本排印的，以致紕謬之處，比比皆是。

　　清史館本紀稿本，既不限於一種，其可信度遂彼此不同，正是所謂良莠不齊。校注現刊《清史稿》本紀時，即先取排印本逐字核對，然後取可信度較高的其他稿本互校，凡遇歧異之處，即據實錄、黃綾本本紀等官書進行考證，並逐條作注，標明出處。例如現刊《清史稿》太祖本紀天命四年（1619 年）正月記載：「杜松軍由東路渡運河，出撫順、薩爾滸。」對照排印本原稿，其文字並無出入，即取清史館金兆蕃等輯《太祖本紀稿》原稿互校，發現引文中“運河”字樣，當作“渾河”，彼此既有出入，

隨即查閱史館檔《清太祖武皇帝實錄》卷三及《明史》卷二五九《楊鎬列傳》等官書，俱作“渾河”，即於刊本“運河”下加註號次，不改動原文，並於當頁註明引用資料出處。

除了以稿校稿外，同時又以卷校卷，就現刊《清史稿》紀志表各卷互相對校，凡是同音異譯，或日期事跡，其有出入之處，即取證於實錄等官書，於當頁作註，標有資料出處，其原本亦不改動。例如現刊太祖本紀記載“景祖有子五：長禮敦，次額爾袞，次界堪，次塔克世，是爲顯祖宣皇帝，次塔察篇古。”句中“界堪”，現刊《清史稿》列傳二者諸王傳作“齊堪”，皇子世表一亦作“齊堪”，本紀作“界堪”，係同音異譯。現刊太祖本紀癸巳年九月條記載“太祖令額亦都以百人挑戰，葉赫貝勒布齊策馬拒戰”云云。檢查現刊《清史稿》列傳十楊吉砮傳作“布寨”，列傳十二額亦都傳作“布寨”，《清太祖高皇帝實錄》卷二亦作“布寨”，由此可知史稿本紀中“布齊”之“齊”，當作“齋”，“齋”與“寨”係同音異譯。又如現刊《太祖本紀》天命十年（1625 年）秋八月條，記載“遺土穆布城耀州，明師來攻，擊走之，獲馬七百。”句中“土穆布”，清史館金兆蕃輯太祖本紀稿原稿作“土穆布祿”，《清太祖高皇帝實錄》卷九亦作“土穆布錄”，由此可知刊本《清史稿》太祖本紀所載“土穆布”脫落“祿”字。除了本紀外，志表傳亦分別校註。以稿校稿、以卷校卷，並作考異，雖未敢以爲至當，但校註《清史稿》，劃一譯音，訂正謬誤，實爲最基本的工作。信史必須經過考信，《清史稿》經過校註，訂正其疏漏，始足以征信於後世，《清史稿》的纂修工作，始能告一段落，對《清史稿》的批評指謫，亦可謂已告一段落。但是，《清史稿》校註本仍然不是定本清史，校註《清史稿》不能取代清朝正史，於是有《新清史》的

整修計劃。

　　近年來，臺北國史館完成的《新清史》歷朝本紀，是斟酌清史館與清朝國史館本紀的得失而整修的，首先注意到本紀的纂修體例，吳士鑒撰《纂修體例》一文已指出：

> 本紀當以史館歷朝本紀爲根據，復以聖訓、實錄、方略互證之（萬一有所異同，則以《東華錄》參考），刪繁就要，準諸前史體例，何者當書，何者不當書，其有事關創舉，爲前史所未有者，則宜書（除授官吏，宜從省削，以其與表可互證也，餘當別定條例）。清室建國改元，始於遼瀋，天命、天聰兩朝，已成混一區夏之基，宜仿北魏聖武、平文之例，冠以太祖、太宗本紀，至於四祖事跡，皆當敘於太祖本紀之中（前史有此例），悉本官修開國方略及實錄等書。凡夫私家著述，語涉疑似者，不宜旁及，以昭謹信②。

　　引文中所謂"史館歷朝本紀"，即指清史館存放的黃綾本歷朝本紀而言，清史館纂修本紀，當以國史館黃綾本歷朝本紀爲根據。清史館金兆蕃、鄧邦述等人纂修本紀稿本，是以實錄爲主，並與黃綾本本紀等書互校，可信度頗高。奭良覆勘時，諸多改動，與原稿大相徑庭，已失本來面貌。奭良覆勘本常見的缺失主要爲：日期錯誤，年月未詳考，簡略疏漏，敘事不合史實，有日無月，未繫干支，書法欠當，同音異譯，前後歧異，脫字衍文，不合本紀體例。爲便於了解《清史稿》的得失，特將奭良覆勘本聖祖本紀與《清聖祖仁皇帝實錄》、黃綾本清聖祖仁皇帝本紀列表如下。

《清史稿》聖祖本紀與實錄、黃綾本聖祖本紀比較表
（清世祖順治十八年正月初二日壬子至二十三日癸酉）

日期	《清史稿》聖祖本紀	清聖祖仁皇帝實錄	清聖祖仁皇帝本紀
初二日壬子		世祖章皇帝不豫。	世祖皇帝不豫。
初六日丙辰	世祖崩，帝即位，年八歲，改元康熙，遺詔索尼、蘇克薩哈、遏必隆、鰲拜四大臣輔政。	遂大漸，召原任學士麻勒吉、學士王熙，至養心殿，降旨一一自責，定皇上御名，命立為皇太子，並諭以輔政大臣索尼、蘇克薩哈、遏必隆、鰲拜姓名，令草遺詔。麻勒吉、王熙遵旨於乾清門撰擬，付侍衛賈卜嘉進奏。諭曰：詔書著麻勒吉懷收，俟朕更衣畢，麻勒吉、賈卜嘉，爾二人捧詔，奏知皇太后，宣示王、貝勒、大臣。至是，麻勒吉、賈卜嘉捧遺詔，奏知皇太后，即宣示諸王、貝勒、貝子、公、大臣、侍衛等，宣訖，諸王、貝勒、貝子、公、大臣、侍衛等，皆痛哭失聲，索尼等跪告諸王、貝勒等曰：今主上遺詔，命我四人輔佐沖主，從來國家政務，惟宗室協理，索尼等皆異姓臣子。諸王、貝勒等曰：大行皇帝深知汝四大臣之心，故委以國家重務，詔旨甚明，誰敢干預，四大臣其勿讓。索尼等奏知皇太后，乃誓告於皇天上帝大行皇帝靈位前，然後受事。其詞曰：茲者先皇帝不以索尼、蘇克薩哈、遏必隆、鰲拜等為庸劣，遺詔寄托，保翊沖主，索尼等誓協忠誠，共生死，輔佐政務，不私親戚，不計怨仇，不聽旁人，及兄弟子侄教唆之言，不求無義之富貴，不私往來諸王貝勒等府，受其饋遺，不結黨羽，不受賄賂，惟以忠心，仰報先皇帝大恩，若復各為身謀，有違斯誓，上天殛罰，奪算兇誅，大行皇帝神位前誓詞與此同，是日，鹵簿大駕全設，王以下文武各官，俱成服，齊集舉哀。	大漸，召原任學士麻勒吉、學士王熙，至養心殿，降旨定上御名，立為皇太子，命索尼、蘇克薩哈、遏必隆、鰲拜輔政。

初七日丁巳		夜子刻，世祖章皇帝賓天。	世祖章皇帝崩。
初八日戊午		宣讀遺詔，遣官頒行天下。孟春，享太廟，遣輔國公賴護行禮。遣官祭太歲之神。	
初九日己未		上即皇帝位，是日黎明，遣輔國公都統穆琛，祭告昊天上帝。祝文曰：順治十八年辛丑正月辛亥朔初九日己未，皇太子臣玄燁昭告於昊天上帝之前曰：皇考大行皇帝上賓，臣恪遵遺詔，俯徇輿情，於正月初九日即皇帝位，伏祈昌鑒，謹奏。遣都統濟世哈告地祇，都統穆里瑪告太廟，理藩院尚書明安達禮告社稷，文與告天同。上具孝服，詣大行皇帝太后宮行禮畢，御太和殿，升寶座，鳴鐘鼓，中和樂設而不作，王以下文武各官朝服序立，贊禮官贊上表慶賀，上命免宣賀表。各官行禮畢，頒詔大赦。詔曰：惟我國家，受天眷命，祖功宗德，肇造丕基，我皇考大行皇帝，盛德至仁，英資大度，纘承歷數，統一寰區，恩澤洽於多方，政教臻於上理，方期邦國，永底雍熙，不幸奄棄臣民，遽升龍馭，願以大寶，屬於眇躬。朕煢煢在疚，本不忍聞，而諸王、貝勒、大臣、文武官員人等，僉謂神器既已攸歸，天位不宜久曠，堅請再三，朕是以俯徇輿志，勉抑哀衷，於是月九日祗告天地、宗廟、社稷，即皇帝位，仰惟上天眷佑之篤，祖宗付托之隆，涼德沖齡，膺茲重寄，敬圖觀光揚烈，用紹無疆之休，其以明年為康熙元年，與天下更始，式衍舊恩，聿弘新化，於戲，孝思維則，永深繼述之懷，忠悃載攄，實賴勷勩之佐，凡爾親賢文武，其尚輔翼菲躬，共矢嘉謨，以成至治，布告天下，咸使聞知。詔內恩赦，凡十四條。諭禮部，朕惟自古聖賢之君，必有顯號徽稱，用昭功德之隆，垂於萬世，此國家不易之巨典也。仰惟我皇考大行皇帝，纘紹鴻緒，統一寰區，十有八年，敬天尊祖，勤政愛民，奉侍慈闈，克諧孝道，敦睦宗族，攸敘彝倫，典學日	上即位於太和殿，以明年為康熙元年。加恩中外，罪非常所不原者，咸赦除之。

	學日新，修身思永，制禮作樂，振武崇文，敕法明刑，立綱陳紀，盛德之事，不一而足，朕方與天下臣民，均切怙戴，不幸龍馭上賓，顧予沖人，嗣膺大統，仰承佑啓之恩，敢後顯揚之禮，謹考彝章，宜升尊諡，爾部詳察典禮具奏。	
初十日庚申	王、貝勒、貝子、公等，公主、王妃等，各歸齋宿，部院官員於各衙門齋宿，仍照常供事，閑散官員，於午門外齋宿。	
十一日辛酉	遣官頒登極詔於天下。	
十三日癸亥	皇太后諭諸王、貝勒、貝子、公、內大臣、侍衛、大學士、都統、尚書及文武官員等，爾等思報朕子皇帝之恩，偕四大臣同心協力，以輔幼主，則名垂萬世矣。上諭禮部及議政王、貝勒、大臣等禁中設立上帝壇及奉先殿祭典，著查歷代有無舊例，定議具奏。尋議，歷代舊制，只有冬至祀天於南郊，宮中上帝壇，應請罷祭。至奉先殿，應照洪武三年例，朝夕焚香，朔望瞻拜，時節獻新，生忌致祭，用常饌，行家人禮，從之。禮部等衙門請上節哀親政。得旨，朕哀痛方深，未忍遽理政務，但國事重大，不可久曠，各衙門章疏，著於二十一日進奏。免直隸各省總督、鎮、巡三司，差官進香。	
十四日甲子	王以下及大臣官員齊集大光明殿，設誓。親王岳樂、傑書率貝勒、貝子、公、內大臣、侍衛、大學士、都統、尚書及在廷文武諸臣誓告於皇天上帝曰：沖主踐阼，臣等若不竭忠效力，萌起逆心，妄作非為，互相結黨，及亂政之人，知而不舉，私自隱匿，挾仇誣陷，徇庇親族者，皇天明鑒，奪算加誅，大行皇帝神位前，誓詞與此同。	

十五日乙丑		議政王、貝勒、大臣等，遵旨詳議祀典，議得圜丘、方澤、祈穀壇、太廟、時享、袷祭、朝日壇、夕月壇、社稷壇、三皇廟、先農壇、歷代帝王廟、文廟、太歲壇、關帝壇、城隍廟、紅衣砲等祀，應照舊致祭外，其大享合祀，太廟階下台祭之禮，相應罷祭。又金朝諸陵，應照前致祭，明朝諸陵，亦應照前供獻。從之。
十九日己巳		上詣梓宮前，行常祭禮。上每日三次尚食，哀慟不已。皇太后揮淚撫慰，左右無不感動。
二十日庚午		諭宗人府、吏部等大小各衙門：朕以沖齡踐阼，初理萬幾，所賴爾大小臣工，同心協力，矢效贊襄，爾等職掌，各有攸司，國計民生，關係甚重，必精白乃心，公廉正直，力圖振作，謹慎勤敏，始可抑報先帝厚恩，匡輔朕躬不逮。嗣後務須敬修職業，凡事之得失，言之是非，果有真知確見，即當商酌力行，期於上裨國事，下濟民生，其一切處分問罪，尤當虛公平恕，使情法允孚，無縱無枉，乃不負朕委任爾等之意，如或視為虛文，必罪不宥。諭吏部、都察院，國家設立言官，職司耳目，凡發奸剔弊，須據實指陳，乃可澄肅官方，振揚法紀，嗣後指陳利弊，必切實可行，糾彈官吏，必確有證據，如參款虛誣，必不寬貸，爾部院即通行嚴飭。
二十一日辛未		改會試期於三月初九日。封多羅豫郡王多鐸子董額多羅貝勒。兵部尚書管左都御史事阿思哈等遵旨嚴議巡方事宜十款：一、禁止地方官諂媚巡方，私派供應。二、察州縣官於額外私派，果有私派，即行糾參，如巡按不糾，以溺職論。三、巡按於屬官內，清廉賢能者，不舉而反劾，貪酷闒茸者，不劾而反舉，被臣衙門及科道訪察糾參，革職，從重處分。四、糾參大貪，應首嚴於藩臬道府。今後若但以庸冗老病塞責者，將該御史從重治罪。五、巡按於地方利弊，要必實心詳察，差滿後，曾興何利，除何弊，冊報臣衙門詳核，真實者，以優等論

		敘，草率虛誑者，題參懲處。六、訪拿衙蠹，必先本院衙門奸惡，其次督撫司道府廳州縣分司衙門，及地方棍豪，實係大奸大惡之人，務須嚴拿，毋致巧脫漏網，其該管官隱匿，即行參處，如已揭報，而御史故為寬縱，指稱訪拿名色，捉拿無罪之人，詐取財物，隨復縱放者，該撫即行糾參。七、巡按入境，及出巡地方，舖陳等物，應自攜帶，蔬薪發銀買辦，如地方官獻媚取榮，及巡按攜帶主文書役家人廚役前站之類，以致擾驛累民，督撫訪確，即行題參。八、巡按入境後，屬員不得越境參謁，其隨巡該送刑官，辦理公事之後，即令速回，其督撫按互相餽遺結納，照舊禁革。九、互糾之法，原欲彼此覺察，然從未有督撫指參一巡方者，今後御史倘有不法，而督撫明知不糾者一併議處。十、考核御史，立為上中下三等，其在地方清慎端嚴，恪遵上諭，潔己愛民，獎廉去貪，興利除害，聽斷明恪，鋤蠹捍患，軫恤民瘼，察核錢糧，招撫流移，墾荒興學等事，無不修舉，又能大破情面，糾察地方惡宦劣衿者，臣等照例酌量分別加級紀錄，回道管事；其次謹慎奉法，察吏安民者，准其回道管事；其行事碌碌，無實政及民者，參送吏部降調外用。至於有徇情貪賄等弊，臣等訪確，即據實糾參，革職治罪。得旨，著所議各款，務須恪遵力行，不得視為虛文，著通行嚴飭。安徽操江巡撫宜永貴以病請代，慰留之。
二十二日壬申		免湖廣蘄州廣濟縣順治十七年分蝗災額賦有差。兵部議複，江南總督郎廷佐疏言，隨徵右路總兵官劉方名標下官兵，一旦撤回，慮省會單虛，且往返滋擾，應准暫住江寧，以資防禦，從之。廣西道御史張志日條陳三款：一、州縣久任宜恤。二、盜案參罰宜清。三、序俸則例宜平。下部議。

| 二十三日癸酉 | | 戶部議覆，福建道御史胡文學疏言，江南、浙江、江西三省漕糧，改折收銀，恐有雜派，乞嚴飭撫按，痛陳積弊，止許照價徵收，不得仍借兌漕爲名，恣意科索，以致輸納稽遲，有誤兵餉，應如所請，從之。巡按蘇松六府御史張鳳起疏言，蘇松常鎮四府，差繁賦重，漕米折價，請仍照原議，每石折銀一兩，下部知之。陝西巡撫張瑃，疏請除宜君縣荒地錢糧，從之（以下略）。 | 除宜君縣荒地稅。 |
| 是月 | | | 是月，免蘄州廣濟縣蝗災賦。 |

　　清史館金兆蕃、鄧邦述纂修聖祖本紀稿本中有關順治十八年（1661 年）正月的記載云："正月丙辰，世祖疾大漸，定上名，命立爲皇太子，以索尼、蘇克薩哈、遏必隆、鰲拜輔政。翼日丁巳，世祖崩，輔政大臣奉遺詔誓於天、於大行皇帝。己末，皇太子即皇帝位，以明年爲康熙元年，赦。甲子，諸王大臣誓於天、於大行皇帝。庚午，諭諸臣勤愼修職，發奸剔弊。"引文中的日期及內容，與《清聖祖仁皇帝實錄》的記載，彼此大體上是相合的。清史館奭良覆勘本改爲："正月丙辰，世祖崩，帝即位，年八歲，改元康熙，遺詔索尼、蘇克薩哈、遏必隆、鰲拜四大臣輔政。"前列表中《清史稿》聖祖本紀就是以奭良覆勘本排印的。對照實錄後，發現覆勘本錯誤連篇，按照實錄的記載，世祖崩，是在正月初七日丁巳；皇太子即帝位，是在初九日己未；以明年爲康熙元年，並非將順治十八年改元康熙。《清史稿》聖祖本紀正月分歷史事件，俱繫於正月丙辰之下，固然不合史實，亦有乖本紀體例。清朝國史館黃綾本清聖祖仁皇帝本紀卷一記載云："正月壬子，世祖皇帝不豫。丙辰，大漸。召原任學士麻勒吉、

學士王熙，至養心殿，降旨定上御名，立爲皇太子。命索尼、蘇克薩哈、遏必隆、鰲拜輔政。丁巳，世祖章皇帝崩。己未，上即位於太和殿，以明年爲康熙元年，加恩中外，罪非常所不原者，咸赦除之。癸酉，除宜君縣荒地稅。是月，免蘄州廣濟縣蝗災賦。"引文中的日期及內容，都與實錄相一致，言簡意賅，符合本紀體例，整修清史本紀，當以清朝國史館纂修的黃綾本歷朝本紀爲藍本，刪繁就簡，則可事半功倍。

　　整修清史，是按照傳統正史的體例進行的工作，《新清史》的可信度也高於《清史稿》，但《新清史》並未擺脫傳統正史的通病，因爲本紀的內容，其資料來源，多取材於實錄等官書，同時受到實錄體例的限制，以致本紀的記載，與歷史事實常有出入。其中最受人詬病的是實錄所載日期並非都是歷史事件的日期。例如清朝國史館黃綾本清聖祖仁皇帝本紀康熙六十年（1721年）五月初六日丙寅記載："臺灣奸民朱一貴等叛，總兵歐陽凱被害。"清史館聖祖本紀亦載："丙寅，臺灣奸民朱一貴作亂，戕總兵官歐陽凱。"兩種本紀都說朱一貴起事的日期在康熙六十年（1721年）五月初六日。檢查《清聖祖仁皇帝實錄》康熙六十年（1721年）六月初三日癸巳條記載："福建浙江總督覺羅滿保等摺奏，五月初六日，臺灣奸民朱一貴等聚衆倡亂，總兵歐陽凱率兵往捕，爲賊殺害，地方有司官俱奔赴澎湖。"實錄中的"五月初六日"，應該是本紀記載的原始依據。但是，"五月初六日"，並非朱一貴起事的歷史事件日期。據朱一貴供詞稱"四月十九日，我帶領李勇、吳外、鄭定瑞等到黃殿庄上，我們五十二人拜了把，我們各自會人，得了一千餘人。"③臺北"國立故宮博物院"典藏《宮中檔》含有福建浙江總督覺羅滿保奏聞朱一貴起事經過的滿文奏摺，原摺明確記載，"五月初六日"是覺羅

滿保忽接廈門密報朱一貴豎旗焚搶的日期。據來自臺灣的商船
稱，"四月二十日，南路鳳山縣地方，出現賊徒，樹立旗纛，到
處行搶"④。五月初一日，官兵與朱一貴鏖戰時，總兵官歐陽凱
負傷，為賊所害。《重修臺灣省通誌》記載，朱一貴正式起事攻
下岡山駐地的時間，是在四月十九日夜裡⑤。覺羅滿保滿文奏摺
繫於四月二十日，是符合歷史事實的。由此可知本紀將朱一貴起
事日期繫於五月初六日丙寅是顯然的錯誤，日後整修或重修清史
本紀，仍然不可忽視考證的工作。

　　纂修清史，實錄、本紀等各種官書，都是重要的資料來源。
但是，一方面由於體例的限制，一方面由於隱諱潤飾甚至於竄改
的習慣，以致與歷史事實不符合，而降低其史料價值。譬如《清
史稿》聖祖本紀康熙三十六年（1697 年）四月記載："甲子，
費揚古疏報閏三月十三日噶爾丹仰藥死，其女鐘齊海率三百戶來
降。"清朝國史館黃綾本聖祖本紀亦載，是月"甲子，次布古
圖。費揚古疏言，噶爾丹仰藥死，其屬諾顏等，以其女鐘齊海率
三百餘戶來歸"。清史館與清朝國史館纂修清聖祖本紀所依據的
資料來源是《聖祖仁皇帝實錄》，節錄一段內容如下：

　　甲子，御舟泊布古圖地方。撫遠大將軍伯費揚古疏報，康
　　熙三十六年四月初九日，臣等至薩奇爾巴爾哈孫地方，厄
　　魯特丹濟拉等遣齊奇爾寨桑等九人來告曰：閏三月十三
　　日，噶爾丹至阿察阿穆塔台地方，飲藥自盡，丹濟拉、諾
　　顏格隆、丹濟拉之婿拉綸攜噶爾丹屍骸，及噶爾丹之女鐘
　　齊海，共率三百戶來降（下略）⑥。

　　引文中閏三月十三日噶爾丹飲藥自盡是清朝實錄館纂修《聖
祖仁皇帝實錄》時竄改的。檢查臺北國立故宮博物院典藏《宮中
檔》撫遠大將軍費揚古滿文奏摺及滿漢文起居註冊等，都說噶爾

丹於康熙三十六年（1697 年）三月十三日晨得病，至晚即死，不知何病。實錄爲了配合清聖祖御駕親征的行程，並神化清聖祖的英勇及清軍的強盛，而竄改成閏三月十三日飲藥自盡，聞風喪膽，不敢交鋒，與歷史事實出入很大。纂修清史本紀，清朝國史館黃綾本歷朝本紀不失爲較佳藍本，但因黃綾本本紀主要是根據實錄而來，因此，不能照錄其原文。本紀繫日載事，日期必須正確，以便查考，但同時也要使所載事實符合歷史事實，始足爲千秋信史之徵。

三、清史志書的纂修

　　閱讀傳統正史，以志書爲最難，正史的纂修，也以志書爲最難。志的體例是始於《史記》的書，所謂書，是以同類事爲專篇，敘述其終始演變的痕跡，亦即專爲一件事而特作一篇書。

　　《漢書》以下各史將書改稱爲志，例如《史記》的平準書，《漢書》改名爲食貨志。歷代正史的志，其篇目多寡不同，名稱亦異，內容更不盡相同。北魏政治結構，起源於北亞部族組織，其氏族與官職有關，所以並爲官氏志。遼代兵制，與歷代不同，在兵衛志以外，更立營衛志，兵衛志與諸史兵志相近，而營衛志則爲遼代所特有。《明史》志 75 卷，包括天文、五行、曆、地理、禮、樂、儀衛、輿服、選舉、職官、食貨、河渠、兵、刑法、藝文 15 類。清朝國史館沿《明史》之舊，惟以“曆”字避清高宗御名諱，改爲時憲志。現刊《清史稿》，亦仿《明史》，惟改五行志爲災異志，曆志改爲時憲志，併儀衛於輿服志，另增交通、邦交二志，共 16 類，其中兵志內增列八旗，歷代正史志書的因革損益，值得重視，纂修清史的志書，北魏、遼、金、元諸史，都值得參考。

　　臺北國立故宮博物院現藏清朝國史館暨民初清史館各類志書稿本，合計約5700冊，包括初輯本、原抄本、初辦本、增輯本、覆輯本、續抄本、重繕本、改定本、進呈本等等。除《清史稿》選刊的 16 類志書外，還有國語志稿本，共 100 冊。滿語，清朝稱爲清語，又稱國語。現存清史館國語志稿本，卷首有奎善所撰"國語志總序"。滿文的創制是清朝文化發展的重要特色，奎善在國語志總序中指出，"茲編纂清史伊始，竊以清書爲一朝創制國粹，未便缺而不錄，謹首述源流大略，次述字母，次分類翻譯，庶使後世徵文者有所考焉"。國語志稿本字母的分類，較《清文鑑》稍簡略。國語志稿本尚未告成，現刊《清史稿》並未選刊。探討滿文的創制，可以追溯到成吉思汗創制老蒙文，清初諸帝的提倡國語，遼金元三史國語解，四書五經的譯出漢文，滿文全藏經的翻譯等等都需有專篇志書記載，國語志的纂修，是不可忽略的項目。

　　現藏食貨志，包括：戶口、田制、屯墾、積貯、倉儲、倉庫、鹽法、茶法、茶馬、錢法、礦法、役法、賦役、漕運、征榷、關稅、海關、釐稅、祿秩、俸餉經費等項。其中戶口類內含有回戶、番戶、羌戶、苗戶、黎戶、夷戶等少數民族。清朝是一個統一的多民族民家，謝遂繪製的《職貢圖》畫卷，共 4 卷，計301 圖，除第一卷東西洋諸國外，其餘都是清朝版圖內的各少數民族圖像，清朝政府重視少數民族的治理問題。清史館戶口類的各少數民族，值得重視。各省散處的回民，都列於民戶，甘肅撒拉爾等處回民，仍設土司管轄，稱爲回戶，此外鎮西府迪化州有驛站回戶，伊犁有種地回戶，南疆各城所屬皆爲回戶。甘肅循化、莊浪、貴德、洮州，四川雜谷、懋功、打箭爐，雲南維西、中甸，臺灣理番同知所屬者稱爲番戶。甘肅階州、四川茂州所屬

有羌戶。湖南乾州、鳳凰、永綏、城步、綏寧，四川酉陽、秀山，廣西龍勝、懷遠、慶遠、泗城，貴州都勻、興義、黎平、松桃等處所屬有苗戶。湖南、廣東理傜同知等所屬為傜戶。廣東瓊州府所屬有黎戶。雲南雲龍、騰越、順寧、普洱等處所屬有夷戶。纂修清史志書，不能忽視少數民族的存在。可以將清史館戶口類的各民族抽離出來，補充謝遂《職貢圖》畫卷各民族，加上漢族，以纂修民族志，注意到清朝的民族政策，各民族的人口概況及其分布。至於各民族的宗教信仰，可以另撰宗教志，包括佛教、道教、伊斯蘭教、北亞薩滿信仰，以及天主教等外來宗教，從宗教志可以了解清朝政府的宗教政策及其處理宗教事務的經驗。

清朝國史館纂修志書，其中增輯本，多增書修輯凡例，有助於了解各種志書的體例。清朝國史館纂修各類志書，多分類輯錄長編。例如現存國史館地理志長編資料，共 15 冊，內分陵墓、地理、城垣、祠廟、田賦、外藩蒙古、外藩屬國、朝貢諸國、西域新疆、職官、關隘、寺廟、名宦、戶口、學校、行宮、津梁等類，主要是根據實錄分類摘錄諭旨及題奏事件的一種小長本簿冊。國史館禮志稿內含有嘉禮長編資料兩包，共 25 冊；始自雍正十三年（1735 年），訖於嘉慶二十五年（1820 年），主要項目包括登極儀、上徽號儀、冊封妃嬪儀、封典、策士儀、鄉飲酒禮、常朝儀、冊立中宮儀、大朝儀、大宴儀、宗人府儀、經筵儀、視學儀、巡幸儀等項，也是分類摘錄實錄的小長本簿冊，多由供事抄錄。其他輿服志、職官志等稿本內也都含有長編資料。纂修清史志書，先修長編，彙編資料，編年記載，就是志書初輯本的資料來源。

清朝國史館暨民初清史館纂修志書，其體例主要是繫年載

事，月分日期多不詳載。例如國史館纂修皇朝食貨志二之賦役
七，記載山西提解耗羨的緣起，其中雍正（1724 年）的記載如
下：

> 二年，山西布政使高成齡疏請提解火耗歸公。緣山西虧空
> 甚多，成齡與巡撫諾敏酌以公完公之法，將州縣之火耗，
> 重者嚴行裁汰，量留耗羨抵補無著之虧空，又恐官員無以
> 養廉，復酌以爲日用之資，凡地方公務，亦皆取給於此。命
> 總理事務大臣議奏，於是各直省錢糧火耗次第皆歸公矣⑦。

　　直省臣工首先倡議耗羨歸公的是山西大吏，但食貨志的記載
過於簡略，但繫年分，月日不詳，查考不便。其實，康熙六十一
年（1722 年），德音在山西巡撫任內，即有提取耗羨以爲公用
之舉。⑧雍正元年（1723 年）五月十二日，山西巡撫諾敏到任
後，即酌議裁減火耗，以加二錢爲律⑨。山西通省火耗銀約 50
萬兩，諾敏酌定數目，分析款項，除應給各官養廉及各項公費銀
30 萬兩外，將每年扣存火耗銀 20 萬兩留補無著虧空。清世宗將
火耗歸公的建議，交內閣妥議具奏，內閣以火耗由來已久，奏請
禁止提解火耗。內閣所議既未革除重耗累民的積弊，又不能解決
直省虧空的嚴重問題，所議並不稱旨，直省大吏閱邸抄後，紛紛
臚陳所見。雍正二年（1724 年）六月初八日，山西布政使高成
齡針對內閣的條奏提出異議。高成齡具摺指出，提解火耗既可彌
補地方虧空，解決當前急務，又可禁絕私派，砥礪廉隅。因此，
他奏請敕下直省督撫一律比照山西巡撫諾敏所奏，將通省一年所
得火耗銀兩約計數目，先行奏明，俟年終之日，將給發養廉若
干，支應地方公費若干，留補虧空若干，一一題銷。清世宗令總
理王大臣等明白速議具奏。總理王大臣等以提解火耗非經常可久
之道，奏請令山西巡撫諾敏、布政使高成齡先於山西一省試辦。

雍正二年（1724 年）七月初六日，清世宗以王大臣議覆見識淺
小降旨斥責。清世宗於諭旨中指出：「天下事，惟有可行與不可
行兩端耳，如以爲可行，則可通行於天下，如以爲不可行，則亦
不當試之於山西。」⑩清世宗認爲州縣火耗，原非應有之項，因
通省公費及各官養廉，有不得不取給於火耗者。直省虧空累累，
爲清理歷年無著虧空，提解火耗歸公，實已刻不容緩，直省遂相
繼實施提解耗羨歸公之舉。由此可知，清朝國史館纂修志書，受
到體例的限制，歷史事件的時間不夠精確，其原委緣由，尤多疏
漏，纂修清史志書時，爲便於後世查考，年經月緯，繫日載事，
日期明確，始便於稽考，有年無月，或有月無日，確實有待商
榷。

四、清史年表的纂修

　　傳統正史，除了本紀、志書、列傳外，又有表，就是在補
紀、志、傳的不足，其體裁可能出自古代的譜牒。《史記》共立
十表，或分國分年作表，或因事分別作表，按年月爲次，如網在
網，一覽無遺。契丹立國，有其特殊性質，所以《遼史》的表特
別多，有世表、皇子表、公主表、皇族表、外戚表、游興表、部
屬表、屬國表八種。

　　現刊《清史稿》的表，有皇子世表、公主表、外戚表、諸臣
封爵世表、大學士年表、軍機大臣年表、部院大臣年表、疆臣年
表、藩部世表、交聘年表。國立故宮博物院現藏清朝國史館暨清
史館的表稿共 1400 餘冊，門目繁多，包括文職大臣年表、武職
大臣年表、皇子世表、外戚表、公主表、諸臣封爵世表、恩封宗
室王公表、宗室王公功績表、外藩蒙古回部表、藩部世表、交聘
年表、建州表、總理各國通商事務大臣表、雲南府表、滿忠義

表、漢忠義表、疆臣年表等。在文職大臣年表內又分爲內閣大臣
年表、各部院尚書侍郎左都御史左副都御史年表、直省總督年
表、直省巡撫年表、大學士年表等。武職大臣年表包括領侍衞內
大臣年表、侍衞處鑾儀衞大臣年表、前鋒步軍統領大臣年表、直
省總兵大臣年表、直省提督大臣表表、八旗護軍統領大臣年表、
直省駐防將軍都統大臣年表、八旗滿洲都統副都統大臣年表、八
旗漢軍都統副都統大臣年表、八旗蒙古都統副都統大臣年表、滿
洲管旗大臣年表、直省駐防副都統大臣年表、漢軍統領大臣年表
等，其中武職大臣年表多爲清朝國史館纂修進呈的朱絲欄寫本，
爲現刊《清史稿》所不見。

　　纂修清史，不可忽視清朝歷史的特色。滿族的由小變大，清
朝勢力的由弱轉強，都與建州女眞的活動關係密切。明初，女眞
因其活動的地區及其社會演進的過程，被區分爲建州女眞、海西
女眞及野人女眞三部，明廷在建州女眞地區，設置建州衞，其後
增置建州左衞、建州右衞，枝榦互生。國立故宮博物院現藏清史
館纂修的建州表上下共兩冊，上冊註明由王和清繕，下冊由胡蘭
石繕。表中分列各級官職，最高爲都督，其下依次分別爲都督同
知、都督僉事、都指揮、都指揮同禣、都指揮僉事、指揮使、指
揮同知、指揮僉事及千百戶等職。建州表紀年，繫明朝年號，永
樂元年（1611 年）止，共計二百年間，建州三衞經多次擾攘，
各職官的升遷及入貢明廷，以至於清太祖努爾哈齊等受命爲建州
都督簽事，並與其弟舒爾哈齊等歷次進貢等事跡，建州表具逐年
記載，所載事件，多取材於明實錄等官書。建州表是研究州三衞
發展及女眞勢力興起的重要資料，現刊《清史稿》並無建州表，
爲凸顯清朝前史的特殊性質，纂修清史時，增修建州表是有意義
的。

　　中西交通，對外交涉，辦理洋務，是清朝政府面臨的困擾。國立故宮博物院現藏清史館唐邦治纂修的總理各通商事務大臣表，計一冊，現刊《清史稿》並未選印。唐邦治在"輯總理各國通商事務大臣表例言"中指出，"本表輯例，略同軍機大臣表，不複贅述，總理衙門大臣上學習行走者只一見，此與軍機大臣最差異者"。表中記事，始自文宗咸豐十年（1860年），是年十二月初十日己巳，恭親王奕訢奉命管理總理各國通商事務衙門事務，桂良以太子太保東閣大學士管理總理各國通商事務衙門事務，文祥以戶部左侍郎管理各國通商事務衙門事務。光緒二十七年（1901年）六月，總理各國通商事務衙門改爲外務部，"遂巍然踞各部之首焉"。《清史稿》雖列邦交志，卻未選刊總理各國通商事務大臣年表，對於辦理中外交涉的主持機構棄而不用，確爲一失，日後纂修清史，增立總理各國通商事務大臣年表，實有其必要。

　　駐外使節在中外交涉過程中扮演了重要的角色，現刊《清史稿》交聘年表，分爲上下各一卷，上卷爲中國遣駐使，下卷爲各國遣駐使。國立故宮博物院現藏清史館纂修的交聘表，卷一上爲中國遣駐使，卷一下爲中國遣專使；卷二上爲各國遣駐使，卷二下爲各國遣專使。交聘年表就是駐外使節及外國使節年表，它與總理通商事務大臣年表都是因應局勢發展而增立的年表，有其時代意義。

　　纂修清史，不能把焦點僅放在軍機處，而忽視內閣的存在。國立故宮博物院現藏清史館纂修的軍機大臣年表外，還修有宰輔表，計一冊，封面標明纂修人爲何葆麟，繕寫者爲魯謙光，在左上角書明篇目"宰輔表"，下標註"樞府"字樣。首頁標題"宰輔年表"下標註"大學士、樞府"字樣，其序文屬於綜述性質，

照錄內容如下：

> 清自太宗天聰十年改文館爲內三院，總攬庶政。世祖入關
> 定鼎，一仍其舊，至順治十五年，改三院爲內閣。十八
> 年，復改內閣爲三院。康熙九年，又詔復內閣之制，自此
> 以後，歷代相沿，其間機務出納，悉大學士掌之，而軍事
> 則付議政大臣議奏。自雍正初年用兵西兵「北」兩路，始
> 設軍需房隆宗門內，後更名軍機處，以大臣領之。雍正十
> 年，始刊軍機處印信，自是承旨出政，皆歸軍機，自王貝
> 勒以下一二品大臣以至五品京堂官，皆得與於斯選，然皆
> 兼管，非同專設。迨光緒三十二年，命鹿傳霖等四人開去
> 軍機，專管部務，稍變雍、乾以來兼管之制。及宣統三
> 年，又改爲內閣總理大臣，不久而遜以遜位，蓋一朝執
> 政，凡數變焉。綜而述之，斯亦得失之林也，作宰輔年
> 表。

宰輔年表與軍機大臣年表相爲表里，亦有重複之處，間有互相出入之處，例如雍正十年（1732 年）軍機大臣年表載：蔣廷錫，閏五月病，七月卒。宰輔年表則謂閏五月卒。檢查《清世宗憲皇帝實錄》、《國朝耆獻類徵初編》，亦載蔣廷錫卒於閏五月，七月二十一日，遺疏奏聞後奉旨派員奠醊，察例議恤。但因宰輔年表爲沿襲《明史》舊例，既有軍機大臣年表，是否仍需另立宰輔年表，尚待商榷。

國立故宮博物院現藏清朝史館纂修的武職大臣年表內含有直省總督大臣年表、直省提督大臣年表、直省駐防將軍都統大臣年表、直省駐防副都統大臣年表、直省總兵大臣年表、滿洲八旗都統副都統大臣年表、護軍統領大臣年表、前鋒步軍統領大臣年表、侍衛處鑾儀衛大臣年表、漢軍八旗都統副都統大臣年表、蒙

古八旗都統副都統大臣年表等等，探討八旗制度，以上各種年
表，都有重要的參考價值，現刊《清史稿》只選用將軍都統等年
表，確實不能反映清朝立國的特殊性質。現藏國史館武職大臣年
表，多載明各武職人員開缺、解任、改調、丁憂、身故、休致、
陣亡、回京以及命署年月，表列分明。例如皇朝武職大臣年表卷
一一七是直省駐防副都統大臣年表，標列奉天，熊岳、錦州、西
安、涼州、莊浪、江寧、杭州、乍浦、寧古塔、京口、吉林、伯
都訥、三姓、福州、廣州、荆州、黑龍江、齊齊哈爾、墨爾根
城、成都、寧夏、青州、熱河、歸化城、右衞等駐防副都統名
字、升遷、任命、入京年月。清朝八旗駐防有其重要作用，探討
清朝帝國的經營及國力的維持，軍事部署也是不容忽視的課題。
例如皇朝武職大臣年表自卷一四九至一六〇，共 12 冊，是康熙
元年（1662 年）至六十一年（1722 年）直省總兵大臣年表，詳
列各省所置各鎮總兵姓名及其任免月份，一目了然，都是探討直
省各鎮總兵營伍的重要資料，纂修清史時，不能忽視以上所舉各
種年表。

五、清史列傳的纂修

列傳的意義，是列事作傳，敍列人臣事跡，以傳於後世。
《史記》以紀傳爲體例，將每一個歷史人物的事跡都歸在其本人
的名字下面，加以有系統的敍述，年經月緯，層次井然，從許多
個別歷史人物的記載，可以反映某一個時代的社會特徵。

國立故宮博物院現藏清朝國史館暨民初清史館列傳稿本合計
18100 餘冊。其中國史館的傳稿，大致可以分爲兩大類：一類爲
乾隆年間以降陸續進呈的朱絲欄寫本：一類爲傳包內所存的各種
稿本。就列傳篇目而言，有功臣傳、親王傳、宗室傳、王公傳、

大臣傳、儒林傳、孝友傳、學行傳、文苑傳、循吏傳、名宦傳、隱逸傳、忠義傳、昭忠祠列傳、貳臣傳、逆臣傳等等。現刊《清史列傳》不含孝友、學行、名宦、隱逸等列傳。現刊《清史稿》列傳篇目，包括后妃傳、諸王傳、大臣傳、循吏傳、儒林傳、文苑傳、忠義傳、孝義傳、遺逸傳、藝術傳、疇人傳、列女傳、土司傳、藩部傳、屬國傳等列傳。現藏清史館傳稿篇目，除《清史稿》選刊者外，還含有宰輔傳、疆臣傳、儒學傳、孝友傳、隱逸傳、卓行傳、醫術傳、貨殖傳、叛臣傳、叛逆傳、四王傳、臺灣傳等列傳稿本，其中不乏佳傳，《清史稿》具棄而不用。

　　清朝國史館朱絲欄寫本的列傳，有原輯本、續纂本、增訂本、改訂本及定本的分別，包括親王列傳、宗室列傳、大清國史宗室列傳、欽定宗室王公功績表傳、國史忠義傳、國史忠義傳正編、國史忠義傳次編、國史忠義傳續編、清史滿蒙漢忠義傳、欽定國史忠義列傳、大清國史功臣列傳、大清國史大臣列傳、清史滿漢大臣列傳、清史大臣列傳、清史大臣列傳續編、國史大臣列傳正編、國史大臣列傳次編、國史大臣列傳續編、欽定國史大臣列傳正編、欽定國史大臣列傳次編、欽定國史大臣列傳續編、清史貳臣傳甲編、清史貳臣傳乙篇、欽定國史貳臣表傳、清史逆臣傳、欽定國史逆臣列傳、欽定外藩蒙古回部王公表傳、欽定續纂外藩蒙古回部王公傳等等。各種朱絲欄寫本的列傳，其封面標明"國史"、"大清國史"、"欽定國史"字樣，各有不同的含義，亦可說明其纂修的過程。例如國史忠義傳是原輯本，素紙封面，就是原纂進呈本。除素紙封面外，還有黃綾本，於封面飾以黃綾，例如大清國史功臣列傳，其封面飾以黃綾，屬於重繕改訂本，就是增訂進呈本，粘貼黃簽改訂，版心不書人名。在朱絲欄黃綾寫本內冠以"欽定"字樣者，則屬於黃綾定本，例如欽定國

史忠義列傳、欽定國史貳臣表傳、欽定國史逆臣列傳等，都是黃綾定本列傳，定本完成後，仍須進呈御覽。

　　清朝國史館纂修列傳，十分重視體例。康熙四十五年（1706年）六月初一日，清聖祖諭國史館時已指出，纂修開國功臣列傳，應分別太祖、太宗、世祖三朝功臣，因其事跡先後，以定次第，各於其本人傳內通行開載事跡，其子孫有立功者，附載於下，俟列傳作畢，錄出分別給與其子孫各一通，以便藏於家中⑪。乾隆三十年（1765年），宗室王公功績表傳告成，清高宗以國史館原纂列傳，僅有褒善，惡者貶而不錄，不足以傳信。因此，降旨重修，並飭詳議體例。國史館總裁等議複開館事宜，滿漢大臣定以官階分立表傳，旗員自副都統以上，文員自副都御史以上，外官督撫提鎮等凡有功績學行，或犯罪廢棄原委，俱爲分別立傳。清高宗認爲國史館所議並未詳備，列傳體例，以人不以官，不當以爵秩崇卑爲斷，有表無傳者，必其人無足置議，有傳無表者，必其人實可表彰。清高宗固然講求體例，尤重書法，雖然是一字褒貶，亦必求其至當。人臣身終後，書卒書故，議例綦嚴。清高宗認爲人臣立品無訾，有始有終者，方得書"卒"。他在所頒諭旨中指出，"嗣後除特行予諡，及入祀賢良祠者，自當書卒外，其雖無飾終之典，而品行克保厥終者，仍一例書卒。若初終易轍，營私獲罪之人，傳末止當書故，不得概書卒"⑫。清高宗重視列傳書法，人臣言行始終無玷者，始可書卒於傳末，凡是言行不符，營私獲罪者，傳末只當書故，以便與立朝本末粹然者，有所區別。爲了統一體例，國史館纂修列傳，多於卷首詳列凡例，例如大清國史宗室列傳卷首列舉凡例四條，其內容如下：

　　　　一、凡列聖諸子，無論有無封爵及得罪削罪除籍，俱按名立傳。

二、凡列聖諸子之子孫，其襲封者，自王以下至輔國將軍以上，無論有功及得罪，俱附於祖父傳後仿世家體各爲立傳。

三、凡列聖諸子之子孫，其支庶有官至一品及顯樹功烈者，亦附傳於祖父傳後，余則第於宗室表中見之，概不立傳。

四、凡宗室王貝勒以下至輔國將軍，其順治年間授封者，俱按名先行立傳，至康熙年間授封者，俟恭進訖再查明具奏續行立傳。

　　所謂"列聖諸子"，即指歷朝皇帝諸子，俱按名立傳。其襲封子孫仿世家體，俱附於祖父傳後。其未樹功烈的支庶，則另編宗室表。內府朱絲欄寫本宗室王公功績表傳所列凡例，共計 24 款。從凡例中得知其資料來源是首據實錄，兼採國史、八旗通志，間考各王公封册碑文。書寫王公之名時，是遵照玉牒，書寫官名、地名、外藩部落名，則遵照實錄，審音辨體，以期書必同文，統一名稱。國史館纂修列傳，間有於傳末置贊語，例如功臣列傳寧完我列傳末贊曰："國家當締造之初，必有忠讜特出之士，參贊帷幄，以嘉猷嘉謨入告我后，故能光佑大業，無疆惟休，而其人亦有無窮之聞，非偶然也。寧完我當太宗時，兢兢焉，以不立言官爲慮，所謂嘉猷嘉謨者非歟！自古迄今，未有言路不開而能致太平者，若完我可謂知所先務矣。"《清史稿》列傳亦置贊，纂修列傳如何置贊？是否需要置贊？都有待商榷。

　　清朝國史館對降清的明臣別立貳臣傳，是一種創新的體例。欽定國史貳臣表傳史官按語，對貳臣傳的由來，有一段說明云：

臣等謹按：史家類傳之名，儒林、循吏、游俠、貨殖，創由司馬。黨錮、獨行、逸民、方術，仿自蔚宗。厥後沿名

建事，標目實繁，顧四千餘年，二十二家之史，從未有以
貳臣類傳者。是以王祥、賈充，佐使典午。范云、沈約，
翊運蕭梁，德彝士及，諂隨而首唐書，守信永德，顯周而
冠宋史，蓋由得天下也不以正，斯因以取天鑑者，遂不能
正，所爲史法不明而人極未立也。皇矣我朝，肇興東土，
仗大義以定中原，旦鈇鐸車，天家群彥，一時攀鱗附翼，
畢櫛沐舊人，初無藉降臣俘卒，相爲戮力，而天戈所指，
箪壺恐後，慰新附之鳥瞻，免舊民之魚爛，草昧之始，庸
示招懷，逮今百五十年，跡尚可徵，諭經久定，我皇上綱
紀五常，規矩群類，注小朝之建號，建殉節以易名，既存
南渡之君臣，復嚴北面之閑檢，特命於國史列傳諸臣曾仕
明朝，來降後復膺官爵者，創立爲貳臣傳，詳稽實事，別
樹專門，雖已往而莫贖其愆，蠅有功而不沒其始，以正斧
鉞，植倫常，大爲之坊，炯昭臣鑒，自斥遷洛者曰頑民，
美裸京者曰殷士，雖詩書所紀，新故之際，未能如聖人有
作之大公至正也，猶且法示彰癉，意存忠厚，以仕明時，
內而翰詹科道，外而道府參游，陟清班而膺壇事者爲斷，
雖義無所逃，均有愧疾風勁草之慨。

　　引文內容已指出，二十二史從未以貳臣爲類傳之名，乾隆年
間，已歷150年，事跡尚可徵信，蓋棺之論亦經久定。乾隆皇帝
特命於國史列傳諸臣中，將曾仕明朝，降清後復膺官爵者，別創
貳臣傳，詳稽事實，別立專門，以正斧鉞。乾隆四十一年（1776
年）十二月初三日，內閣奉上諭云：

　　昨閱江蘇所進應毀書籍內有朱東觀選輯《明末諸臣奏疏》
　　一卷及蔡士順所輯《同時尚論錄》數卷，其中如劉宗周、
　　黃道周等指言明季秕政，語多可採，因命軍機大臣將疏中

有犯本朝字句酌改數字，存其原書，而當時具疏諸臣內如
王永吉、龔鼎孳、吳偉業、張縉彥、房可壯、葉初春等，
在明已登仕版，又復身事本朝，其人既不足齒，其言不當
復存，自應概從刪削，蓋崇獎忠貞，既所以風勵臣節也。
因思我朝開創之初，明末諸臣，望風歸附，如洪承疇以經
略喪師俘擒投順，祖大壽以鎮將懼禍帶城來投，及定鼎
時，若馮銓、王鐸、宋權、謝升、金之俊、党崇雅等在明
俱曾躋顯秩，入本朝仍忝爲閣臣。至若天戈所指，解甲乞
降，如左夢庚、田雄等，不可勝數，蓋開創大一統之規
模，自不得不加之錄用，以靖人心，而明順逆。今事後平
情而論，若而人者，皆以勝國臣僚，仍遭際時艱，不能爲
其主臨危授命，輒復畏死偷生，靦顏降附，豈得復謂之完
人，即或稍有片長，只錄其瑕疵，自不能掩，若既降復叛
之李建泰、金聲桓及降附後潛肆詆毀之錢謙益輩，尤反側
僉邪，更不足比於人類矣。此輩在《明史》既不容闌入，
若於我朝國史因其略有事跡，列名敘傳，竟與開國時范文
程、承平時李光地等之純一無疵者，毫無辨別，亦非所以
昭褒貶之公。又豈所以示傳信乎？朕思此等大節有虧之
人，不能念其建有勛績，諒於生前；亦不能因其尚有後
人，原於既死。今爲準情酌理，自應於國史內另立貳臣傳
一門，將諸臣仕明及仕本朝各事跡，據實直書，使不能纖
微隱飾，即所謂雖孝子慈孫百世不能改者，而其子若孫之
生長本朝者，原在世臣之列，受恩無替也。此實朕大中至
正，爲萬世臣子植綱常，即以是示彰癉，昨夢已加諡勝國
死事諸臣，其幽光既爲闡發，而斧鉞之誅，不宜偏廢，此
貳臣傳之不可不核定於此時，以補前世史傳所未及＇，著

　　　　國史館總裁查考姓名事實，逐一類推，編列成傳，陸續進
　　　呈朕裁定，並將此通諭中外知之⑬。

　　在清朝國史內另立貳臣傳始於乾隆四十一年（1776 年）。
學者已指出，將為清朝開創建立功勛的降清明臣定爲“貳臣”，
與表彰因堅決抗清不屈而死的明臣追諡爲忠節，是一個問題相輔
相成的兩方面，是乾隆皇帝完整思想體系中不可缺少的組成部
分。明臣降清後，確實有事跡，他們在《明史》旣不容闌人，在
清朝國史又不能與范文程一體列名敘傳，於是另立貳臣傳，使他
們在傳統正史領域中能有一席容身之地，使其事跡傳信簡編，而
待天下後世的公論，貳臣傳的纂修，也是可以肯定的。清高宗的
貳臣論，是從修史體例來褒貶歷史人物，確實由於意識形態而過
於貶斥，後世纂修清史列傳，爲求客觀，如何揚棄意識形態？避
免使用“貳臣”、“逆臣”、“叛臣”等含有價值判斷的字樣，
確實有值得重視的問題。

　　國立故宮博物院現藏國史館傳包的內容，除了各種傳稿外，
還保存了當時爲纂修列傳而咨取或摘抄的各種傳記資料，譬如事
跡册、事實清册、履歷片、出身清册、功績摺、年譜、文集、訃
聞、行狀、行述、祭文等等。例如張之萬傳包內存有吏部片文、
出身履歷單、事跡册、張文達公遺集、行述未定稿、年譜稿等傳
記資料，張之萬列傳初輯本的纂修，主要就是利用這些傳記資料
排比而成的。岑毓英傳包的內容，除傳稿外，還含有事略緣由清
册、行狀、事跡册、奏稿、祭文、履歷咨文、咨送清册、出身
單、軍機處片文、禮部片文、雲南巡撫文、抄奏等資料，岑毓英
列傳的初輯本，也是利用這些資料排比成稿的，特引初輯本咸豐
年間的內容，並查明其資料來源，標註出處於下，有助於了解傳
稿的纂修過程：

岑毓英，廣西西林人〔事略緣由清冊〕。咸豐初年，由附生在本籍辦團出力保奏。以縣丞歸部選用〔出身單〕。六年，帶勇入雲南投效迤西總兵福升軍營助剿〔行狀〕。八年，奉旨賞戴藍翎〔事跡冊，出身單〕。九年，克復宜良縣城，署宜良縣事，奉上諭候選縣丞，岑毓英著留雲南，以知縣用，並賞加知州銜〔行狀、出身單〕，旋丁憂，總督張亮基奏，岑毓英現在丁憂，係帶練攻剿巡防打仗，請俟軍務靖回籍守制〔出身單〕。十年四月，奉硃批岑毓英准其留滇差委，不准仍留署任〔出身單〕，旋會參將何自清克復路南州城，兼署路南州事〔行狀〕。巡撫徐之銘奏，署宜良縣丁憂知縣岑毓英上年收復宜良，本年攻克路南，克復之後委令兼署，實係甫經克復，人心未定，惟有仰懇俯准署宜良縣，兼署路南州岑毓英暫留署任，俟布置周妥，人心稍定，飭令回籍補行穿孝〔出身單〕。十月，奉上諭，署路南知州岑毓英補本班，以同知直隸州用，並賞加運同銜，旋兼署澄江府事〔事跡冊、行狀〕。

　　由引文內容有助於了解清朝國史館如何纂修列傳，利用哪些資料排比而成。初輯本重繕後，再經覆輯，然後呈請審閱。岑毓英列傳，先由協修陳田纂輯初輯本，經張星英覆輯，然後呈閱。纂修列傳，掌握可信度較高的原始資料，是不可忽視的問題。

　　清朝國史館為纂修列傳，曾經先行撰成長編檔冊，包括長編總檔與長編總冊兩類。總檔是國史館長編處咨取內閣、軍機處上諭、外紀、絲綸、廷寄、月摺、議覆、剿捕等檔案分別摘敘彙抄成編的檔冊。長編總冊則為總檔的目錄，亦即人名索引。以總檔為經，人名為緯，按日可稽，不致遺漏，先難後易，是纂修列傳的重要工作。國史館彙輯列傳長編，先修底本，由供事摘敘各檔

事由，硃批全錄，可以稱爲摘敘本。摘敘本由協修官或纂修官匯
編，經初校後，復由提調官覆輯或覆校，間校由校閱官詳校，然
後改繕清本。長編檔册查檢容易，不失爲纂修列傳的重要史料彙
編。

六、結　語

　　易代修史，是我國歷代正史的傳統，《清史稿》的編纂，就
是繼承我國纂修正史的傳統。戴逸先生在清史編纂體裁體例座談
會上的講話指出，近六百年來國家修史一共有四次：從 1368 年
朱元璋洪武元年打下大都，他就立即下令修《元史》，這是第一
次修史；第二次是順治帝入關後的第二年，下詔修《明史》；第
三次是 1914 年，成立清史館修清史；第四次就是 2002 年中共中
央和國務院決定啓動清史工程。從 1914 年至 2002 年，中間將近
90 年，好像沒有任何整修清史的工程。其實，1929 年，北平故
宮博物院建議將《清史稿》禁止發行的同時，也已聘請專業將所
藏史料，計劃纂輯清代通鑑長編，以備重修清史之用。1930 年，
北平研究院與北平故宮博物院合作，在懷仁堂開會，討論纂修清
史長編。李宗侗先生建議初步以清實錄、起居註册、內閣大庫檔
案、軍機處檔案、宮中硃批奏摺等，按年月排比，再以私家著作
校對其異同，修成長編，若能修清史，即以此爲根據。這一部清
代通鑑長編，若不能修成新清史，也不妨單獨刊印成書，仿宋代
《資治通鑑長編》，以保存有清一代的史料。

　　《清史稿》固然紕謬百出，但是一味禁止發生，亦非學術界
所樂見。1934 年，行政院聘請吳宗慈負責檢校《清史稿》，撰
有檢正表、補表及改進意見等稿。1935 年，教育部呈行政院文
轉陳中央研究院對《清史稿》的書面意見，文中提出三種辦法：

第一種辦法是重修清史；第二種辦法是據《清史稿》爲底本重修清史；第三種辦法是將《清史稿》中僞南明、僞太平、僞民國等處盡行改正。但因對日抗戰，時局變化，修訂清史之議遂寢。

1959 年，臺北國防研究院籌修清史。1961 年，出版《清史》，共八冊，係就《清史稿》改頭換面，稍作修改，並增加補編，內含南明紀五卷、明遺臣列傳兩卷、鄭成功載記兩卷、洪秀全載記八卷、革命黨人列傳四卷。《清史稿》關外本中“革命黨謀亂於武昌”，國防研究院本《清史》修改爲“革命黨謀舉事於武昌”。覺羅滿保等大臣列傳前冠以朱一貴列傳，常青列傳前冠以林爽文列傳，不倫不類，偏離纂修正史的體例。

1970 年夏知，臺北國立故宮博物院院長蔣復璁先生鑒於清史亟待整修，於是計劃纂輯清代通鑒長編，敦聘錢穆先生主持其事，並聘陳捷先教授爲顧問，遴派院內專人負責搜集資料及編輯工作，筆者也是成員之一。先修清太祖、清太宗兩朝通鑒長編，所據史料，包括現藏明朝、清朝及朝鮮滿漢文檔案、官書及私家著述，先抄卡片，年經月緯，按日排比，列舉綱目，附錄史料原文，並註明出處。歷經數年，雖已完成初稿，可惜並未出版。

重修清史，既非計日可待，《清史稿》得失互見，我們不宜把焦點都放在它的缺點上，以致忽視它的優點。李文海先生撰《我們今天要纂修一部什麼樣的清史》一文指出，“在關於體裁體例的學術座談會上，是確實存在著兩種意見的，一種主張新修清史應該與二十四史相銜接，另一種則主張不必與二十四史相銜接的問題”。作者認爲編纂清史應該本著以史爲鑒、古爲今用的原則。因此，作者主張清史不必與二十四史相銜接，並建議新編清史包括綜述、編年、典志、年表、傳紀、圖錄六個部件，認爲過去的本紀是以封建帝王的活動爲綱，這個根本之點是必須剔除

的。從辛亥革命推翻清朝至今，時代相近，修史的傳統與經驗，有其傳承性。《清史稿》的纂修人員，雖然多屬前朝遺老，但對於女眞人貢明廷諸事，清太祖本紀中直書不諱，尚存直筆。史館人員多出自舊式科舉，嫺於國故，優於辭章，其合於史法、書法之善者，頗有可觀。《清史稿》列傳獨傳、合傳等，多合史例，紀傳論贊，亦頗扼要中肯。重修清史，既非指日可待，長久以來，《清史稿》先後重印，版本多種，流傳極廣，久爲中外學術界廣泛研究利用，已經成爲治清史者不可或缺的重要資料。因此，訂正《清史稿》的疏漏，就成爲刻不容緩的工程。1978 年10 月，臺北國立故宮博物院院長蔣復璁先生、國史館館長黃季陸先生赴士林素書樓，與錢穆先生商議校註《清史稿》，不改動原文，以稿校稿，以卷校卷。《清史稿》校註工程告竣後，國史館又在《清史稿》校註本的基礎上進行新清史的整修工程。《清史稿》的校註，新清史的整修，都是以國立故宮博物院典藏清朝國史館暨民初清史館紀志表傳稿本及相關資料爲依據而完成的，臺灣史學界的努力成果，對纂修清史可以提供參考的經驗。

編纂清史需要重視清史的基礎工程，從前人的基礎上集腋成裘，可行度較高。繼承紀、志、表、傳纂修正史的體例，銜接二十四史，才是正確的方向，不當自行縮短中華民族的歷史。錢穆先生著《國史大綱》所稱我國是世界上歷史體裁最完備的國家，悠久、無間斷、詳密爲我國歷史三大特點的看法，是值得重視的。清史是我國歷代以來傳統正史體例的最後一個階段，纂修清史，當以國家纂修傳統正史的體例來編纂。繼承傳統，可以創新，例如傳統正史本紀中的日期，應繫歷史事件日期，不當以頒諭或文書到京日期作爲歷史事件的日期。志書繫年，列傳繫年繫月，日期不詳，爲便於查考，志書、列傳當詳載年月日。清高宗

創貳臣傳體例，以歷史體例褒貶人物，是一種創新，但以濃厚的意識形態來修史，並不客觀，可以不必別立貳臣傳，編纂一套客觀完整的清朝正史，始能成爲我們的文化遺產。

修史工程是經驗的累積，也是材料的集中。戴逸先生在清史編纂體裁體例座談會上的講話指出，當年修史怎麼修？現在《明史》已經不太清楚了，《清史稿》還有些東西保留下來，也不很多。他們當時討論了什麼問題，碰到哪些問題，我們都不清楚了，這是史學史上的遺憾。如天文志，因爲天文檔案沒有保存下來，沒有檔案寫什麼呢？這是很重要的談話，纂修清史人員必須熟悉《明史》、清朝國史、《清史稿》、《新清史》等等是怎麼修成的，清史館、國史館保存了哪些資料。尊重客觀歷史事實，掌握完整檔案資料，都是纂修清史不可或缺的條件，本文從“國立故宮博物院”現藏清朝國史館暨民初清史館所保存的記錄來討論前人修史的經驗及其所使用的檔案資料，得失互見，進行檢討，是一種較爲具體的研究工作，對編纂清史或許有正面的作用。

聖祖仁皇帝神靈首出功德大成本紀一書大

我

帝紀內但載大綱其詳俱分見於各志傳

○一本紀為綱志傳為目謹考歷代國史於

○凡例

綱燦舉不敢畧亦不敢繁以從國史體例

也

一正旦朝賀行禮宴賚俱不書惟免朝及

附件一　國史館纂修聖祖本紀凡例

○夏四月辛亥。

上駐蹕船站。○甲寅。命回鑾勅領侍衞內大臣

索額圖等。留辦船站軍務。○丙辰。厄魯特

俄爾遮圖祈齊克來降。○庚申。次阿拉克

莫里圖。○命選文行兼優之士為拔貢生。

送國子監。○甲子次布古圖。○費揚古疏

言噶爾丹仰藥死。其屬諾顏等。以其女鍾

齊海率三百餘戶來歸。

附件二　國史館聖祖本紀

康熙三十六年四月分

魯特降人請慶賀止之五月乙未上還京丁酉以傅拉	戶來降上率百官行拜天禮敕諸路班師是日大雨厄	報閏三月十三日噶爾丹仰藥死其女鍾齊海率三百	省選文行兼優之士為拔貢生送國監甲子費揚古疏	之矣夏四月辛亥上次狼居胥山甲寅迴鑾庚申命直	日邊地磽瘠多留一日即多一日之擾爾等誠意已知上	庚寅康親王傑書薨甯夏百姓聞上將行懇留數日	侍衛以御用食物均賜戰士閏三月辛巳朔日有食之	昭莫多翁金陣亡弁兵己卯祭賀蘭山庚辰上閱兵命	提賜奠趙良棟及前提督陳福丁丑上駐蹕甯夏察卹

附件三　清史館聖祖本紀稿

康熙三十六年四月分

上昌蒨兩丹之死乃
天之所助宜先樹
天遣設香案於行宮外
上率文武官員行拜
天禮畢
上回行宮文武官員行慶賀禮是日甘霖大沛
○吳剌戚達兩馬什里公旗下台吉南沖來
朝○乙丑
御舟泊薩察莫徹地方○丙寅。

聖祖仁皇帝實錄　卷一百八十三　　九

孝端文皇后忌辰遣官祭
詔度○
御舟泊都惠哈拉烏蘇地方○丁卯
御舟泊都勒地方○投奉圖將軍永德于寧籍
為奉恩將軍○丹濟拉使人齊奇爾寨兵至。
奏曰蒨兩丹閏三月十三日身死即於是日
焚其石楊蒨兩丹之女雙齊海及諾顏格隆
拉思繪程貝臧布尼爾巴蒨卜婪陳奔自阿
察阿穆塔台起程宿十站到巳雅思都爾侯

言而行見在右翼壯丁四百共人口千餘每
丁各有馬一疋共駱駝一百五十頭此外並
無他物
上昌據奏蒨兩丹尸巳菱著大將軍遁其骨
速刺齊奇爾寨兵應令秦驛發至大將軍軍
前或先達俟即赴丹濟拉所或同大兵帶往
大將軍身臨邊地聽其酌行○賜尼魯特齊
奇爾寨兵襆袍裍帶○戊辰。

聖祖仁皇帝實錄　卷一百八十三　　十

御舟泊烏開拖羅海地方○巳巳。
御舟泊特木爾吳爾虎地方○以過政使宮夢
仁為福建迴撫○庚午。
御舟泊為閣腦爾地方○辛未
御舟泊濟特庫地方○讓政大臣等議奏塞卜
騰巳爾珠爾方蔑罪於天逆賊之子今蒨兩
丹既死其子當即梟示傳首於四十九樸客
爾索泉扎薩克噶爾兩丹骸骨到日粉骨揚
其徹特和碩齊乃塞卜騰巳兩珠爾孔咨亦
應新首梟其桌示得盲侯
朕回鑒後再奏○

附件四　清聖祖實錄
康熙三十六年四月分

ᠮᠠᠨᠵᡠ ᡥᡝᡵᡤᡝᠨ

附件五　《宮中檔》費摎古滿文奏摺
康熙三十六年四月初九日

齋寨桑和碩齋車凌奔寨桑等帶二百戶人
授丹津鄂木布而去丹濟喇等所奏之本現
在我等處等語問齋奇爾寨桑等噶爾丹所
死之故並丹濟喇為何不即行前来駐於巴
領恩都爾地方候
旨擾云噶爾丹於三月十三日早得病至晚即死
不知是甚病症丹濟喇欲即行前来因馬甚

附件六　起居注册
康熙三十六年四月十五日

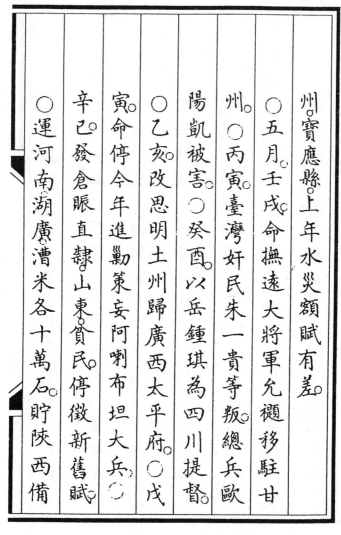

州。寶應縣。上年水災額賦有差。

○五月。壬戌命撫遠大將軍允禵移駐甘

州。○丙寅臺灣奸民朱一貴等叛總兵歐

陽凱被害○癸酉。以岳鍾琪為四川提督

○乙亥改思明土州歸廣西太平府。○戊

寅。命停今年進勦策妄阿喇布坦大兵。○

辛巳發倉賑直隸山東貧民停徵新舊賦。

○運河南湖廣漕米各十萬石。貯陜西備

附件七　國史館聖祖本紀

康熙六十年五月分

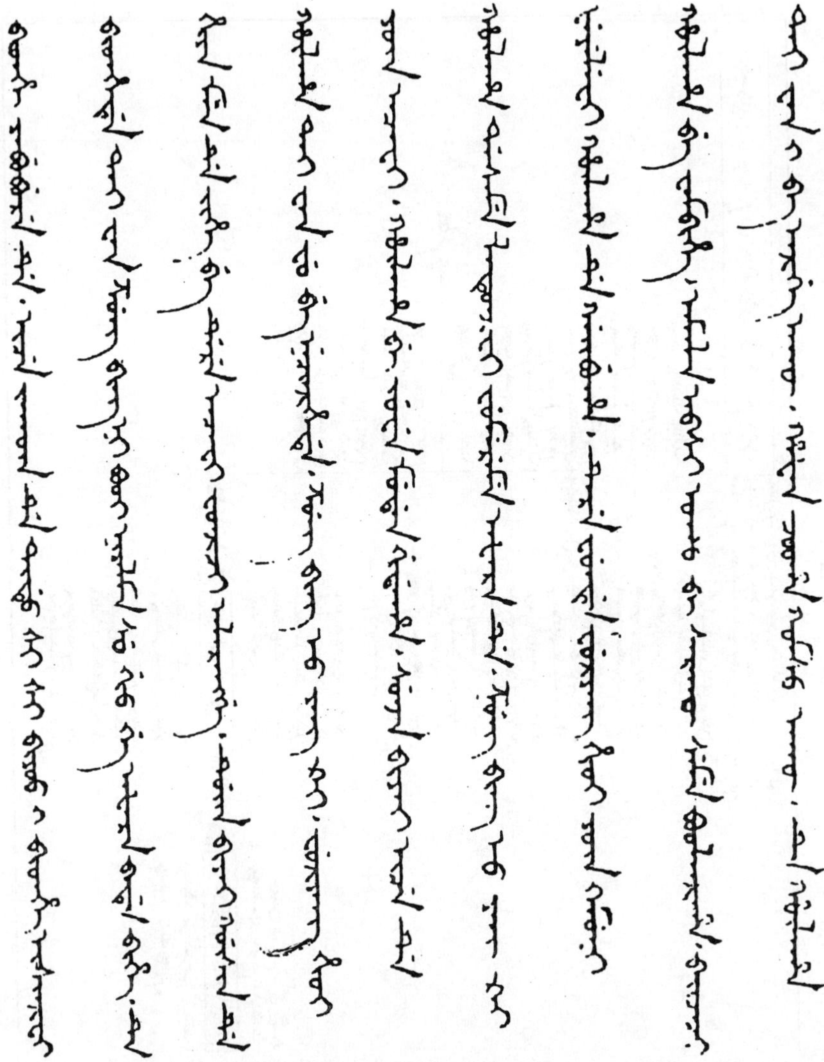

附件八　《宮中檔》覺羅滿保滿文奏摺（局部）
康熙六十年五月初八日

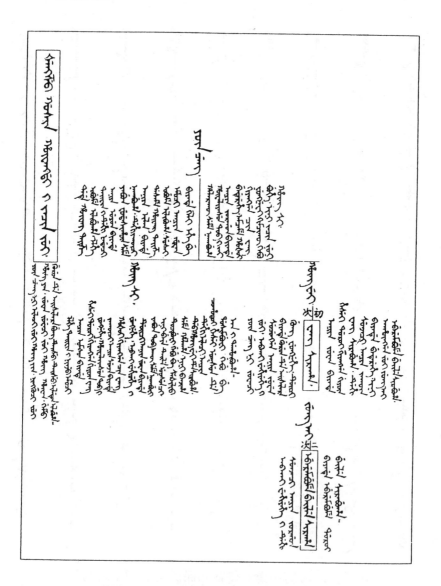

附件九　國史館滿文恩封宗室王公表

建州表上	紀年衛名	都督	都督同知	都督僉事	都指揮	都指揮同知	都指揮僉事	指揮使	指揮同知	指揮僉事
	永樂元年建州衛							阿哈出		
	三年									

永樂元年 指揮使欄註：阿哈出十月己丑女真野人頭目阿哈出出等來朝設建州衛軍民指揮使司以阿哈出為指揮使賜姓名為李誠善……名李誠善千百戶

永樂元年底欄：是年始設建州衛

三年底欄：是年十月建州等衛指揮等來朝不著其名時初設衛何始出所謂指揮僉即阿哈出授指揮也二十一月甲戌始設……指揮衛以地兒遂為同揮

附件十　清史館纂修建州表

直省駐防副都統大臣年表

乾隆　元　年					
奉天 副都統 哲庫訥	熊岳 副都統 額爾錦	錦州 副都統 白爾黑圖	西安 滿洲蒙古副都統 杭州 漢軍蒙古副都統 王景佩	西安 涼州	涼州 副都統 赫塞 九月命 見年投
			達色	張正文	

附件十一　國史館纂修直省駐防副都統年表

新清史卷六

聖祖一

本紀六

聖祖合天弘運文武睿哲恭儉寬裕孝敬誠信中和功德大成仁皇帝，諱玄燁，世祖章皇帝第三子也。母孝康章皇后。順治十一年三月戊申，帝生於景仁宮。天表奇偉，隆準龍顏，舉止端肅。六齡時，嘗偕世祖皇二子福全、皇五子常寧問安宮中，世祖名問其志，皇二子以願為賢王對，帝奏云：「待長而效法皇父。」世祖皇帝遂屬意焉。順治十八年正月壬子，世祖皇帝不豫。丙辰，大漸，召原任學士麻勒吉、學士王熙至養心殿，降旨定帝御名，立為皇太子，命索尼、蘇克薩哈、遏必隆、鰲拜

卷六・本紀六　聖祖一

三三九

附件十二　台北「國史館」整修《新清史》聖組本紀

【註　釋】

① 孟森：《清代史》，2 頁，臺北，正中書局，1962；《明清史講義》，364頁，臺北，里仁書局，1982。《明清史講義》中刪略引文內“革命時之鼓煽種族以作敵愾之氣，乃軍旅之事，非學問之事也”等句。

② 吳士鑒：《纂修體例》，見《有關清史館編印經過及各方意見匯編》上冊，90 頁，臺北，國史館，1979。

③ 《明清史料》，戊編第一本，21 頁，臺北，中央研究院歷史語言研究所，1972。

④ 《宮中檔康熙朝奏摺》，第九輯，176 頁，臺北，國立故宮博物院，1977。

⑤ 參見《重修臺灣省通誌》卷一，101 頁，南投，臺灣省文獻委員會，1994。

⑥ 《清聖祖仁皇帝實錄》卷一八三，7 頁。

⑦ 臺北國立故宮博物院國史館檔，朱絲欄寫本。

⑧ 參見《宮中檔雍正朝奏摺》，第十輯，106頁，臺北，國立故宮博物院，1978。

⑨ 參見《宮中檔雍正朝奏摺》，第三輯，822 頁。

⑩ 《清世宗憲皇帝實錄》卷二二，3 頁。

⑪ 參見《清聖祖仁皇帝實錄》卷二二五，16 頁。

⑫ 《清高宗純皇帝實錄》卷一四一六，11 頁。

⑬ 《乾隆朝上諭檔》，第八冊，479 頁。

回顧與前瞻——清宮檔案的整理
出版與檔案術語的規範

一、前　言

　　檔案術語的規範，建立共識，有助於學者的查閱利用，更能促進館際合作。近數十年來，海峽兩岸積極整理出版清宮檔案，很早便受到世界許多國家相關學者的廣泛關注和查閱利用。長期以來，海峽兩岸檔案保管單位，由於缺少互動，對清宮檔案的整理體例，出版方式，檔案術語的使用，因未規範，以致中外學者莫名其妙，無所適從。

　　近年來，香港地區推動中文名稱的規範工作，不遺餘力，開發搜尋介面，建立跨地區合作，對國際圖書館中文權威工作已經發揮了相當可觀的影響力。西元二〇〇五年十一月七、八兩日，在香港中文大學舉行第三次中文名稱規範會議。「會議紀要」指出：

　　　　圖書館在編製書目的過程中，屢有同書異名、同人異名、
　　　　同名異人等現象，有賴選擇適當的標目，再擇定主標目
　　　　（或稱權威標目），並將不用標目以及參見標目和主標目
　　　　之間，建立起系統參照關係，這項工作稱「權威控制」，
　　　　權威控制做得好，查尋書目自有脈絡可循，不但發揮聚合
　　　　書目的效果，也增進檢索的準確度，進而有效地掌握圖書
　　　　資料，所以權威控制不但是圖書館提供館藏服務的重要工
　　　　作，也是書目控制的必要工具①。

在清朝官書典籍、《清史稿》等書中同人異名、同音異譯、一人兩傳，同名異人等現象，比比皆是，清實錄的酌古準今，辨正姓氏，畫一人名，就是一種權威控制的規範工作，可以提高檢索的準確度。

治古史之難，難於在會通，主要原因就是由於文獻不足；治清史之難，難於在審辨，主要原因就是由於史料氾濫。清宮檔案，浩如煙海，基於資源共享的精神，提供館藏服務，有效地掌握檔案資訊，增進跨地區的館際合作，都不能忽視檔案術語權威控制的規範工作。因此，對整理出版清宮檔案的得失，進行檢討，舉辦座談會，加強兩岸的互動，對檔案術語進行規範，建立共識，是具有建設性和前瞻性的意義。

二、從無圈點檔到滿文原檔

清太祖、清太宗時期，記注政事及鈔錄往來文書的檔册，主要是以無圈點老滿文及加圈點新滿文記載的檔子（dangse）。清朝入關後，這批檔子由盛京移至北京，由內閣掌管。當時稱爲「無圈點檔」，這是未經加工的原檔。乾隆六年（1741）七月二十一日，清高宗乾隆皇帝以內閣大庫典藏「無圈點檔」年久敝舊，所載字畫，與通行的新滿文不同，諭令大學士鄂爾泰等人編纂無圈點字書。同年十一月十一日，鄂爾泰等人以無圈點檔年久敝舊、奏請托裱裝訂。乾隆四十年（1775）二月十二日，軍機大臣恐「無圈點老檔」日久擦損，奏請依照通行滿文另行音出一分，即交國史館纂修等員加置圈點。重鈔的本子有兩種：一種是依照當時通行的新滿文繕寫加簽注的重鈔本；一種是仿照無圈點老滿文字體鈔錄而删其重複的重鈔本。這兩種鈔本俱於乾隆四十三年（1778）十月以前完成繕寫的工作，習稱北京藏本。乾隆六

年（1771）所稱「無圈點檔」，乾隆四十年（1775），又稱「無圈點老檔」，就是由盛京移藏北京內閣大庫的原檔，崇德年間（1636-1643），纂修《清太祖武皇帝實錄》，順治年間（1644-1661），纂修《清太宗文皇帝實錄》初纂本等官書時曾使用過。北京藏本是乾隆四十三年（1778）的重鈔本，或加圈點，或加簽注，或刪其重複，經過重繕加工，不是原檔。

　　乾隆四十五年（1780），又按無圈點老滿文及加圈點新滿文各鈔一份，齎送盛京崇謨閣貯藏。同年二月初四日，盛京戶部侍郎全魁從北京返回盛京，將這兩種鈔本運至盛京內務府衙門，經由福康安點收。崇謨閣貯藏的鈔本，分為兩種：一種是「無圈點老檔」，內含天命、天聰、崇德三朝，共七包，計二十六套，一百八十本。貯藏於盛京崇謨閣的「無圈點老檔」和「加圈點老檔」，可以稱之為盛京藏本，也是重鈔本，不是原檔。原檔所使用的紙張，主要是明朝舊公文紙和高麗箋紙，北京藏本、盛京藏本的書法和所用紙張，都和原檔不同。崇謨閣藏本中的「無圈點老檔」和「加圈點老檔」都不是原檔。

　　自從乾隆年間整理「無圈點檔」或「無圈點老檔」，托裱裝訂，重加貯藏後，原檔始終藏於秘府，直到二十世紀初期始再度被人發現，首先被發現的是盛京藏本。清德宗光緒三十一年（1905），日本學者內藤虎次郎第二次往訪瀋陽時，曾用曬藍的方法，將盛京藏本複製一份，計四千多張，帶回日本，後來撰寫〈清朝開國期的史料〉一文，刊載於《藝文雜誌》第十一、二號，公開介紹這批檔案。為了研究方便，內藤虎次郎稱盛京藏本的複製本為「滿文老檔」。無圈點滿文、加圈點滿文，都是滿文，「無圈點老檔」、「加圈點老檔」，統稱「滿文老檔」，並無不當，但「滿文老檔」是指崇謨閣藏本的複製本，並非北京內

閣大庫貯藏的原檔。

　　民國七年（1918），金梁節譯乾隆年間崇謨閣重鈔本部分史事，刊印《滿洲老檔秘錄》，簡稱《滿洲秘檔》。民國二十二年（1933）五月十三日《故宮周刊》第二四五期，第一版刊載〈漢譯滿洲老檔拾零〉一文指出，「瀋陽故宮崇謨閣，藏有舊檔二種：一爲漢文，六冊，分載敕諭、奏疏及朝鮮國書，皆天聰、崇德年事。金梁錄副編次，名曰崇謨舊檔；一爲滿文，一百七十九卷，所載爲天命、天聰、崇德年事，多三朝實錄、開國方略、東華錄所不載，金氏復總管輯譯成書，世稱滿洲老檔是也。」②原文又稱「金氏所據譯者與內閣大庫舊藏老檔三十二冊互有詳略，而均爲無圈點體。」「繙譯至難，經滿漢文學士十餘人之手，費時二載始脫稿。」「以卷帙過多，校刊非易，遂擇要摘錄，名曰滿洲老檔秘錄。」由引文內容可知崇謨閣所藏「無圈點老檔」、「加圈點老檔」，金梁稱之爲「滿洲老檔」，金梁節譯本稱之爲《滿洲老檔秘錄》，簡稱《滿洲秘檔》。

　　民國二十年（1931）三月，北平故宮博物院文獻館整理內閣大庫東庫檔案時發現一批長短厚薄不一的滿文檔冊，主要是「無圈點檔」、「加圈點檔」，亦即原檔。《文獻叢編》稱之爲「滿文老檔」，與盛京藏本的複製本名稱雷同，是一種混淆。民國二十五年（1936）三月，文獻館又在內閣大庫裡發現崇德三年（1638）全年分的原檔，因發現較晚，未能隨其他文物同時南遷。民國三十七年（1948），滿文原檔，共四十冊，隨南遷文物遷運來臺。由國立故宮博物院妥善保存。後來由中國東亞學術研究計劃委員會申請拆線攝製照片，進行繙譯研究。

　　昭和三十三年（1958）、三十八年（1963），日本東洋文庫譯註出版盛京藏本複製本題爲《滿文老檔》，共七冊。民國五十

四年（1965），《中國東亞學術研究計劃委員會年報》第四期刊
載廣祿等撰〈老滿文原檔與滿文老檔之比較研究〉一文，文中將
國立故宮博物院典藏原檔稱為「老滿文原檔」。民國五十九年
（1970）三月，廣祿等譯註出版《清太祖朝老滿文原檔》，先後
共出版二冊。由於中外學者習慣上稱乾隆重鈔本為滿文老檔，所
以該書把乾隆重鈔本所根據的三十七冊老滿文檔冊，叫做清太祖
朝老滿文原檔。③民國二十年（1931），文獻館發現原檔三十七
冊。民國二十四年（1935），文獻館整理內閣大庫殘檔時，又發
現原檔三冊，合計四十冊。在四十冊中，除無圈點老滿文外，還
有加圈點新滿文，稱之為《老滿文原檔》，並不周延，可以正名
為「滿文原檔」。

　　民國五十八年　（1969），國立故宮博物院將「滿文原檔」
四十冊影印出版，共十冊，題為《舊滿洲檔》。昭和四十七年
（1972），日本東洋文庫清代史研究室譯註出版其中天聰九年
（1635）分，亦題為《舊滿洲檔》，共二冊。一九七九年十二
月，遼寧大學歷史系據日譯本《舊滿洲檔》天聰九年分二冊，譯
出漢文，題為《滿文舊檔》。原書「漢譯說明」指出，在「乾隆
朝整理《滿文老檔》時，缺少天命七年（1622）七月至十二月，
天聰七年（1633）、八（1634）、九（1635）年三年半的稿本。
一九三五年整理內閣大庫時，發現了天聰九年的原稿本，後來被
劫往臺灣。」④遼寧大學歷史系編印《清初史料叢刊》書目時，
原擬譯名為《漢譯盛京舊檔》，正式出版時定為《漢譯滿文舊
檔》。

　　南港中央研究院歷史語言研究所典藏明清檔案中含有「無圈
點檔」的部分殘檔，為散遺於內閣大庫的散葉。《明清檔案存真
選輯》，第二集將這些散葉整理出版，題為《老滿文史料》。一

九八八年十月，季永海等譯註出版崇德三年（1638）分滿文原
檔，題爲《崇德三年檔》。

　　北京藏本包含乾隆年間重鈔本共二十六函，一百八十册，其
中天命朝十函，八十一册；天聰朝十函，六十一册，崇德朝六
函，三十八册。一九九〇年三月，北京中國第一歷史檔案館以重
鈔本爲藍本，譯註出版，並根據國內外史學界的慣稱，而題爲
《滿文老檔》，共二册⑤。

　　民國九十四年（2005）十二月，國立故宮博物院重新將院藏
四十本「無圈點檔」、「加圈點檔」掃描製版，正名爲《滿文原
檔》，精裝十册，印刷精美，字跡清晰。民國五十八年
（1969），拆線出版時，曾經遺失寒九十九兩葉，即所謂「驗屍
圖」，亦利用原先攝製照片沖洗掃描印刷，書名既經規範，長久
以來的爭議，可以正式畫上句點。

三、明清檔案的整理出版

　　清朝內閣在雍乾以前固然是國家庶政所自出之地，在雍乾以
後內閣仍是制誥典册之府，內閣大庫檔案就是清朝全國庶政的眞
實紀錄，也是貴重的文化遺產，其重要性，不言可喻。國立故宮
博物院現存清朝檔案，由於未曾遭遇流入紙廠的厄運，而遠較史
語所的內閣大庫檔案情況爲佳。史語所現存內閣大庫檔案給人印
象是「數量相當龐大，種類十分繁雜，次序極爲凌亂，實體頗多
殘損。」⑥整理這批檔案，顯然是一件極爲艱鉅的任務。經過史
語所前輩們在極其艱鉅的情況下搶救、保存下來，同時由於史語
所工作人員的辛勤整理，一方面確保了內閣大庫檔案不致湮滅；
一方面也便於學者的利用，史語所前輩暨工作人員的功勞，受到
學術界的肯定，應該向他們表示最高的敬意。

　　民國十八年（1929）五月，史語所由廣洲遷到北平。同年八月，內閣大庫檔案移運至午門西翼樓上後，即開始整理。從同年九月起，至十九年（1930）九月止，前後一年之間，經過分類、鈔錄副本，終於將整理所得陸續刊印出版《明清史料》。至民國六十四年（1975）止，共刊出十編，所收錄的檔案，計八千二百餘件，爲明清史研究提供極其珍貴的素材。《明清史料》的出版是據鈔錄的副本排印的，版面整齊，不受傳統文書形式的限制。但是，排印本的缺點，由於改變文書格式，對研究傳統文書制度，不能窺見其原貌，畢竟是一種遺憾。在鈔錄、排印、校對過程中，人爲的疏失，更難避免。民國四十八年（1959）六月起，史語所出版《明清檔案存眞選輯》，計三集，採取照相製版的方式，標明文書紙地規格。其優點不僅保存文書形式的原貌，同時也可減少內容文字的人爲疏失。例如《明清檔案存眞選輯》初集圖版壹佰壹拾玖，選印〈譯荷蘭國表文〉，文末書明「西曆七月十三日」等字樣，《明清史料》作「西歷七月十三日」，將「曆」字改爲「歷」。圖版壹佰貳拾，選印〈譯荷蘭國與兩王文〉，首幅書明「管在小西諸處荷蘭國人」等字樣，末幅書明「西曆七月十三日」，《明清史料》將句中「小西」誤作「小四」；「西曆」，改作「西歷」⑦。爲保存檔案的眞貌，照相製版，確實較爲可行。《明清史料》採取鈔錄副本，鉛字排印的方式，是有待商榷的。

　　民國七十年（1981），史語所決定通盤整理所存全部內閣大庫檔案，經工作人員辛勤整理，從民國七十五年（1986）起正式出版《明清檔案》。在第一册「編印細則說明」中指出，「此書乃將中央研究院歷史語言研究所現存之全部清代內閣大庫原藏明清檔案縮影印行，故名爲《中央研究院歷史語言研究所現存清代

內閣大庫原藏明清檔案》，簡稱《明清檔案》，以別於本所此前排版刊印數量較小之《明清史料》一書。」⑧序文中也指出，「筆者曾經查看《明清史料》內若干文書的原件，只見到一些蛀剩了的碎屑。」又說「從完整到毀失不過是幾年的時間而已！」檔案的殘損，確實很難避免。《明清史料》雖然保存了檔案的內容，但就文書格式而言，已經不是本來面目的副本。原存內閣大庫檔案中含有康熙八年（1669）九月給明珠等人的一道滿漢文敕諭，其漢文敕諭內容如下：

> 皇帝敕諭明珠、蔡毓榮等，據爾等奏稱，遴選地方文武官前往招撫，鄭經亦遣使前來稱，願投誠，但以臺灣之地，係其父鄭成功所闢，不忍輕棄，言我等一經歸順，臺灣即是朝廷地土，我等身體髮膚，皆是朝廷所有，歸順全在一點真心，不在剃髮登岸，願照朝鮮例入貢等語。朕思鄭經等久居海島，阻於聲教，今因招撫使臣至，彼即差屬員同來，思欲抒誠歸順，深為可嘉。若鄭經留戀臺灣，不忍拋棄，亦可任從其便。至於比朝鮮不剃髮，願進貢投誠之說，不便允從。朝鮮係從來所有之外國。鄭經乃中國之人，若因住居臺灣不行剃髮，則歸順恂誠以何為據？今命內弘文院學士多諾前往，爾等會同靖南王耿繼茂及總督巡撫提督等傳諭鄭經來使，再差官同往彼地宣示，果遵制剃髮歸順，高爵厚祿，朕不惜封賞，即臺灣之地，亦從彼意，允其居住，庶幾恩訖遐方，兵民樂業，干戈不用，海疆乂安，稱朕奉天愛民綏懷遠人至意，如不剃髮投誠，明珠等即行回京，欽哉，故敕。康熙八年九月日⑨。

前引敕諭是探討清廷領有臺灣以前，鄭經和清廷和談的重要文獻，鄭經堅持對清朝的對等地位，不剃髮，不接受一個中國，

康熙皇帝則反對分裂領土，彼此歧見很大。《明清檔案存眞選輯》初集在民國四十八年（1959）出版時已收錄這一道諭旨，滿漢兼書，文字清楚，內容完整。民國七十五年（1986）十一月出版《明清檔案》縮影印行這一道敕諭的漢文部分，可惜的是從原敕諭的第六行起已經殘缺⑩。其實，《明清檔案存眞選輯》收錄的圖版，都是影印照相製版，或許《明清檔案》可以採用《明清檔案存眞選輯》攝製圖版的底片。《明清檔案存眞選輯》初集及《明清檔案》給明珠等敕諭漢文部分內容，可影印如下：

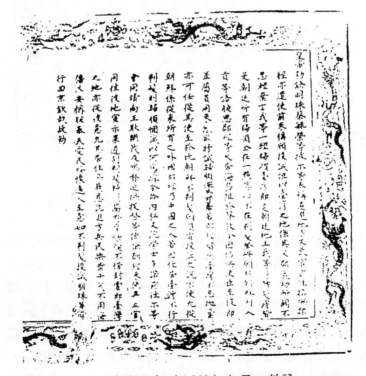

康熙八年（1669）九月，敕諭
《明清檔案存眞選輯》，初集（中央研究院歷史語言研究所）

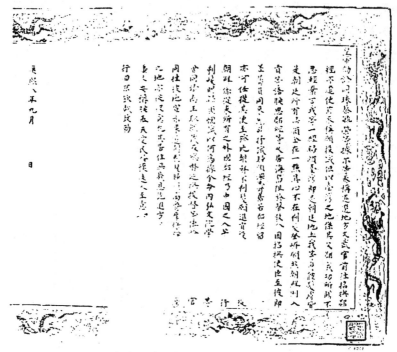

康熙八年（1669）九月，敕諭
《明清檔案》，第三十八冊（中央研究院歷史語言研究所）

　　字畫收藏家，或歷代帝王，多喜歡在書畫真跡上面鈐蓋「御覽之寶」，或各式鑑賞之寶，一方面增加了法書名畫的身價，但同時也破壞了真跡。《明清檔案》第一冊序文中指出「鈐印編號」是一個重要整理步驟，即在每一文件正面顯著之處，鈐用「中央研究院歷史語言研究所藏明清史料」印記，並於印記下給予編號。最顯著的文書正面，如題本正面居中上方書明「題」，「題」字下方鈐蓋印信或關防，是清朝本章制度，在印信或關防下又鈐用史語所所收藏印記。影印乾隆五十三年（1788）二月二

十九日，吏部尚書劉墉題本封面及首幅如後。收藏或清點印記，以及件數號的登錄編號，是否置於末幅背面較爲妥當？或者僅在影印副本上鈐用印記？都是可以討論的。

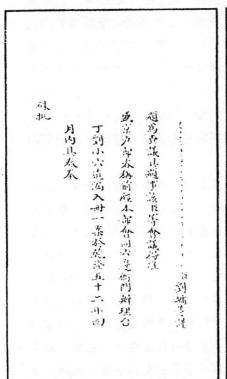

吏部尚書劉墉題本（局部）

乾隆五十三年（1788）二月二十九日

《明清檔案》，第二五二冊

（中央研究院歷史語言研究所）

　　國立故宮博物院典藏宮中檔案，含有頗多滿漢合璧奏摺，俱據按年月先後，分冊編印，照相製版。因滿漢文體不同，將滿文部分移置書末，由左而右，按照原摺影印。《明清檔案》，第一冊，「編印細則說明」指出，「清入關後規定題本應滿漢合璧，然本所現存題本之滿文部分往往僅係漢文部分之節略，且多散佚，故本集不予印行，俟後另行處理。」⑪滿漢合璧題本的滿文部分是漢文部分節略的說法，有待商榷。題本中的滿漢文內容是對譯的，文意相近，往往是透過滿文的繙譯，有助於了解許多術語，就文化遺產或歷史文獻而言，也就多了一種保存文化遺產或歷史文獻的文字，有其重要性。內閣大庫檔中原存乾隆五十三年（1788）二月二十二日福建水師提督蔡攀龍恭報接印任事日期題本，其漢文部分的內容如下：

　　　　參贊福建水師提督統轄臺灣水陸官兵事務暫駐臺灣府臣蔡攀龍謹題，爲恭報微臣接印任事日期仰祈睿鑒事。竊臣於乾隆伍拾參年貳月拾柒日在嘉義軍營接到協辦大學士總督將軍公臣福康安咨開本年正月貳拾參日欽奉諭旨，福建水師提督員缺，著蔡攀龍調捕，欽此，欽遵，臣隨於是日起程，拾玖日抵臺灣府城，專差金門鎮標左營守備謝恩詔齎領欽頒福建水師提督銀印壹顆到，臣隨設香案，望闕叩頭祗受，即於是日啓印任事，業經恭摺奏謝天恩在案。所有王命旗牌暨節奉上諭、聖訓、書籍併皇輿全圖、火牌、文卷等項，俱收存廈門提督衙署，除檄行提標中軍參將王祖烈逐一查明看管外，謹將微臣接印任事日期恭疏題報，伏乞皇上睿鑒施行，爲此具本，謹具題聞。

　　　　乾隆伍拾參年貳月貳拾貳日，參贊水師提督統輯臺灣水陸官兵事務暫駐臺灣府臣蔡攀龍⑫。

蔡攀龍題本是滿漢合璧的題本，對照題本的滿文部分，可知滿文部分並非漢文部分的節略，同樣具有高度的史料價值。題本中滿漢文的內容是相同的，漢文部分「伏乞皇上睿鑒施行」，滿文部分作「伏乞皇上睿鑒」，並無「施行」字樣，其餘文意，並無出入，滿漢文彼此對譯，滿文部分並不是漢文內容的節略。漢文「任事」，滿文讀" baita icihiyaha"，意即「辦事」；「鎮標」滿文讀如" uheri kadalara da i fejergi"，意即「總兵之下」；「王命旗牌」，滿文讀如" hesei kiru temgetu"，意即「奉諭旨之旗牌」；「書籍」，滿文讀如" bithe cagan"；「火牌」，是奉差兵役乘驛之憑證，滿文讀如" hūdun bithe"，意即「迅速的文書」；「文卷」，滿文讀如" dangse cese"，意即「檔冊」。滿文部分也是重要文獻，對研究滿文提供珍貴的素材。《明清檔案》並未收錄這件題本，將滿漢文內容分段影印如下頁。

四、宮中檔案御批奏摺的整理出版

奏摺制度創始於清聖祖康熙年間（1662-1722），最早只能追溯到康熙朝前期，明代沒有奏摺。國立故宮博物院典藏宮中檔案中含有康熙十六年（1677）十一月初十日浙江杭州府於潛縣天目山獅子禪寺住持和尚行嘗上書叩訓御書賜命一件，此件文書是遵照禮部所頒格式而進呈的奏本，末幅書名「自爲字起至至字止，計貳百肆拾參字，紙貳張。」原件所書寫的字體爲奏本細字體，不是奏摺。從康熙朝起居注冊的記載，可以知道在康熙二十年（1681）前後已有奏摺的記載。

奏摺雖然是由奏本因革損益而來，但是，奏摺與奏本是不同的兩種文書，不可混爲一談。奏摺的名稱，並不是因其文書形式的摺疊而得名，奏摺的「摺」原本是指摺子（jedz），意即清

平

平素書言等小天

該部知道

題為臣恭進皇上摺印任事日期事情

臣謹將臣恭進皇上摺印任事日期恭呈

皇上睿鑒敬行為此具奏謹具題

題紙伏乞

聞

聖諭書籍傳

上諭

皇興全國文學文藝等項俱收存廈門遵行衙吾除

遵行提標中軍參將王顯烈進一奏明著管外

謹將敬具摺印任事日期即恭藏

0C5796

(ᠮᠠᠨᠵᡠ ᠪᡳᡨᡥᡝ)

單，譬如引見摺子，就是引見官員姓名官銜清單。康熙年間，習
稱奏摺爲摺子。例如康熙二十三年（1684）八月二十九日，《起
居注冊》記載是日辰刻，康熙皇帝御門聽政，吏部題補戶部侍郎
李仙根等，並所察貴州巡撫楊雍建降級摺子，因楊雍建有效力之
處，奉旨將所降五級復還⑬。所議降級摺子，並非清單，而是奏
摺。康熙年間採行的奏摺，是屬於政府體制外的一種通訊工具。
奏摺制度，在性質上是屬於密奏制度，是皇帝和相關文武大臣之
間所建立的單線書面聯繫。奏摺無論在格式、傳遞過程、政治功
能等方面，都與明初以來通行的奏本不同。由於密奏制度的擴大
採行，乾隆十三年（1748），明令廢止奏本，奏摺正式取代了奏
本。光緒二十七年（1901），改題爲奏，奏摺又取代了題本。

　　民國十四年（1925）十月，北平故宮博物院成立，隨後即開
始積極整理清宮檔案，將原存於宮中懋勤殿、景陽宮、批本處、
內奏事處等地的檔案集中起來，共約三百八十多箱。宮中檔案的
內容，以康熙年間以來歷朝皇帝御批奏摺的數量較多。整理的方
式，或用紀傳體，或用編年體，並不一致。其中康熙朝奏摺，採
紀傳體，依照人名分類。雍正朝奏摺，對照已刊《雍正硃批諭
旨》，先行分爲已錄、未錄、不錄三類，然後再依照人名分別整
理。乾隆、嘉慶、道光、咸豐等朝奏摺，採編年體，依照年月先
後排列整理。同治、光緒、宣統等朝奏摺，採紀傳體，依照人名
分類。⑭曾先後選件刊印《文獻叢編》、《掌故叢編》、《史料
旬刊》等書，俱係鉛印本。其後因時局動盪，清宮檔案輾轉遷
徙，檔案整理工作，暫告中斷。

　　國立故宮博物院典藏宮中檔案滿漢文奏摺，共三十一箱，計
約十五萬八千餘件。民國五十一年至五十四年（1962-1965），
國立故宮博物院在臺中聯合管理處時期，曾獲東亞學術研究計劃

委員會補助，著手宮中檔案歷朝奏摺的編目工作，將歷朝奏摺按年月先後編排，在原摺末幅背面逐件鈐蓋登錄號碼，然後編目，先填草卡，記錄件數號碼、包號、箱號、具奏人姓名、職稱、具奏年月日、事由。草卡經核閱後，再繕正卡。民國五十四年（1965），國立故宮博物院在臺北士林外雙溪新廈落成後，文物北遷，繼續歷朝奏摺編目工作，並編製具奏人姓名及分類索引。

　　民國五十八年（1969）冬天，在廣文書局的支持下出版《故宮文獻》季刊，影印漢文奏摺、滿文奏摺譯漢。民國五十九年（1970）十月，出版《袁世凱奏摺》專輯，共計八冊，列為《故宮文獻》增刊專號的第一集。民國六十年（1971）十二月，將院藏川陝總督年羹堯滿漢文奏摺彙集成編，出版《年羹堯奏摺》專輯，上中下三冊，列為《故宮文獻》特刊的第二集。民國六十二年（1973），承蒙劉廣京教授的協助，獲得美國學術團體聯合會（ACLS）的贈款贊助，於同年六月開始出版《宮中檔光緒朝奏摺》第一輯，列為《故宮文獻》季刊的特刊，每月出書一冊，先後共出版二十六輯。其後繼續出版《宮中檔康熙朝奏摺》，共九輯。《宮中檔雍正朝奏摺》，共三十二輯。《宮中檔乾隆朝奏摺》，共七十五輯。其餘嘉慶朝奏摺、道光朝奏摺、咸豐朝奏摺，經文獻處同仁辛勤編目、影印，俱已完成照相製版及分輯出版的工作，由於院方人事的異動，嘉慶、道光、咸豐等朝奏摺的正式出版工作遂告中斷。

　　國立故宮博物院多年以來有系統的出版清代歷朝奏摺，影印奏摺，照相製版、保存奏摺的格式，可以窺見傳統文書的真貌，故宮經驗是可以肯定的。在體例上，不依人名或專題分類，而採編年體，按奏摺具奏年月日先後編輯，滿文及滿漢合璧奏摺，亦分輯出版，以期資源共享。為便於查閱利用，文獻處又按奏摺的

內容進行分類，並分別建立分類卡和人名索引卡。所分類別如下：

請安類、請旨類、祝賀類、陛見類、雨雪類、收成類、旗務類、封蔭類、謝恩類、祥瑞類、進貢類、捐納類、官箴類、察政類、薦舉類、調補類、到任類、卸任類、劾官類、律例類、火耗類、賦稅類、漕運類、糧務類、鹽務類、墾務類、礦務類、邊務類、苗務類、關務類、學政類、錢幣類、軍情類、軍需類、剿匪類、謀叛類、田制類、地政類、河工類、織造類、海防類、洋務類、邪教類、僧道類、結社類、災害類、民情風俗類。

　　國立故宮博物院出版歷朝奏摺，採用編年體，並輔以分類，建立索引卡，按年月先後，詳錄奏摺件數號碼，便於按年月及專題分類檢索，省時省力，取長補短。《宮中檔康熙朝奏摺》第七輯附錄康熙朝奏摺具奏人人名索引。《宮中檔光緒朝奏摺》第二十六輯附錄光緒朝奏摺具奏人人名索引，頗便於查閱。專題分類的缺點是掛一漏萬。除前引分類外，例如婚姻類、文教類、科舉類、馬政類、驛站類、海關類等等都是重要的分類項目，前引專題分類索引，頗多疏漏。

　　現存宮中檔案中含有頗多滿文奏摺及滿漢合璧奏摺，都具有高度的史料價值，為提供學者利用，國立故宮博物院出版清代歷朝奏摺時，亦將滿文奏摺及滿漢合璧奏摺整理出版。因文體不同，滿文奏摺另冊編印，滿漢合璧奏摺的滿文部分移置書末，由左而右影印照相出版。《宮中檔康熙朝奏摺》第九輯，是《滿文諭摺》的第二輯，其中含有康熙三十六年（1697）四月初九日撫遠大將軍費揚古（fiyanggū）奏報準噶爾噶爾丹死亡丹濟拉投降滿文奏摺，原摺內錄有厄魯特丹濟拉使臣齊奇爾寨桑（cikir jais-ang）等人供詞云：「g'aldan ilan biyai juwan ilan i erde nimehe, yamji uthai bucehe, ai nimeku be sarkū。」意即「噶爾丹於三月十三日晨得病，至晚即死，不知何病？」⑮《清聖祖仁皇帝實錄》據費揚古滿文奏摺摘譯潤飾後改爲「閏三月十三日，噶爾丹至阿察阿穆塔台地方，飲藥自盡。」⑯實錄竄改史料，與原奏不符，不足採信。

　　滿漢合璧奏摺的內容，是據漢文或滿文互相對譯的，彼此出入不大，但據滿文部分的文字，有助於了解漢文的詞義。例如康熙六十一年（1722）十二月十七日，刑部尙書托賴等〈爲郎中額森自縊案請旨〉一摺，原摺是滿漢合璧奏摺。原摺述及正白旗滿洲都統那親佐領下吏部郎中額森於是年十一月十七日在石匣城西門外張姓店內自縊身亡，刑部即牌行密雲縣會同石匣副將詳驗屍身，並查明其情由。原摺漢文部分有一段內容云：「據密雲縣知縣薛天培申稱，遵部文，卑職即帶領仵作，會同石匣副將，跟同店主、地方、額森親隨家人驗看額森身屍，脖頸有帶痕一道，八字不交，委係自縊身死。」⑰句中「地方」，滿文作"falgai da"，意即「族長」或「黨長」；「八字不交」，滿文作"juwe ujan acanahakūbi"，意即「兩端不交」，繩索的兩頭勒痕未接合，委係自縊，不是他殺。通過滿文的繙譯或描述有助於準確地理解漢文的詞義。因此滿漢合璧奏摺、滿文奏摺都有史料價值，整理出版是有它的重要性。

　　清代歷朝奏摺採取影印製版的方法，目的在存眞，但因影印時墨色濃淡不一，又由於將原摺縮版字跡模糊，以致工作同仁求好心切，妄自修版。楊啓樵著《雍正帝及其密摺制度研究》一書已指出：

　　　　自一九七七年十一月起，臺北故宮博物院開始印行《宮中檔雍正朝奏摺》。從此稀世瑰寶，公諸世間，嘉惠良多。

然而兩載來問世者僅數冊，今後如仍照此速度進行，則估計全書印成，當在十餘年後，故拙作中往往併用未刊原件。又該書最大缺點爲印刷模糊不清及妄自竄改原文，使利用者迷惘，如第二輯頁 93，載鄂爾泰雍正元年十一月二十六日摺墨錄御批，有此數句：「前各案虧空捐補之項，當與督撫商酌，應令在歷米前任督撫司道賠補，豈可累及現任無辜之員也，稅在爾等若肯任怨實心任事，……」「應令在歷米」「稅在爾等」句不通。辛而筆者有過去於故宮博物院手錄原文，方知本爲“應令在歷來”及“總在爾等”。墨錄時改爲“應令歷任”；而“在”“來前”“總在”等字上貼黃紙遮蓋，此等處遂有空白，但意仍連貫。（詳十一章一節）博物館於影印後，忽於空白處添上文字，辛至不可讀。故拙作有時寧用手錄原文，其因在此⑱。

竄改史料是治史者的禁忌，印刷模糊不清，失去公佈檔案的意義，都是始料未及的遺憾。將修改之處影印如下頁：

整理出版檔案的基本要求就是全部影印出版。然而由於決策者或主政者的主觀意識，往往影響檔案的出版工作。國立故宮博物院出版《宮中檔康熙朝奏摺》第一輯〈例言〉指出，「本院所藏康熙朝宮中檔奏摺，其中頗有請安之摺，僅書跪請皇上聖安或主子萬安字樣，無涉史料，凡遇此等未曾奏事之請安摺，概刪略不錄，推〔惟〕其中御批較長者則爲錄入。」⑲探討清朝君臣互動關係，請安摺是主要的原始史料，爲研究請安制度提供珍貴的第一手史料，倘若因請安未奏事，或御批字數長短而概爲刪略不錄，不是客觀的態度。國立故宮博物院整理宮中檔案是採分朝處理，先行出版光緒朝奏摺，然後出版康熙、雍正、乾隆等朝奏

此奏甚明甚晰甚為可嘉前各員虧空捐補之項
當與督撫商酌應令在歷米前任督撫司道賠補
豈可累及現任無辜之員也現在爾等若肯任恐
實心任事那有不辦之理少有瞻顧因循則勢見
掣肘難行也如山西通省虧空督撫弛令諮故
到任方半年料理清楚錢糧分釐皆有著落實可
謂天下撫臣中之第一者也他若督撫當愧而
爾等如何効力處朕自然知道不能恣
法之　　爾等　　
朕耳目何天信何如興論不一爾可據實奏

鄂爾泰奏摺硃批修正稿
《宮中檔雍正朝奏摺》，第二輯，頁 93

摺，一朝一朝的按滿漢文體分別由專人負責整理出版，方不致混亂。然而由於工作人員的疏忽，或協調溝通不良，往往導致遺珠之憾。例如福建浙江總督覺羅滿保滿文奏摺中含有漢字進貢清單，紅底墨書，所貢物件包括：番茉莉、牙蕉、刺竹、番檨秧、番薯秧、番稻穗、暹羅鋪地直紋席、五色鸚鵡、白斑鳩、綠斑鳩、番雞、番鴨、臺猴、臺狗等⑳。清聖祖康熙皇帝在進單「番稻穗」下以硃筆批諭「現京中、熱河都種了，出的好。」覺羅滿保在「五色鸚鵡」下附注「會唱番歌」，「臺狗」下附注「試過，能拿鹿。」但康熙皇帝認為臺狗「不及京裡好狗」。原進單因為是滿文奏摺的附件，整理出版漢字奏摺者因未見到滿文奏摺中的漢字進單，而未出版。整理滿文奏摺出版工作同仁，因其為漢字清單，文體不同，故未收錄。將進單影印如下：

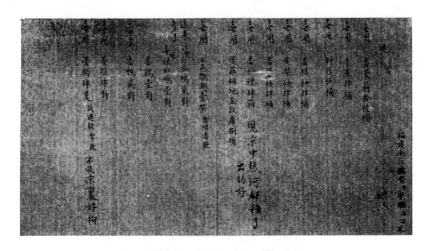

進單（康熙年間，覺羅滿保進呈）

　　康熙年間，奏摺奉御批發還原奏人後，尚無繳回宮中之例，雍正皇帝即位後，始命內外臣工將御批奏摺敬謹查收呈繳。據《清世宗憲皇帝實錄》的記載，康熙六十一年（1722）十一月二十七日，「命內外文武大臣官員從前領奉大行皇帝硃批諭旨，悉封固繳進，無得留匿焚棄。」㉑國立故宮博物院現藏宮中檔案中含有雍正元年（1723）二月二十五日福建陸路提督總兵官吳陞恭繳聖祖仁皇帝硃批奏摺，原摺較實錄的記載更加詳細。原摺指出是年十一月二十七日，雍正皇帝諭總理事務王大臣云：「軍前將軍、各省督撫將軍提鎮，所有皇父硃批旨意，俱著敬謹查收進呈。若抄寫、存留、隱匿、焚棄，日後敗露，斷不宥恕，定行從重治罪。京師除在內阿哥、舅舅隆科多、大學士馬齊外，滿漢大臣官員，凡一切事件，有皇父硃批旨意，亦俱著敬謹查收進呈，此旨。目今若不查收，日後倘有不肖之徒，指稱皇父之旨，捏造行事，竝無證據，於皇父盛治，大有關係。嗣後朕親批密旨，下

次具奏事件內，務須進呈，亦不可抄寫存留，欽此。」㉒此道諭旨是由總理事務王大臣交下乾清門頭等侍衛兼副都統委放領侍衛大臣宗室勒錫亨、乾清門頭等侍衛兼副都統拉錫轉傳。雍正元年（1723）正月十二日，兵部箚行各省將軍提鎮轉行各屬一體欽遵，從前提鎮革職休致凡有奏摺職分官員，查有奉過硃批奏摺，亦令遵旨進呈，嗣後繳批遂成了定例。吳陞奏摺的具奏日期是雍正元年（1723）二月二十五日，在整理過程中誤置康熙朝內，其登錄總號為：77箱，93包，2642號。因原摺誤置，以致出版《宮中檔雍正朝奏摺》時未收錄出版。將「國立故宮博物院康熙朝檔案卡片」中吳陞奏摺摘由卡及吳陞奏摺第一、二幅影印於後。

政治歸政治，學術歸學術。其實，有些政治因素，或意識形

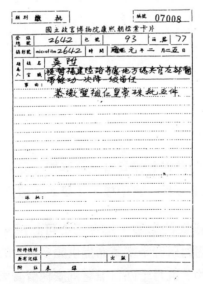

《宮中檔》吳陞奏摺摘由卡
國立故宮博物院康熙朝檔案卡

福建陸路提督總兵官吳陞奏摺（局部）
雍正元年二月二十五日《宮中檔》（臺北，國立故宮博物院）

態，對出版清朝檔案的影響，迄今仍不可忽視。宮中檔案中光緒、宣統兩朝奏摺對研究辛亥革命提供頗多珍貴的史料。例如光緒二十六年（1900）九月十四日兼署兩廣總督廣東巡撫德壽奏陳廣東惠州革命黨起事一摺，內容頗為詳盡。德壽原摺指出，光緒二十六年（1900）閏八月初間，德壽「訪聞歸善縣屬三洲田地方

有孫康逆黨勾結土匪起事。」「莫善積喜勇於閏八月初十日馳抵歸善，維時匪黨未齊，猝聞兵到，遂定於十三日豎旗起事，先以數百人猛撲新安沙灣墟，欲擾租界。」「逆首孫汶伏處香港，暗施詭計，而三洲田匪巢，則以鄭士良、劉運瀁等充僞軍師，蔡景福、陳亞怡等充僞先鋒，何崇飄、黃盲幅、黃耀廷等充僞元帥，黃揚充僞副元帥。旗幟僞書大秦國及日月等悖逆字樣。各匪頭纏紅巾，身穿白布鑲紅號褂，甫於閏八月初八、九日聚集。」㉓德壽奏摺是一種重要革命文獻，只因德壽奏摺中稱「孫康逆黨」，孫文被稱爲「逆首孫汶」，對孫中山不敬，國立故宮博物院爲政治考量，而將德壽奏摺列爲禁止出版文獻，以致出版《宮中檔光緒朝奏摺》時並未將德壽奏摺影印出版。期盼日後能全面清查，將未出版奏摺編輯出版，茲將德壽奏摺局部影印於後。

　　一九五一年五月，北京故宮文獻館改稱檔案館，成爲專門的檔案機構。一九五五年十二月，改稱第一歷史檔案館。一九五八年六月，第一歷史檔案館改名爲明清檔案館。一九五九年十月，明清檔案館改爲明清檔案部，成爲中央檔案館內部機構。一九六九年年底，明清檔案部從中央檔案館分出，交故宮博物院領導，仍稱明清檔案部。一九八〇年四月，明清檔案部又由國家檔案局接收，改爲中國第一歷史檔案館。從一九五八年起，明清檔案館爲了便於利用檔案，開始制定了統一的整理方法，第一步是分期，將各朝的文件分開整理。第二部是分類，第三步是摘由組卷。一九八五年六月，北京中國第一歷史檔案館出版《中國第一歷史檔案館館藏檔案概述》一書，原書對《宮中各處檔案》有一段說明如下：

　　　　宮中各處並不是一個機構的名字。宮中各處檔案是指存於
　　　　宮中的各類檔案，其中有官員繳存的「朱批奏摺」及諭

查令卿萬林添標一營名曰立捷軍人派北海
鎮總兵劉邦盛分委一營名曰靖字營約由府
城直攻㡱火英善精慧勇於閏八月初十日馳
抵歸善維時匪黨木齊於閏兵到追定於十三
日瞥䫫起事先以數百人猛撲新安沙壆墈欲
揆祖界事何長濟時勇己抵深圳乃回攻橫岡
進踞龍岡奇忖各身連次接戰互有傷負憲飭
益張具報旦至等以總兵黃金福紆信勇己
撥兩營分駐東西兩路固令再帶一營出府城
追勒進令記各名總兵陳雄能帶鋭勇兩營軽迓
以壯聲援此等添洞營勇分投防勦之情形也

月等悖逆字樣各匪頭裹紅巾身穿白布衩紅
號徃甫於閏八月初八九日聚集既踞龍岡四
出焚搶附宵日眾總兵劉邦盛新募靜勇成軍
忠州府知府沈傳義募土勇二百名委歸善縣
縣承杜鳳梧管帶二十二日會同喜哲各軍奔
赴前敬行至距城十餘里之平潭地方賊隊庿
至英善積奮勇當先涕勦偽先鋒蔡亞生陳亞
幅等㓲匪數十名正期徇手誰附近匪鄉糾約
千餘人各帶快搶刀斎木助匪分路包抄我
軍被圍仆止勇十數十人縣承杜鳳梧被墶府
縣兩城同時戒嚴孛是日都司头祥逵帶哲字
左營由海豐水鄰萬林所招立捷新軍亦同時
抵忠橫遄森柏岡練適又訪獲偽副元帥黃
揭梟明正法兵氣稍振速日匪眾附城之梁化

元帥黃揭先偽副元帥徐偽者大秦閏及日
怡等先偽先鋒何棠訊黃肯幅黃妮延等先偽
則以鄭士良劉運深等充偽軍師蔡景幅陳亞
送首孫汶伏處香港船施詭計而三洲田匪張

兼署兩廣總督廣東巡撫德壽奏摺（局部）
光緒二十六年九月十四日，國立故宮博物院。

旨，也有奏事處的檔案。一九二五年，故宮文獻部在清理
這些檔案時，認爲這些檔案系統離異，地點均在內廷，故
名宮中各處檔案，以後一直按宮中各處檔案這個全宗名
稱，簡稱宮中檔案㉔。

　　宮中檔案又可稱爲宮中檔，其中官員繳存的「硃批奏摺」，
數量相當可觀，史料價值尤高。清朝制度，凡內閣票擬的題奏本
章，不能爲皇帝同意被退回需另擬票簽時，即折角發下，稱爲折
本，仍由內閣逐日收存，積至十件以上，可在御門聽政時，內閣
大學士、學士等捧進折本請旨㉕。奏摺，習稱摺子，將摺子書寫
成「折子」，或將硃批奏摺書寫成「朱批奏摺」都容易與「折
本」混淆。

　　一九五八年以來，中國第一歷史檔案館已將全部「朱批奏
摺」按問題分爲十八大類，進行不同程度的整理。這十八類包
括：內政、外交、軍務、財政、農業、水利、工業、商業貿易、
交通運輸、工程、文教、法律、民族事務、宗教事務、天文地
理、鎮壓革命運動、帝國主義侵略等。在各分類內，又按內容分
項，例如內政類又分爲官制、職官、保警、禮儀、賑濟、戊戌政
變、籌備立憲、洋務運動、文書檔案等項。熟悉檔案的類、項，
使用檔案時，省時省力。一九八四年起，中國第一歷史檔案館先
後影印出版《康熙朝漢文硃批奏摺》，計八册，《雍正朝漢文硃
批奏摺彙編》，計四十册，俱按編年體編輯出版，並非按內容分
類出版。

　　《雍正朝漢文硃批奏摺彙編》第一册「編輯說明」，以正體
字排印，「朱批奏摺」，以正體字改爲「硃批奏摺」，文書名稱
或檔案術語，使用正體字，可以存眞，是忠於史料的態度。「編
輯說明」指出，雍正朝的奏摺原件，分存於北京中國第一歷史檔

案館和臺北故宮博物院，中國第一歷史檔案館將該館所藏及臺北故宮博物院影印出版的《宮中檔雍正朝奏摺》中之漢文奏摺，彙集一起，套色影印出版，以便廣大讀者得見雍正一朝比較系統、完整的珍貴原始文獻。《雍正朝漢文硃批奏摺彙編》的出版是採用編年體例，按各件之具文時間順序編列。中國第一歷史檔案館典藏雍正年間五千餘件硃筆引見單和履歷單，具體地記錄了被引見官員的履歷和皇帝的硃批評語，是研究雍正帝用人行政和這些歷史人物的新鮮、生動而又翔實的重要史料。因此，《雍正朝漢文硃批奏摺彙編》亦酌予輯錄，附於卷末，從第三十四冊至四十冊，收錄了頗多引見單和履歷單，一律按被引見官員的姓氏筆畫順序編列，其一人有兩件以上履歷摺單的，則以各摺單時間先後為序。宮中檔案中含有引見履歷清單，《雍正朝漢文硃批奏摺彙編》收錄出版，是此書的一大特色。影印王柔履歷單一件如下：

硃批王柔履歷單

《雍正朝漢文硃批奏摺彙編》，第三十四冊，

頁109，中國第一歷史檔案館。

　　王柔是山東登州福山縣人，由附生捐貢，雍正六年（1728）
正月二十七日，由吏部帶領引見後奉旨特調湖南辰沅靖道。引見
單和履歷單都是重要的傳記資料。除漢文外，還有滿文引見單和
履歷單。滿文引見單封面多書名“tuwabume wesimbure jedz”字
樣，意即「引見奏摺」，或「引見摺子」。影印滿文引見摺子一
件，轉寫羅馬拚音，並譯出漢文如後。

滿文引見單
《宮中檔案雍正朝奏摺》，第三十二輯，頁 772。
臺北，國立故宮博物院

dorgi yamun i adaha bithei da ju jy ceng ni oronde, cohohongge, g'an wen ioi, baicame tuwara hafan, gulu lamun, dabsun i takūran。ada-buhangge, niyan hi, baicame tuwara hafan, kubuhe suwayan。hafan i jurgan i aisilakū hafan i oronde, cohohongge, fuhai, honan i tungjy, gulu lamun, honan de bi。adabuhangge, nomtu, ejeku hafan gulu lamun。

內閣侍讀學士朱之成遺缺：擬正，甘文玉、監察御史，正藍、鹽差；擬陪，年熙，監察御史鑲黃。吏部員外郎遺缺：擬正，佛海，河南同知，正藍，現在河南；擬陪，諾穆圖，主事，正藍。

　　滿文奏摺、滿文引見單和履歷單，期盼日後能整理出版。《雍正朝漢文硃批奏摺彙編》收錄臺北故宮博物院出版《宮中檔雍正朝奏摺》的漢文奏摺，並酌予更正和調整，應予肯定。例如雍正元年（1723）十月初三日雲南驛鹽道李衛奏摺所附上諭一件，《雍正朝漢文硃批奏摺彙編》移置雍正六年（1728）七月初六日浙江總督李衛奏報江南吏治摺之後。臺北故宮博物院出版《宮中檔雍正朝奏摺》第二輯，九十三頁硃批修正稿所「竄改」文字，《雍正朝漢文硃批奏摺彙編》影印後附注按語：「本書編者按：此修訂硃批稿內，第二行『歷米』應為『歷來』，第三行『稅在』應為『總在』，乃《宮中檔雍正朝奏摺》之編者描改致誤。」將按語影印如後。

　　臺北故宮博物院出版《宮中檔雍正朝奏摺》第一輯序文中指出，「滿文奏摺，以非合璧，為便不識滿文之學者利用，亦命著手翻譯，將另行陸續刊印。」遺憾的是迄今三十年以來，臺北故宮博物院並未出版漢譯本。一九九六年七月，中國第一歷史檔案館編印《康熙朝滿文朱批奏摺全譯》一巨冊。一九九八年十二月，繼續出版《雍正朝滿文朱批奏摺全譯》二巨冊，工程浩大，

（本書編者按：此修訂
硃批稿內，第二行「歷來」
應為「歷來」，第三行「說
在」應為「總在」，乃〈宮
中檔雍正朝奏摺〉之編者
描改致誤。）

硃批

此奏甚明甚晰惡為可嘉前各案劾空拆補之項
當與督撫商酌應令在歷來前任督撫司道賠補
豈可票及現任無辜之員也飛在兩等若肯任怨
實心任事邪有不辭之理少有瞻顧因備則諸凡
掣肘難行也如山西通省劾空指務廢弛今諸敦
到任方半年料理清楚錢糧分發皆有著落豈可
謂天下撫臣中之第一者也他省督撫當愧而
法之　爾等如何劾力處脫自然知道不能悉而
朕耳目何天培何如與論不一兩可慨實奏

硃批修訂稿按語
《雍正朝漢文硃批奏摺彙編》，第二冊，頁 307。

應予肯定。全譯本局部疏漏，再版時應予修正，例如康熙五十二年（1713）十一月初六日，福建巡撫覺羅滿保滿文進單內"wen dan"意即「文旦」，全譯本作"文丹"；康熙五十六年（1717）七月十八日，閩浙總督覺羅滿保文奏摺中"ju lo hi-yan"，意即「諸羅縣」，全譯本作"竹羅縣"；康熙五十八年（1719）三月二十八日，覺羅滿保奏進臺灣土產滿文奏摺中"fan suwan"，意即「番檨」，就是芒果，全譯本作"蕃酸"；"ya jiyoo"，意即「牙蕉」，全譯本作"亞蕉"等等，似可先作勘誤表。

　　御批、硃批、墨批、藍批，雖然都是對皇帝批語的稱謂，但其含義不盡相同。在各種文書中，凡是皇帝所批之語，統稱御批，是一種通稱。皇帝崩殂，嗣皇帝持服期間，奏摺批諭用墨批。同治皇帝、光緒皇帝沖齡即位，臣工奏摺，軍機大臣奉旨以墨筆代批。光緒皇帝崩殂後，臣工奏摺改用藍批。楊繼波撰〈隨手檔中御批與朱批用法之區別〉一文指出，「從概念上看，御批含朱批和墨批，這是毫無疑問的了。然而，在某種特定的情況下，御批專指墨批，而不含朱批，這就是御批的一種特殊用法了。《隨手》為區分朱批與墨批，就以御批專指墨批。」㉖《隨手登記檔》是軍機處一種收發簿，持服期間，沒有硃批，只有墨批或藍批，所以通稱御批，御批不限於墨批。例如雍正二年（1724）閏四月初一日，漕運總督張大有奏聞督摧糧船過閘一摺內稱，「又御批摺子陸件，一併恭繳。」㉗張大有繳回宮中的六件「御批摺子」，就是硃批奏摺。臺北故宮博物院整理奏摺時考慮過雖然大部分奉硃批，但其中有墨批、又有藍批，此外還有未批或不批奏摺，因此，整理出版時統一名稱，分朝出版，譬如《宮中檔康熙奏摺》、《宮中檔雍正朝奏摺》等等，北京中國第一歷史檔案館編印各朝奏摺時統一稱硃批奏摺，而在書中「符號說明」部分又標明「◎」表示硃批，「▲」表示墨批，「★」表示藍批。既有墨批、藍批，又有未奉御批者，書名定為《雍正朝漢文硃批奏摺彙編》、《光緒朝硃批奏摺》等等，與書中內容不盡相同，似有待商榷。

　　臺北故宮博物院整理出版歷朝奏摺，因人力有限，計畫每月出版一册，譬如從民國六十六年（1977）十一月開始出版《宮中檔雍正朝奏摺》第一輯，先後歷經二年八個月，至民國六十九年（1980）六月，共出版三十二輯。北京中國第一歷史檔案館從一

九九五年二月起至一九九六年十二月，出版《光緒朝硃批奏摺》，共一二〇輯，平均每個月編印五輯強，出版量頗大，其內容極具史料價值。原書凡例指出，「本書所收奏摺依照中國第一歷史檔案館現行原檔管理體系，共分十八大類一百三十餘項，以類項編年體編排。十八大類爲內政類、軍務類、財政類、農業類、水利類、工業類、商業貿易類、交通運輸陽、工程類、文教類、法律類、外交類、民族事務類、宗教事務類、天文地理類、反清鬥爭類、列強侵華類、綜合類，文件的排列，均按具摺時間先後爲序。」先以類項再按編年體整理出版。原書前言中亦指出，「我館從一九八四年起，先後影印出版了《康熙朝漢文硃批奏摺匯編》八冊、《雍正朝漢文硃批奏摺彙編》四十冊。現又將光緒朝硃批奏摺全部影印出版。這種編輯方法，一是便於按研究的問題，查用檔案。二是比較省時省力。當然編年體史料，便於按時間線索檢索檔案研究歷史發展。但根據目前的實際情況，整理的難度較大。二者各有優點，也各有不足。今後凡編年體的史料，輔以分類目錄，取長補短。再配合編制人名索引和地區索引，這樣可從各種角度，採用不同的方法檢索利用檔案，方便使用。」㉘問題分類與編年體各有優點，也各有不足，分類是否恰當，陶瓷史料，應歸入藝術類，或工業類？光緒年間，財政問題更加複雜，財政類各項目是否足以反映歷史事實，都有待商榷。同時硃批奏摺，康、雍二朝採編年體，而光緒朝則採問題分類體，並不一致。就檔案整理出版或檔案使用者而言，編年體的優點，確實不失爲較省時省力的方法。

五、沒有交集的錄副奏摺與奏摺錄副

辦理軍機處，簡稱軍機處，其建置時間，官私記載，極不一

致，中外史家的論證，更是異說紛紜，莫衷一是。國立故宮博物院典藏雍正朝奏摺對軍需房的設置時間，不可忽略。據總理事務兼總理戶部事務和碩果親王允禮等於〈請旨事〉一摺奏稱：

> 查得雍正柒年派撥官兵前往西北兩路出征，一切軍務，事關機密，經戶部設立軍需房，揀選司官、筆帖式、書吏專辦，惟總理戶部事務怡賢親王同戶部堂官一、二人管理。今西北兩路之兵已大半減撤，非軍興之初機密可比，所有一切案件，具關帑項，應請旨敕令戶部堂官公同辦理，庶錢糧得以慎重，案件不致遲延矣。㉙

雍正七年（1729），戶部設立的是軍需房，不是軍機房。後來的軍機處，就是由軍需房沿革而來。雍正十三年（1735）八月二十三日，乾隆皇帝繼位後，以總理事務王大臣輔政。同年十月二十八日，因西北兩路大軍已撤，大小事件俱交總理事務王大臣辦理，於是裁撤軍機處。乾隆二年（1737）十一月，因莊親王等奏辭總理事務，且西北等處軍務尚未完竣，是月二十八日，命鄂爾泰等為軍機大臣，軍機處正式恢復建置。

軍機處恢復建置後，軍機大臣以大學士及各部尚書侍郎在軍機處行走，而逐漸吸收了內閣或部院的職權，其職掌範圍日益擴大，遂由戶部的分支發展成為中央政治機構。其後不僅掌戎略，舉凡軍國大計，莫不總攬，而成為清朝中央政府政令所自出之處。清史館纂修軍機大臣年表稿本有一段記載說：

> 軍機處名不師古，而絲綸出納，職居密勿，何其隆也。初祇秉廟謨商戎略而已，厥後軍國大計，罔不總攬。蓋隱然執政之府矣。自高宗後百七十年，威命所寄，不於內閣，而於軍機處，雖處之僚屬，百爾執事，且羨之憚之，而況乎所謂大臣哉㉚！

　　「絲綸」即諭旨，掌書諭旨就是軍機大臣的主要職掌。軍機處地位日隆及軍機大臣權力的強化，確實與軍機處承辦奏摺等文書及諭旨的撰擬關係密切。軍機處為便於查考舊案，例須將經辦文書鈔錄歸檔。張德澤撰〈軍機處及其檔案〉一文已指出，「清制」舉凡軍國大政，例須查照舊案辦理。故軍機處除將內外章奏錄副外，並將所奉上諭及經辦各政皆分別登入簿冊，貯存備查。㉛」現存軍機處檔案大致可以分為月摺包與檔冊兩大類，月摺包的內容主要是宮中檔御批奏摺錄副存查的副本，其未奉批諭的部院衙門奏摺，則以原摺歸入月摺包內，奏摺的附件多未鈔副本，亦以原件歸入月摺包內。月摺包內除奏摺錄副外，還含有咨文、節略、火票、箚文、稟文、知會、照會、國書、書信、檄諭、條約、章程等文書，品類繁多。軍機處檔中的簿冊，也是名目繁多，依其性質，可以分為目錄、諭旨、奏事、記事、專案、行移、電報等類，例如〈隨手登記檔〉是屬於目錄類的檔冊，〈上諭檔〉、〈廷寄檔〉是屬於諭旨類的檔冊，〈金川檔〉、〈緬檔〉是屬於專案類的檔冊，都具有重要的史料價值。

　　軍機處所鈔錄的奏摺副本，可以稱為奏摺錄副，它是按月分包貯存的，所以叫做月摺包，簡稱摺包。梁章鉅纂輯《樞垣記略》已指出月摺包是每日一束，每半月為一包。其內閣領鈔之摺次日繳回，同不發鈔之摺，按日歸入月摺包備案㉜。國立故宮博物院宮中檔歷朝奏摺編目告竣後，賡續軍機處檔月摺包編目工作。《國立故宮博物院清代文獻檔案總目》序文中指出，「軍機檔奏摺，本院卡片編目係按硃批之年月順序排列，本目改以題奏年月之先後編次。」㉝序文中指出軍機處檔月摺包的編目是按硃批的年月順序排列，主要原因是由於部分奏摺錄副並未書明具奏年月日。但是《國立故宮博物院清代文獻檔案總目》極不規範，

序文頁一謂「軍機檔摺包雖爲奏摺錄副,其所附圖籍錢糧清單等原件盡在其中。」序文頁二作「軍機檔奏摺」,同書頁六一四作「軍機檔奏摺錄副」。〈軍機檔〉是漢票簽處的檔册,其簿册規格橫約一七公分,縱約三〇公分。國立故宮博物院現存檔案是按檔案來源即原先存放地點分類的,原先存放於軍機處的檔案,稱爲軍機處檔。《國立故宮博物院清代文獻檔案總目》稱軍機處檔爲「軍機檔」,並不妥當。總目中或稱「軍機檔摺包」,或稱「軍機檔奏摺」,或稱「軍機檔奏摺錄副」,內部並不規範。近年以來,國立故宮博物院進行檔案數位化工作時,在數位化系統中包含「宮中檔奏摺及軍機處檔摺件」等項,認爲軍機處檔月摺包內文書俱摺疊成本,故稱「摺件」。其實,奏摺也是摺件,摺件也包含奏摺,使用「摺件」字樣,一方面容易與奏摺原件相混淆,一方面不能凸顯軍機處檔月摺包奏摺錄副存查副本及其他文書的特色。

　　《中國歷史大辭典·清史卷》認爲「軍機處成立後,逐漸規定朱批奏摺在發還原奏人之前,均由軍機處抄錄副本存檔每半月一包,是爲"月摺包",也稱錄副奏摺。」㉞月摺包內文書種類頗多,除奏摺錄副外,還有咨文、知會、照會、稟文以及未奉硃批的奏摺原件等等,所謂「月折包也稱錄副奏摺」,確實有待商榷。《中國第一歷史檔案館館藏檔案概述》亦稱「錄副奏摺:原稱「月折」,因其形成係按日爲箍,每半月爲一包存檔,故又稱"月折包"。」㉟將「錄副奏摺」與「月折」或「月摺包」畫上等號,顯然不妥當。「月摺」,或指「月摺包」,或指「月摺檔」,各部院衙門按月彙報的文書,亦稱「月摺」,例如「銀庫月摺」、吏、兵等部「月摺」等,都不是軍機處檔中的「月摺包」。秦國經撰〈從清宮檔案看英使馬戛爾尼訪華歷史事實〉一

文中已指出，「月摺檔：月摺是廣儲司六庫每月進出銀兩、物品的登記總帳。」㊱因此，「月摺包」簡稱「摺包」，或「月摺」，但不可與「月摺檔」混為一談。屈六生撰〈清代軍機處滿文檔案綜述〉一文已指出，「滿文錄副奏摺每日為一束，每半月為一包存檔，故又稱滿文月摺包。」「漢文月摺包並未抄成月摺檔簿」。「在滿文月摺包的基礎上，又抄錄一份滿文月摺檔簿和多種類專題檔簿。」「月摺檔是抄錄滿文月摺所形成的編年體檔簿，共二四〇〇餘冊，每月抄成一冊，按硃批時間排列，抄寫工整，每件文件後均注抄錄校對者姓名，實質上是滿文硃批的又一副本，較月摺包便於查找利用。」㊲臺北故宮博物院典藏道光朝《譯漢月摺檔》，每季各一冊，似即據「滿文月摺檔」譯出漢文的檔冊。

「月摺包」中，文書種類不限於奏摺錄副，將「月摺包」稱為「錄副奏摺」，與「月摺包」的內容，不盡相同。硃批奏摺的副本，可以稱為「奏摺錄副」，意即將奏摺鈔錄存查的副本。秦國經撰〈從清宮檔案看英使馬戛爾尼訪華歷史事實〉一文指出，「按照當時軍機處鈔錄副本的規定，凡隨奏摺上呈的附件如有關清單、稟文等，都不抄錄副本，則將原件隨副本存於摺包之中。如在乾隆五十八年九月初七日兩廣總督郭世勳奏摺副本中，附有譯出英國百靈稟文兩件。」㊳郭世勳奏摺副本，就是郭世勳奏摺錄副。若使用「錄副奏摺」字樣時，則必寫成「郭世勳錄副奏摺」，容易使人誤解，以為是郭世勳本人所鈔錄的副本，既是副本，就不是奏摺原件，只能說是奏摺的副本或鈔件。「郭世勳奏摺錄副」就不是「郭世勳奏摺」，是經過加工的副本，而不是郭世勳進呈的奏摺。

六、結　語

　　登錄編目，是整理出版檔案的基礎。文獻檔案總目是綜合性的完整目錄，綜合性總目編得好，查尋書目始得有脈絡可循，進而有效地掌握檔案資料，以提供館藏服務。民國七十一年（1982）六月，國立故宮博物院文獻股編印《國立故宮博物院清代文獻檔案總目》一冊，按官書、史館檔、軍機處檔、雜檔、奏摺等類編目。民國七十二年（1983）四月，典藏股編印《國立故宮博物院善本舊籍總目》一冊，按經、史、子、集分類編目。《國立故宮博物院清代文獻檔案總目》「編輯凡例」指出，「本目所錄，係本院遷臺全部清代文獻檔案除滿蒙文外之總目」，庫藏滿、蒙、藏文的文獻檔案既未收錄，就不是總目，日後仍須另行編目。文獻檔案總目中清朝國史館類收錄清代歷朝漢文本紀，《國立故宮博物院善本舊籍總目》兼收滿漢文古籍，其中「史部・別史類」收錄清朝國史館纂修內府朱絲欄寫本《大清國史未定稿》計三千四百冊，內含原輯本、增輯本、改定本等。「史部・政書類」又分爲典禮、教育、邦計、軍警、法令等項，分別收錄《大清國史選舉志》、《大清國史食貨志》、《皇朝食貨志》、《大清國史兵志》、《皇朝兵志》、《大清國史刑法志》、《皇朝刑法志》等等。《國立故宮博物院清代文獻檔案總目》、《國立故宮博物院善本舊籍總目》是就各庫房典藏內容分別單獨編目，缺乏橫向聯繫，並非綜合性的總目。近年以來，國立故宮博物院圖書文獻處積極進行數位化工作，建立權威控制，從圖書文獻處善本古籍資料庫可以檢索散見於各種目錄的官書典籍。從人名權威檔，可以有效地檢索史館檔傳包傳稿傳記人物。

　　國立故宮博物院典藏豐富的清代各種戰圖，都是珍貴的史

料，與各種文書具有同樣重要的史料價值。早在民國五十六年
（1967）十二月國立中央圖書館編印《國立中央圖書館善本書
目》中收錄的《平定回疆圖》，共二套，其中一套共三十四幅，
另一套存十三幅。這兩套戰圖可以從國立故宮博物院圖書文獻處
善本古籍資料庫進行檢索。《平定回疆圖》中的「回疆」，即專
指南疆。清代新疆，以天山為限，分為南北二路，南路即回疆，
習稱回部，北部即北疆，習稱準部，乾隆年間，清軍平定準噶
爾，直搗伊犁，乘勝平定回部，收入版圖後，即令耶穌會士郎世
寧等人繪製戰圖。目錄中的《平定回疆圖》，《石渠寶笈續編》
標為《平定伊犁回部戰圖》，廣東十三行與法國印度公司所訂契
約中稱《平定準噶爾回部等處得勝圖》，《養心殿造辦處各作成
做活計清檔》記載稱《平定伊犁回部得勝圖》，兩廣總督李侍
堯、粵海關監督德魁奏摺俱稱「得勝圖」。「得勝圖」發往法國
巴黎刊刻銅板畫，共計十六圖，另有御題詠詩十八張，合計三十
四幅。《國立中央圖書館善本書目》中所收錄的《平定回疆
圖》，當作《平定準噶爾回部得勝圖》，簡稱《得勝圖》，目錄
中稱「回疆圖」，並不妥當。

　　「滿文原檔」不僅語法不規範，其檔案名稱更是五花八門，
言人人殊。我國歷代以來，就是一個多民族的國家，各兄弟民族
的族稱，也是很不規範，有些民族有自稱，也有他稱；有些民族
只有他稱，沒有自稱。「滿文原檔」因為只有他稱，沒有自稱，
所以它的他稱因時而異，因人而異。關孝廉撰〈滿文老檔的修復
與重抄〉一文指出，「《滿文老檔》有原檔和重抄檔之別，重抄
檔又分草寫本、正寫本和副本三種。其重抄草寫本同原本一併存
入內閣大庫，重抄正寫本藏於京城皇宮內，重抄副本送盛京崇謨
閣庋藏。」㉟文中所稱《滿文老檔》的原檔就是現存於臺北故宮

博物院的「滿文原檔」。「滿文原檔」是清朝檔案史料中最早的
滿文文獻，成帙於清朝入關前，到乾隆四十年（1775）重鈔時已
經相隔一百三十餘年。可以按照時間的先後，將這部滿文文獻的
名稱加以排列，清朝入關前稱滿文檔子（dangse）。乾隆年間稱
「無圈點檔」、「加圈點檔」，又稱「無圈點老檔」、「加圈點
老檔」。光緒三十一年（1905），內藤虎次郎據盛京重抄副本曬
藍複製本始稱「滿文老檔」。民國七年（1918），金梁節譯盛京
藏本部分史事刊印《滿洲老檔秘錄》。民國二十二年（1933），
《故宮周刊》稱盛京藏本爲「滿洲老檔」。昭和三十三年
（1958），日本東洋文庫譯注盛京藏本出版《滿文老檔》。民國
五十四年（1965），臺北《東亞學術研究計畫委員會年報》稱文
獻館發現的原檔爲《老滿文原檔》。民國五十八年（1969），國
立故宮博物院將「滿文原檔」影印出版題爲《舊滿洲檔》。昭和
四十七年（1972），日本東洋文庫譯註出版天聰九年（1635）
分，亦題爲《舊滿洲檔》。一九七九年十二月，遼寧大學歷史系
據天聰九年分日譯本譯出漢文，改稱《滿文舊檔》。一九八八年
九月十六日至十月一日，中國第一歷史檔案館在香港舉辦「清代
檔案與歷史展覽」，所展出的部分藏品中含有「老滿文檔」。民
國八十年（1991）七月，國立故宮博物院出版《文物月刊》，第
一百期中含有原檔圖版，標爲「老滿文檔」。民國九十四年
（2005）十二月，國立故宮博物院重印原檔，經集思廣益，正式
定名爲《滿文原檔》。

　　中央研究院歷史語研究所典藏的明清檔案，是我國近代搶救
文獻檔案最具體的成果，從《明清史料》的鉛印本到《明清檔
案》的縮影印行，說明採取縮影印行或照相製版的方式，可以保
存文書形式的原貌，減少內容文字的疏漏繆誤。《明清檔案》中

的題本多滿漢合璧，滿文部分與漢文部分，互相對譯，同樣具有高度的史料價值，確實有整理出版的必要。

　　宮中檔案可以簡稱《宮中檔》，康熙朝採行的奏摺，是《宮中檔》的重要內容，臺北故宮博物院按康熙朝、雍正朝、乾隆朝有系統的整理出版。因奏摺中含有硃批、墨批、藍批等，還有未奉御批的奏摺，因此題為《宮中檔康熙朝奏摺》、《宮中檔雍正朝奏摺》等等，滿漢文奏摺一併出版，具採編年體照相製版。一九八五年五月，北京中國第一歷史檔案館編印《康熙朝漢文硃批奏摺彙編》，一九九一年三月編印《雍正朝漢文硃批奏摺彙編》，俱按編年體整理出版，但將墨批奏摺及未奉硃批的奏摺，統稱「硃批奏摺」，並不妥當。一九九五年二月，編印《光緒朝硃批奏摺》，改用專題分類，然後按類項編年體編排，體例並不規範。一九九六年七月，出版《康熙朝滿文朱批奏摺全譯》。一九九八年十二月，出版《雍正朝滿文朱批奏摺全譯》。使用「朱批奏摺」字樣，容易與折本相混淆。為了規範檔案術語或文書名稱，使用傳統正體字，可以避免歧異。「軍機處檔・月摺包」內文書種類頗多，除奏摺錄副外，還有咨呈、知會、照會、稟文，以及未奉御批的原摺，將「月摺包」統稱為「錄副奏摺」，有待商榷。一九八四年八月，北京中國第一歷史檔案館整理編印《康熙起居注》。一九九三年九月，編印《雍正朝起居注冊》。二〇〇二年十二月，編印《乾隆帝起居注》。民國七十四年十一月，臺北聯合報文化基金會國學文獻館整理出版《清代起居注冊》。起居注是官名，掌記注帝王言動，起居注官所記載的檔冊，稱為「起居注冊」。近年來所出版者或稱「起居注」，或稱「起居注冊」，名稱並未規範。

　　已刊《清史稿》的官稱人名，並不規範，同音異譯，一人二

名的例子，不勝枚舉。民國六十七年（1978）十月至七十三年
（1984）十月，歷時六年，國立故宮博物院與國史館合作，訂正
已刊《清史稿》，採取不動原文，以稿校稿，以卷校卷的辦法，
凡歧誤紕繆，或同音異譯，俱逐條校註，共得四萬餘條，正式出
版《清史稿校註》，共十六冊。例如〈太祖本紀〉「錫伯」，楊
吉砮作「席北」。按「錫伯」，滿語讀如"sibe"，即錫伯族，
「席北」爲同音異譯。〈太宗本紀〉「篇古」，舒爾哈齊傳作
「費揚武」，官書又作「費揚古」，滿語讀如"fiyanggū"，意
即老么，最小的，老生子多取名「費揚古」，「篇古」、「費揚
武」，俱爲同音異譯。「擺牙喇」，〈兵志〉作「巴雅喇」。按
「巴雅喇」，滿語讀如"bayara"，意即護軍，「擺牙喇」爲同
音異譯。其官職人物的名稱，多不規範。藝文印書館出版《金
史》附錄《欽定國語解》，內含官稱、人事、物像、物類、姓氏
等類，滿漢兼書，畫一名稱。《清史稿校註》附錄中可據清實錄
附作「同音異譯規範表」，並作「清史稿語解」，都有助於名稱
的規範。檔案術語權威控制的工作做得好，不但有效地掌握檔案
資訊，可以提高檢索的準確度，而且可以在資源共享的基礎上提
供良好的館藏服務，建立跨地區合作。

【註　釋】

① 顧力仁撰〈出席第三次中文名稱規範會議及參訪香港圖書館報
告〉，《國家圖書館館訊》，95年，第2期（臺北，國家圖書館，
民國九十五年五月），頁1。

② 〈漢譯滿洲老檔拾零〉，《故宮周刊》，第二四五期（北京，故宮
博物院），民國二十二年五月十三日，第一版。

③ 廣祿等譯註《清太祖朝老滿文原檔》，第一冊（臺北，中央研究院

歷史語言研究所，民國五十九年三月），凡例，頁15。

④　《漢譯滿文舊檔》（瀋陽，遼寧大學歷史，1979年12月），頁1。

⑤　《滿文老檔》（北京，中華書局，1990年3月），凡例，頁1。

⑥　《明清檔案》，第一冊（臺北，中央研究院歷史語言研究所，民國七十五年一月），序，頁3。

⑦　《明清史料》，（臺北，中央研究院歷史語言研究所，民國六十一年三月再版），丙編，第四本，頁377-378。

⑧　《明清檔案》，第一冊，編印細則說明，頁173。

⑨　《明清檔案存眞選輯》，初集（臺北，中央研究院歷史語言研究所，民國四十八年六月）

⑩　《明清檔案》，第三十八冊，頁B21219，康熙八年九月，敕諭。

⑪　《明清檔案》，第一冊，編印細則說明，頁174。

⑫　《明清檔案存眞選輯》，初集，頁181。

⑬　《康熙起居注》（北京，中華書局，1984年8月），第三冊，頁1218。康熙二十三年八月二十九日，諭旨。

⑭　方甦生撰〈清代檔案分類問題〉，《文獻論叢》（臺北，臺聯國風出版社，1967年10月），論述二，頁33。

⑮　《宮中檔康熙朝奏摺》，第九輯（臺北，國立故宮博物院，民國六十六年六月），頁38。康熙三十六年四月初九日，費揚古滿文奏摺。

⑯　《清聖祖仁皇帝實錄》（臺北，華聯出版社，民國五十三年九月），卷一八三，頁7。

⑰　《宮中檔雍正朝奏摺》，第一輯（臺北，國立故宮博物院，民國六十六年十一月），頁10。

⑱　楊啓樵著《雍正帝及其密摺制度研究》（香港，三聯書店，1981年11月），引言，頁7。

⑲　《宮中檔康熙朝奏摺》，第一輯（臺北，國立故宮博物院，民國六十五年六月），例言，頁1。

⑳　《故宮臺灣史料概述》（臺北，國立故宮博物院，民國八十四年十月），頁271。

㉑　《清世宗憲皇帝實錄》（臺北，華聯出版社，民國五十三年九月），卷一，頁26。

㉒　《宮中檔》（臺北，國立故宮博物院，未出版），第 77 箱，93 包，2642 號。雍正元年二月二十五日，福建陸路提督總兵官吳陞奏摺。

㉓　《宮中檔》第 2711 箱，18 包，3340 號。光緒二十六年九月十四日，兼署兩廣總督廣東巡撫德壽奏摺。

㉔　《中國第一歷史檔案館館藏概述》（北京，檔案出版社，1985 年 6 月），頁60。

㉕　《中國歷史辭典》（上海，上海辭書出版社，1992 年 11 月），清史（上），頁216。

㉖　楊繼波撰〈隨手檔中御批與朱批用法之區別〉，《歷史檔案》，1998 年，第 3 期（北京，歷史檔案雜志社，1998 年 8 月），頁127。

㉗　《宮中檔雍正朝奏摺》，第二輯（臺北，國立故宮博物院，民國六十六年十二月），頁532，雍正二年閏四月初一日，張大有奏摺。

㉘　《光緒朝硃批奏摺》（北京，中華書局，1995 年 2 月），前言，頁4。

㉙　《宮中檔雍正朝奏摺》，第二十五輯（臺北，國立故宮博物院，民國六十八年十一月），頁236。雍正十三年九月二十二日，允禮等奏摺。

㉚　《軍機大臣年表》（臺北，國立故宮博物院，清史館檔），原序，

頁1。

㉛　張德澤撰〈軍機處及其檔案〉，《文獻論叢》（臺北，臺聯國風出版社，民國五十六年十月），論述二，頁62。

㉜　梁章鉅纂輯《樞垣記略》（臺北，文海出版社），卷一三，頁15。

㉝　《國立故宮博物院清代文獻檔案總目》（臺北，國立故宮博物院，民國七十一年六月），序，頁2。

㉞　《中國歷史大辭典・清史卷》（上）（上海，上海辭書出版社，1992年11月），頁354。

㉟　《中國第一歷史檔案館館藏檔案概述》（北京，檔案出版社，1985年6月），頁46。

㊱　秦國經撰〈從清宮檔案看英使馬戛爾尼訪華歷史事實〉，《英使馬戛爾尼訪華檔案史料匯編》（北京，國際文化出版公司，1996年8月），頁290。

㊲　屈六生撰〈清代軍機處滿文檔案綜述〉，《歷史檔案》，1989年，第1期（北京，歷史檔案雜志社，1989年2月），頁125。

㊳　《英使馬戛爾尼訪華，檔案史料匯編》，頁27。

㊴　關孝廉撰〈滿文老檔的修復與重抄〉，《歷史檔案》，1987年，第3期（北京，歷史檔案雜志社，1987年8月），頁127。

無圈點老滿文

臺灣的滿學研究

一、老滿文與新滿文的創制

　　滿洲文字的創制，是清代文化史上的最大特色。滿洲語，又稱爲清語，清朝定爲國語。清史館曾修有《國語志》，臺北故宮博物院現藏《國語志》稿本共九十九冊，卷首有奎善撰《滿文源流》，原稿略謂：

　　滿洲初無文字，太祖己亥年二月，始命巴克什（師也）額爾德尼、噶蓋，以蒙古字改制國文，二人以難辭。上曰：無難也，以蒙古字合我國語音即可因文見義焉。遂定國書，頒行傳布。其字直讀，與漢文無異，但自左而右，適與漢文相反。案文字所以代結繩，無論何國文字，其糾結屈曲，無不含有結繩遺意。然體制不一，則又以地勢而殊，歐洲多水，故英法諸國文字橫行，如風浪，如水紋。滿洲故里多山林，故文字矗立高聳，如古樹，如孤峰。蓋製造文字，本乎人心，人心之靈，實根於天地自然之理，非偶然也。其字分眞行二種，其字母共十二類，每類約百餘字，然以第一類爲主要，餘則形異音差，讀之亦簡單易學。其拼音有用二字者，有用四、五字者，極合音籟之自然，最爲正確，不在四聲賅備也。至其義蘊閎深，包孕富有，不惟漢文所到之處，滿文無不能到，既漢文所不能到之處，滿文亦能曲傳而代達之，宜乎皇王制作行之數百年而流傳未艾也。

　　引文內己亥年，相當於明神宗萬曆二十七年（1599），是年二月，清太祖努爾哈齊以蒙古字母爲基礎，結合女眞語音，聯綴成句，而創制了滿文。這種由蒙文脫胎而來的初期滿文，即所謂老滿文，又稱爲無圈點的滿文，意即未放圈點的滿文（tongki fuka sindaha akū manju i hergen）。但因蒙古、女眞語音有差異，借用的蒙古字母，不能充分表達女眞語言，上下字雷同無別，人名地名，因無文義可尋，往往舛誤。清太宗天聰六年（1632）三月，皇太極命巴克什達海將老滿文在字旁加上圈點，使音義分明，同時增添一些新字母，使滿文的語音、形體，更臻完善，區別了原來不能區別的語音。達海奉命改進的滿文，習稱新滿文，又稱爲有圈點的滿文，意即放了圈點的滿文（tongki fuka sindaha manju i hergen）。從此，滿洲已有能準確表達自己語言的新文字，滿文的創制，姑且不論是否以地勢而殊，但滿文與漢文同樣具有“文以載道”的能力，更加促進了滿洲文化的發展，則是不言而喻的事實。

二、滿文原檔的出版與譯注

　　清太祖努爾哈齊創制滿文的主要目的是爲了文移往來及記注政事的需要，清太宗皇太極繼位後，政務益繁，文移更多，滿文檔冊就是滿洲入關前以無圈點老滿文及加圈點新滿文記錄的檔冊，滿洲入關後，從盛京移至北京，由內閣掌管。

　　乾隆年間，重抄滿文檔冊後，其原本始終藏於內閣。一九三一年三月，北平故宮博物院文獻館整理內閣東庫檔案時，發現滿文檔冊，計三十七冊，其記事年代起自明神宗萬曆三十五年（1607），迄清太宗崇德元年（1636）。一九三五年，文獻館整理內閣大庫殘檔時，又發現滿文舊檔三冊，分別是天命九年

（1634）、天聰六年（1632）、天聰九年（1636）的記事。文獻館前後所發現的四十冊滿文檔册，於文物南遷時，俱疏遷於後方，其後輾轉移運臺灣，臺北故宮博物院現藏者即此四十冊滿文原檔。其中清太祖朝與清太宗朝各占二十冊，原按千字文編號，中間缺"玄"字，當係避清聖祖玄燁御名諱。廣祿撰《滿文老檔與老滿文》①、李學智撰《東洋文庫日譯本"滿文老檔"未收的幾件老滿文》②、廣祿、李學智合著《老滿文原檔與滿文老檔之比較研究》③等文，對《滿文老檔》、老滿文檔册的淵源及其關係，都作了扼要的介紹，滿文檔册的史料價值，遂引起學術界的曯目。

　　一九六九年八月，臺北故宮博物院將所珍藏的滿文原檔影印出版，分裝十巨冊，題爲《舊滿洲檔》。卷首有陳捷先撰《舊滿洲檔述略》一文，說明《舊滿洲檔》的命名，老滿文檔册的由來。文中指出滿文原檔的價值，除了可以鉤考滿文由舊變新的原始與過程外，更可以發明補足清初的史事；可以解釋若干滿洲專門名詞；可以給重抄的《滿文老檔》證誤；可以幫助看出重抄本《滿文老檔》殘缺的眞相；可以反映部分明末遼東地方的實況。隨後廣祿、李學智合譯《清太祖朝老滿文原檔》第一冊（1970）、第二冊（1971）正式出版，記事年月，起自萬曆三十五年（1607）三月，迄天命五年（1620）九月。譯注採取直譯法，首先逐頁逐字的將老滿文單字注出讀音，再將每一單字的字義，以漢文單字排放於譯音之下，然後在每一頁下半部，附以此頁的漢文釋義，其譯注形式，與日本東洋文庫出版的《滿文老檔》雷同。東洋文庫清代史研究室譯注天聰九年（1635）分《舊滿洲檔》第一冊（1972）、第二冊（1975）相繼出版。一九七七年一月，臺北故宮博物院出版《舊滿洲檔譯注》清太宗朝第一

册，由張葳譯注，費解之處，由魏美月據日譯本《滿文老檔》譯出漢文，全書分爲兩部分：第一部分爲羅馬拼音；第二部分爲漢文譯注，記事始自天聰元年（1627）正月，迄天聰四年（1630）二月。第二册於一九八〇年五月出版，由張葳、潘淑碧合譯，記事年月，始自天聰四年（1630）正月，迄天聰五年（1631）十月。

除臺北故宮博物院現藏滿文原檔外，中央研究院歷史語言研究所亦藏有若干老滿文散頁，一九七三年十一月，李光濤、李學智編著《明清檔案存眞選輯》第二集，檢出若干老滿文史料，影印出版，分爲五大類，自第一類至第三類爲清代未入關前的老滿文檔册，第四類爲清聖祖康熙年間爲了纂修清初開國功臣傳時根據清太祖、清太宗兩朝老滿文原檔所選抄的史料，第五類爲清高宗乾隆十三年（1748）禮部文册，內含滿文璽印篆書等原始檔册，爲外界所罕見的珍貴資料。

李學智撰《乾隆重抄清太宗滿文老檔中附簽注釋老滿文之證誤》④、《老滿文原檔中所載清代八旗制度創立史料之檢討》⑤、《從清太祖朝老滿文原檔“洪字穆昆檔”看乾隆重抄滿文老檔之訛誤》⑥、莊吉發撰《舊滿洲檔的由來及其史料價值》⑦，陳捷先撰《舊滿洲檔的價值》⑧等文，有助於了解乾隆年間重抄滿文老檔的經緯、滿文原檔的由來及其史料價值。神田信夫撰《滿洲國號考》，松村潤撰《清朝開國傳說研究》⑨、就是利用臺北故宮博物院現藏滿文原檔所撰寫的論文。莊吉發撰《從朝鮮史籍的記載看清初滿洲文書的翻譯》⑩一文指出，朝鮮李朝實錄記載頗多滿洲文書，與臺北故宮博物院現藏滿文原檔的內容，詳略不同，引用朝鮮史籍時，先行查閱滿文原檔，是一種不可忽略的工作。滿文書信譯出漢文後始送交朝鮮，惟滿漢文內容仍常有

出入。從滿、漢文書探討早期滿鮮關係，是一個值得重視的問題。

《舊滿洲檔》雖據原檔照相製版，濃縮爲十六開本，但因部分滿文圈點因修版而被去除；明朝舊公文紙鈐印處滿文，影印製版後轉呈墨色，滿文字畫，無從辨識。臺北故宮博物院爲存眞重現原檔，於 2006 年一月將原檔重印出版，採用 A3 版本，題爲《滿文原檔》，共十巨冊。《滿文原檔》的正名，一方面可以凸顯檔案的原始性，一方面也反映書寫文字的特色。

三、宮中檔滿文奏摺的史料價值

清代奏摺，雖然是由傳統的奏本因革損益而來，但奏摺與奏本是有區別的，不可混爲一談。定例奏本與題本均投送通政司轉遞，凡應當使用題本而誤用奏本者，通政司即行題參。奏摺直達御覽，或經至宮門遞進，或由君主親信大臣轉呈，當奏事處設立後，即由奏事官員接收進呈，俱不經通政司轉遞。其次奏本與題本的主要區別是在於文書內容的公私問題，即所謂公題私奏，而奏摺的內容，非常廣泛，不受公私事件的限制，凡涉及機密事件，或多所顧忌，或有更張之請，俱在摺奏之列。奏摺的類別，依其書寫文字的不同，可以分爲漢文摺、滿文摺或清文摺，以及滿漢合璧摺等，臺北故宮博物院現藏宮中檔含有清代歷朝滿文奏摺及滿漢合璧奏摺，在已出版的《宮中檔康熙朝奏摺》第八、九輯（1977），《宮中檔雍正朝奏摺》第二十八至三十二輯（1980），《宮中檔乾隆朝奏摺》第七十五輯（1988），就是滿文奏摺專輯。此外，《宮中檔光緒朝奏摺》第一至二十六輯，則含有滿漢合璧奏摺，滿文奏摺具有高度的史料價值，可補漢文奏摺的不足。

　　臺北故宮博物院發行的《故宮文獻》季刊，先後刊載滿文史料譯注，其中第四卷第三期（1973 年 6 月）張葳譯注雍正朝滿文上諭九件。第四卷第四期（1973 年 9 月）刊載莊吉發譯注康熙朝孫文成滿文奏摺十六件，張葳譯注雍正朝滿文上諭七件。第五卷第一期（1973 年 12 月）刊載潘淑碧譯注康熙三十五年（1696）三月皇太子滿文奏摺一件，張葳譯注雍正朝年羹堯滿文奏摺七件。《故宮季刊》第十一卷第二期（1976）刊載張葳譯注雍正朝滿文諭摺及書稿十四件。《臺灣人文》第二期（1978 年 1 月）刊載張葳譯介康熙末年福建巡撫覺羅滿保滿文奏摺十四件。

　　康熙朝奏摺內涉及清軍征討準噶爾的滿文諭摺，件數甚多，史料價值極高。清初纂修《平定朔漠方略》，多據滿文諭摺編輯成書，惟其內容多經刪略潤飾。《清聖祖仁皇帝實錄》的纂修，亦取材於此，惟其中頗多篡改。例如撫遠大將軍費揚古滿文原摺奏聞準噶爾汗噶爾丹死因時稱，康熙三十六年（1697）三月十三日晨罹病，當晚病故，實錄改書為"飲藥自盡"，並將其死亡日期改系於是年閏三月十三日，以符合清聖祖御駕親征的行程。莊吉發譯注《清代準噶爾史料初編》⑪一書，即選譯康熙朝關於清朝用兵於準噶爾的滿文諭摺。將譯文與《清聖祖仁皇帝實錄》、《平定朔漠方略》等官書相對照後，可以了解官書的刪略潤飾情形。

　　清初康熙年間，杭州與江寧、蘇州三處織造，合稱江南三織造，江寧織造曹寅與蘇州織造李煦，俱隸滿洲正白旗，杭州織造孫文成隸滿洲正黃旗，三處織造，三位一體，視同一家。臺北故宮博物院現存孫文成奏摺的數量，雖然不及江寧、蘇州兩處織造，但孫文成奏摺多以滿文繕寫具奏，清聖祖親手以硃筆批諭，

原摺語法欠妥之處，多經硃筆改正，孫文成滿文奏摺就是探討清初歷史及滿文語法的珍貴資料。莊吉發譯注《孫文成奏摺》⑫，將孫文成滿文奏摺逐件譯出漢文，並輯錄漢文奏摺，作爲附錄，集中資料，頗便於利用。

　　滿漢合璧奏摺是清代部院大臣以滿漢文兼書而進呈御覽的文書，莊吉發編輯《雍正朝滿漢合璧奏摺校注》⑬一書指出滿漢合璧折雖然滿漢兼書，但其內容，常有出入，仍須相互對照。莊吉發撰《國立故宮博物院典藏的滿漢合璧奏摺》⑭一文指出現藏滿漢合璧奏摺，以康熙末年至雍正初年爲數較多，雍正三年（1725）以後，逐漸減少，但光緒朝滿漢合璧摺件頗多，可能與清末提倡滿文教育的政策有關。滿漢合璧摺的內容，雖然以滿漢文互相對譯，但其文意，頗有出入，其硃批內容，亦不盡相同。莊吉發撰《清代康熙雍正兩朝滿文奏摺的史料價值》⑮、《清代雍正十三年條奏檔的史料價值》⑯、《滿文奏摺的史料價值》⑰等文，對滿文奏摺的史料價值，都舉例論述。

四、官書正史的滿洲語文譯本

　　纂修官書，原爲翰林的職掌。順治初年，以翰林院官分隸內三院。康熙年間以來，雖然分設翰林院，而特開各館，仍以內閣大學士任監修總裁官，其餘分兼副總裁、總纂、纂修等職，因此，舉凡起居注冊、實錄及其他奉敕編纂修撰諸書告成後，多有繳藏內閣之例。

　　起居注是官名，掌記注帝王言動，起居注官所記載的檔冊，就是起居注冊，是一種類似日記體的史料。起居注館位於太和門西廊，康熙十年（1671）八月，正式設置起居注官，起居注冊的正式記載即始於同年九月，包含漢文本與滿文本。陳捷先撰《滿

文起居注略考》⑱、《清朝皇帝的起居注滿文本》⑲等文,將臺北故宮博物院現藏滿文起居注冊的數量,作了簡單的介紹,並指出滿文起居注是一批新發現的史料,對於研究清史和滿文,都不失為有價值的資料。莊吉發撰《清代滿漢文起居注冊的史料價值》⑳、《帝王言動國家庶政的當時記載》㉑等文,對於滿漢文起居注冊的史料價值,都作了較深入的討論。莊吉發撰《談滿洲人以數目命名的習俗》㉒一文,將雍正八年(1730)七月至乾隆三年(1738)十二月滿漢文本起居注中所見滿族的數目名字,分為六組討論。文中指出滿族以祖父或父親的年齡為新生嬰兒命名,含有紀念的性質,也是孝道觀念的具體表現。從各組數目加以觀察,可以看出在六十以上的數目名字人數較多,其主要原因,就是滿族多喜歡以祖父的年齡為新生的孫兒命名。滿族數目名字多以漢字小寫,並以漢音讀出,就是漢化的具體例證。因漢字小寫數目頗多雷同,於是有人改用漢字大寫,暗示著滿族漢化的加深。由於漢字小寫及大寫數目名字,仍有許多雷同,於是又採用同音的漢字來代替數目名字,暗示著滿族的漢化程度又更加深一層,由此可以說明探討滿洲社會以數目命名的習俗,對於滿洲文化的發展及漢化的認識,確實有裨益。

實錄是一種官書,其本意就是據實記錄,事無虛構。清代制度,實錄告成後,例由實錄館繕寫正副本五份,每份俱繕寫滿漢蒙文各一部,書皮分飾大小紅綾及小黃綾。大紅綾正本二部,一貯皇史宬,一貯奉天崇謨閣。小紅綾本二部,一貯乾清宮,一貯內閣實錄庫,專備進呈之用,所以又稱閣本。其小黃綾本亦貯於內閣實錄庫,是實錄館於纂修實錄時繕寫進呈之本,經御覽後分繕大小紅綾正本。因此,小黃綾本又通稱為副本。陳捷先著《滿文清實錄研究》㉓、《清朝皇帝實錄的滿文本》、《滿洲實錄的

起源與價值》㉔等文，對滿文實錄的現存狀況，滿文本清太祖實錄的纂修改訂，《舊滿洲檔》與滿洲實錄的比較，清太宗以來各朝滿文實錄的修繕等問題，都作了扼要的論述。此外，楊和瑨撰有《根據滿洲實錄譯注滿文老檔一六〇七～一六一一年間之證事》㉕等文，對史料方面進行了比較工作。

清代國史館的館址設在東華門內，是一個常設的修史機構，其所修史書，與歷代纂修正史的體例相同，主要分為紀、志、表、傳四大類，所不同的是除漢文本外，尚有滿文本。臺北故宮博物院現藏清代國史館滿、漢文紀、志、表、傳各種稿本，數量可觀，對清代史研究提供了豐富的資料。現藏國史館歷朝本紀，除清德宗本紀稿本外，其餘各朝本紀，俱飾以黃綾封面，是定本的本紀。陳捷先著《滿文清本紀研究》㉖、《清朝皇帝本紀的滿文本》，㉗對臺北故宮博物院現藏滿文本紀的概況，作了較詳細的介紹，文中也討論本紀滿、漢文本之間的關係，比較乾隆朝兩種不同抄本的滿文本紀，並說明滿文本紀的史料價值。

五、一般滿文史料的整理研究

有清一代，史料浩瀚，其中滿文史料的重要性，早已受到學術界的重視。方豪撰《清初通曉滿蒙語文及曾出關之西洋教士》㉘一文，從漢文經籍的譯成滿蒙文本及西洋教士以滿語為康熙皇帝講學等方面，說明西洋傳教士對滿洲語文研究的興盛及其成就。胡格金台撰《滿洲文之存在價值》㉙，陳捷先撰《滿洲文與清初歷史研究》㉚、《滿文譯書與中西文化交流》㉛等文，對滿文的重要性，都作了具體的論述。

北平故宮博物院出版《故宮俄文史料》一書，附錄康熙時轉譯滿文本。李學智撰《從清代滿文翻譯俄文檔案探討對俄外交之

錯誤觀念》㉜一文指出，康熙時轉譯的滿文本，未能忠實的把俄
國來書全譯，其內容不盡相符，至於錯誤之處，更是不勝枚舉。

臺灣現存的滿文石碑，大致可以分爲兩類，一類是所謂的下
馬碑，一類是乾隆年間林爽文事件以後在臺灣府城和嘉義兩地建
造的滿文石碑，一共造了九塊，其中刻有滿文的有五塊。陳捷先
撰《臺灣的滿文碑》㉝一文，僅就＂命建福康安等功臣生祠志事
詩碑＂、＂御制二十功臣贊像序碑＂，說明其史料價值。

臺北故宮博物院典藏《職貢圖》畫卷，設色畫，共四卷，合
計三〇一圖，因有滿漢文圖說及題識，更增加了畫卷的特色。莊
吉發撰《謝遂職貢圖滿文圖說校注》㉞，計六四二村。書中指出
畫卷中的滿文圖說及題識，對研究十八世紀的滿文發展，提供了
很豐富的語文資料。

在臺北故宮博物院現藏郎世寧（Giuseppe Castiglione）的繪
畫作品裡，有許多名犬及駿馬的名字，是乾隆皇帝所選定的名
字，除了標明漢文名字外，又往往標出滿文、蒙文或察合台文的
名字，從各體文字的含義，可以了解乾隆皇帝給自己的寵物命名
的習慣。莊吉發撰《郎世寧＂十駿犬＂命名由來》㉟一文指出，
乾隆皇帝喜歡以勇猛的飛禽走獸或象徵吉祥的鵲鳥爲各種名犬命
名，例如駐藏辦事大臣副都統傅清所進貢的名犬，漢字命名爲
＂蒼猊＂，滿文命名爲＂kara arsalan＂，蒙文命名爲＂hara ars-
lan＂，意即黑獅子，滿文和蒙文的意思相合，較漢文淺顯易解。
又如科爾沁台吉丹巴林親所進金翅獫，滿文作＂yolotu＂，意即
藏狗，滿漢文義不同。

《大藏經》是佛教一切經典的總集。乾隆年間，滿文《大藏
經》翻譯告成，題爲《清文全藏經》，共一百零八函，以朱色刷
印成帙，臺北故宮博物院存有三十二函。一九九〇年二月，《滿

族文化》第十三期刊載莊吉發撰《佛說四十二章經滿文譯本研究》一文，將臺北故宮博物院現藏內府朱印滿文本與日本東洋文庫滿漢蒙藏四體合璧本作了比較。一九九一年七月，日本第二十八屆野尻湖庫利爾台會議，會中，莊吉發宣讀的論文題目為《國立故宮博物院典藏大藏經滿文譯本研究》，潘淑碧宣讀《乾隆內府朱印滿文本地藏菩薩本愿經校注簡介》。莊吉發指出清代官方翻譯《大藏經》，主要是中國境內各族文字的互譯，印度佛教的教義思想，透過不同語文的翻譯，即增加多種文字的保存。佛經中的諸佛菩薩名稱及佛教術語，多按梵語音譯，為了適應譯經的需要，滿洲語文創造了許多的新辭彙，原來通行的滿文辭彙也擴大其含義，使滿文更能充分表達佛經的教義思想，同時由於滿文的語體表現法，淺顯易解，有助於了解漢文佛經的含義。一九九一年十月，臺北召開第六屆亞洲族譜學術研討會，會中，莊吉發宣讀《清代滿文族譜的史料價值》，文中指出滿洲族譜的纂修，主要是依據旗署所存戶口冊、各旗檔冊、舊譜稿及佐領根源等資料，可信度較高，除漢文族譜外，還有滿文族譜，更加凸顯滿洲族譜的特色。

　　清初以來，四書五經，多有滿文譯本，康熙年間，除《清文日講四書解義》外，起居注冊也記載儒臣進講四書的章節。乾隆年間，命鄂爾泰等人就康熙年間刊布的《清文日講四書解義》重加厘正，乾隆二十年（1755）十二月書成，題為《御製翻譯四書》。莊吉發撰《清高宗敕譯四書探討》㊱一文指出，乾隆年間厘正的部分，主要是將康熙年間漢字音譯的借詞改寫意譯，並且改變康熙年間滿文的語法句型結構，使女真語系的部族更容易接受傳統文化的思想觀念。乾隆年間刊印的《御製翻譯四書》，兼具信雅達的優點，就滿洲語文的翻譯而言，已是難能可貴了。順

治、乾隆兩朝先後以滿文翻譯《詩經》，葉高樹撰《詩經滿文譯本比較研究─以周南、召南爲例》㊲一文，比較兩種譯本後指出從其內容可以了解滿文辭彙的增加及其語法結構的演變。

　　薩滿，又作薩蠻，都是“saman”的音譯，其原意是指一種跳神的巫人。《尼山薩蠻傳》（nisan saman i bithe）是以北亞草原族群薩滿信仰爲基礎的文學作品，原書是滿文書寫的手稿本，不僅爲探討北亞宗教信仰的罕見作品，而且也是研究滿洲語文的珍貴資料。後世所見手稿，共有三種，一九七四年，漢城大學成百仁教授將第三種手稿譯成韓文，題爲《滿洲薩滿神歌》，譯本之末，附錄滿文手稿影印本。一九七七年，莊吉發據此影印手稿譯出漢文，是較早出版的漢文譯本，雖有疏漏之處，但能兼顧信雅達，爲探討北亞草原社會的宗教信仰，提供了很珍貴的資料。

　　圖理琛，滿洲正黃旗人，以國子生考授內閣中書，遷侍讀。康熙五十一年（1711）奉命出使土爾扈特，無辱使命，康熙五十四年（1715）三月，還京師，入對述往返經過，並著《異域錄》，分繕滿漢文本，首冠輿圖，次爲行記，進呈御覽。一九六四年，日本天理大學今西春秋教授著《校注異域錄》，附錄滿文本《異域錄》，文筆流暢，詞句優美，不僅是重要的歷史文獻，而且是罕見的文學作品。爲便於國內初學者研讀滿文，一九八三年八月，臺北文史哲出版社出版莊吉發校注《滿漢異域錄校注》一書，將滿文逐頁注出羅馬拼音，附錄漢文、滿漢對照。莊吉發撰《圖理琛著異域錄滿文本與漢文本的比較》㊳一文指出，《異域錄》雖以滿漢兼書，但兩者詳略不同，內容頗有出入，滿文詳於漢文，漢文本缺漏未譯之處頗多。

　　羅刹人東侵後，首先遭殃的無辜者，就是散居在西伯利亞東部黑龍江流域和興安嶺一帶廣大區域的索倫、達呼爾、鄂倫春、

費雅喀、赫哲等部族。其中達呼爾族挺身而起，以圖復仇，留下許多可歌可泣的事蹟。達呼爾族學者胡格金台自幼誦習滿文，所著《達呼爾故事滿文手稿》一書，將流傳於達呼爾抵抗羅剎侵略的故事，選出十七則，以滿文書寫，俾供學術界研究參考。

新疆錫伯族所流傳的故事也很多，蘇美琳講述了幾篇故事，其中《談錫伯人和伊犁》㊦，由莊吉發譯出漢文㊵。此外，如《聰明人尋找聰明人》㊶，《聖女淑華傳》㊷，都是口述滿語故事，俱已譯出漢文，是學習滿洲語文的重要參考資料。

六、滿洲語法的比較分析

探討滿洲語文是一種值得重視的工作，滿文字書的編纂，尤其受到重視，哈勘楚倫、胡格金台合著《達呼爾方言與滿蒙語之異同比較》㊸，就是一種重要的字書。全書共九章，分別討論達呼爾一詞的不同詞稱，達呼爾方言的特殊性，與標準語比較，包括單元音、長元音、複元音、輔音、名詞單複數、元音和諧等，並從一般蒙古語音變異情形推論達呼爾方言的由來，同時比較達呼爾方言與蒙滿語的異同。

李學智撰《滿文詞彙詞類轉換法則的試探》㊹一文指出，滿文詞彙雖然並不太多，但因其靈活的轉換引伸使用的法則，而隨著漢文以適應文化的變遷。作者在《略談滿文的數詞》㊺一文，指出滿文原始的數詞是由基本數詞相互演變活用，而完成表達事物數目的功能。

在中韓文化交流史上，朝鮮商人始終扮演著重要的角色。《老乞大》就是朝鮮李朝初期以來爲朝鮮商旅等人編著的漢語教材，具有很高的權威性。蒙古勢力崛起後，爲了學習蒙古語文，漢語《老乞大》首先譯成蒙古語文，於是有《蒙語老乞大》的刊

行。明代後期，滿族興起後，爲了學習滿洲語文的需要，又有
《清語老乞大》滿語譯本的刊行。閔泳珪教授參觀法國巴黎東洋
語學校圖書館時見有《清語老乞大》八卷。延世大學發行的《人
文科學》第十一、十二兩輯將《清語老乞大》影印出版。一九七
六年九月，文史哲出版社出版莊吉發譯《清語老乞大》八卷，即
據此影印譯出漢文，附注羅馬拼音，因影印本字跡漫漶難辨之處
甚多，爲便於初學者閱讀，特據原文重抄，一九八四年六月再
版，《清語老乞大》雖至今日，仍不失爲一種珍貴的滿語教材。
莊吉發撰《老乞大漢文本與滿文本的比較》一文指出：漢文本內
容較詳，滿文本刪略未譯之處頗多。漢文本有許多特殊表現法，
不同於明清通行的口語，透過《清語老乞大》滿語語體文的翻
譯，有助於了解其含義。

　　陳捷先撰《滿文傳習的歷史與現狀》⑯一文指出：清初諸帝
雖然宣稱滿文是“國語”，但他們從未以政令在全國推行過滿文
的教育。乾隆以降，主持滿文教育的官員和滿洲皇帝對推廣滿文
並不重視，翰林院的滿文教學制度，亦流於形式。民國成立以
後，由於反滿情緒高漲，滿洲語文更不爲人所重視，國人對滿文
再度的從事研究，應該是一九三一年前後的事，當時北平故宮博
物院及北平圖書館發現了不少滿文檔案書籍，經整理編目，才受
到國內外的重視。胡格金台撰《淺談滿文》一文指出：民國建立
後，滿文雖然被摒棄於國人，但滿文仍然有被使用的地方，例如
黑龍江地區的布特哈、璦琿、墨爾根、齊齊哈爾、呼倫貝爾等地
的達呼爾、索倫、鄂倫春人及其他少數民族，仍然有人使用滿
文。此外，乾隆年間移往新疆伊犁的達呼爾、索倫、錫伯等部
族，迄今仍然使用滿洲語文，所謂滿洲語文是“死語”或“死
文”的說法，與事實並不完全符合。其實，在臺灣學術界對滿洲

語文的學習，可以說是方興未艾。一九五六年，臺灣大學歷史學系聘請伊犁錫伯族廣祿教授開授滿文課，這是我國大學史上的創舉，給日後滿文與清史研究播下了光大的種子。廣祿教授後來又在臺灣大學成立滿文研究室，協助學生從事更深一層的研究工作。後來，政治大學邊政研究所也開滿文課程，邊政研究所改制爲民族所後，對民族語言的教學，更加認眞。一九八一年四月，滿族協會成立大會通過成立滿文研究班議案，經過半年多的策劃，滿文研究班第一期終於在同年十二月開班，由廣祿教授的公子廣定遠先生擔任教席。滿族協會除研習滿文外，也從事滿文電腦化工作，輸入羅馬拼音後，即可印刷滿文。滿族協會也發行《滿族文化》雜誌，刊載有關滿洲語文及清代歷史論文。一九八一年九月，發行創刊號，自一九八四年四月第六期起陸續刊載廣定遠所整理的滿洲口語，共計三百七十四條。爲保持口語有別於書面語的特性，滿語部分以羅馬拼音表示，並採會話形式舉出例句，然後以漢文、英文對譯書寫，其內容主要爲日常生活用語。

近年以來，臺北故宮博物院爲培養整理清朝檔案及清史研究人才，特開設「滿文史料研讀班」。工欲善其事，必先利其器，爲充實滿文基礎教材，莊吉發特就康熙朝滿漢文起居注冊，摘錄康熙皇帝御門聽政時君臣談話的短句，於 1999 年六月出版《御門聽政─滿語對話選粹》一冊。所摘錄的談話語句，雖然不免有斷章取義、支離破碎，以致語焉不詳的缺點，但對初學者而言，仍不失爲學習正統滿文書面語的一種會話教材，提供一定的參考價值。

錫伯族的口語，與傳統滿語雖然有不少差異，但其書面語，與滿語則基本相似。錫伯族具有重視文化教育的優良傳統，西遷到伊犁河谷的錫伯族，長期以來，不僅將許多漢文古籍譯成滿

文，同時還繙譯了不少外國文學作品。察布查爾錫伯自治縣各小學所採用的錫伯文課本，基本上就是滿文教材，爲了充實滿文基礎教學，近年以來莊吉發先後編譯出版《滿語故事譯粹》（1993年5月）、《滿語童話故事》（2004年4月）、《滿語歷史故事》（2005年5月）、《滿語常用會話》（2006年4月）、《滿漢西遊記會話》（2007年5月），各一冊，俱由臺北文史哲出版社出版。展望未來，臺灣滿洲語文人才的培訓及滿學研究風氣，必將薪盡火傳，百尺竿頭，更進一步。

【註 釋】

① 見《幼師學報》第一卷，第一期，一九五八年。

② 見《大陸雜志》第二十二卷，第三、四期，一九六一年。

③ 見《中國東亞學術研究計劃委員會年會年報》第四期，一九六五年。

④ 見《國科會補助研究報告》，一九七一年。

⑤ 見《國立政治大學邊政研究所年報》第五期，一九七四年七月。

⑥ 同上，第十期，一九七九年。

⑦ 見《故宮檔案述要》，臺北故宮博物院，一九八三年十二月。

⑧ 見《滿洲檔案資料》（Manchu Archival Materials），聯經出版公司，臺北，一九八八年。

⑨ 見《故宮文獻》第三卷，第一期，一九七一年十二月。

⑩ 見《韓國學報》第十期，一九九一年五月。

⑪ 莊吉發譯注：《清代準噶爾史料初編》，文史哲出版社，一九七七年九月。

⑫ 莊吉發譯注：《孫文成奏摺》，文史哲出版社，一九七八年三月。

⑬ 莊吉發譯注：《雍正朝滿漢合璧奏摺校注》，文史哲出版社，一九

八四年十月。

⑭　見《滿族文化》第三期，一九八二年九月。

⑮　見《書目季刊》第十六卷，第四期，一九八三年三月。

⑯　見《清代史料論述》（二），文史哲出版社，一九八〇年八月。

⑰　見《故宮檔案述要》，臺北故宮博物院，一九八三年十二月。

⑱　見《華岡學報》第八期，一九七四年九月。

⑲　見《滿洲檔案資料》（Manchu Archival Materials），聯經出版公司，臺北，一九八八年。

⑳　見《滿族文化》第七期，一九八四年九月。

㉑　見《故宮檔案述要》，臺北故宮博物院，一九八三年十二月。

㉒　見《滿族文化》第二期，一九八二年四月。

㉓　陳捷先著：《滿文清實錄研究》，大化書局，一九七八年七月。

㉔　見《滿洲檔案資料》（Manchu Archival Materials），聯經出版公司，臺北，一九八八年。

㉕　見《邊政年報》第六期，一九七五年七月。

㉖　陳捷先著：《滿文清本紀研究》，明文書局，一九八一年十二月。

㉗　見《滿洲檔案資料》（Manchu Archival Materials），聯經出版公司，臺北，一九八八年。

㉘　見《故宮文獻》第一卷，第一期，一九六九年十二月。

㉙　見《中國邊政》第六十四期，一九七八年十二月。

㉚　見《清史雜筆》（一），學海出版社，一九七七年八月。

㉛　見《中西文化交流國際學術會議論文集》，一九八三年九月。

㉜　見《國立政治大學邊政研究所年報》第八期，一九七七年五月。

㉝　見《臺灣人文》創刊號，一九七七年十月。

㉞　莊吉發撰：《謝遂職貢圖滿文圖說校注》，臺北故宮博物院，一九八九年六月。

㉟　見《故宮文物月刊》第五卷，第三期，一九八七年六月。

㊱　見《滿族文化》第九期，一九八六年五月。

㊲　係一九九一年七月，日本第二十七屆野尻湖庫利爾台會議論文。

㊳　見《滿族文化》第五期，一九八三年九月。

㊴　見《國際中國邊疆學術會議論文集》，國立政治大學，一九八五年
　　四月。

㊵　見《滿族文化》第八期，一九八五年四月。

㊶　見《滿族文化》第九期，一九八六年五月。

㊷　見《滿族文化》第十期，一九八七年一月。

㊸　哈勘楚倫、胡格金台合著：《達呼爾方言與滿蒙語之異同比較》，
　　學海出版社，一九七九年二月。

㊹　見《國立政治大學邊政研究所年報》第九期，一九七八年七月。

㊺　同上，第十一期，一九八〇年七月。

㊻　見《滿族文化》，第四期，一九八三年四月。

㊼　見《滿族文化》第八期，一九八五年四月。

㊽　見《滿族文化》第七期，一九八四年九月。

清史研究的前景——
新史料的發現與新清史研究

　　我國歷代以來，就是一個多民族的國家，各民族的社會、經濟及文化等方面，雖然存在著多樣性及差異性的特徵，但各兄弟民族對我國歷史文化的締造，多有直接或間接的貢獻。滿族以邊疆部族入主中原，建立清朝，一方面接受儒家傳統的政治理念，一方面又具有滿族特有的統治方式，在多民族統一國家發展過程中有其重要地位。在清朝長期的統治下，文治武功之盛，不僅堪與漢唐相比，同時在我國傳統社會、政治、經濟、文化的發展過程中也處於承先啓後的發展階段。

　　清朝政權被推翻以後，政治上的禁忌，雖然已經解除，但是反滿的情緒，仍然十分高昂，應否爲清人修史，成爲爭論的問題。清朝政府的功過及是非論斷，人言嘖嘖。然而一朝掌故，足爲後世殷鑒，筆則筆，削則削，不可從闕。孟森著《清代史》指出，「近日淺學之士，承革命時期之態度，對清或作仇敵之詞；旣認爲仇敵，即無代爲修史之任務。若已認爲應代修史，即認爲現代所繼承之前代。尊重現代，必並不厭薄於所繼承之前代，而後覺承之有自。清一代武功文治，幅員人材，皆有可觀。明初代元，以胡俗爲厭，天下旣定，即表章元世祖之治，惜其子孫不能遵守。後代於前代，評量政治之得失以爲法戒，乃所以爲史學。革命時之鼓煽種族以作敵愾之氣，乃軍旅之事，非學問之事也。故史學上之清史，自當占中國累朝史中較盛之一朝，不應故爲貶抑，自失學者態度。」

　　我國歷史所包地域最廣大，所含民族分子最複雜，因此益形成其繁複。有清一代，能統一國土，能治理人民，能行使政權，能綿歷年歲，其文治武功，幅員人材，皆有可觀，清代歷史不但能占一朝正史的位置，而且也是我國累朝史中較盛的一朝，貶抑清代史，無異自形縮短中國歷史。

一、故宮檔案的整理出版

　　史學研究並非單純史料的堆砌，也不僅是史事的排比。史學研究者和檔案工作者，都應當儘可能重視理論研究，但不能以論代史，無視原始檔案資料的存在，不尊重客觀的歷史事實。治古史之難，難於在會通，主要原因在於文獻不足；治清史之難，難於在審辨，主要原因在於史料氾濫。有清一代，史料浩瀚，私家收藏，固不待論，即官府歷史檔案，亦可謂汗牛充棟，民國十四年（1925），北平故宮博物院成立之初，即以典藏文物爲職志，其後時局動盪，遷徙靡常，惟其移運來臺者，爲數仍極可觀。民國三十八年（1949），遷臺文物，存放於臺中北溝後，雖曾獲中國東亞學術研究計劃委員會補助，著手整理宮中檔，硃批奏摺可供中外人士參考，但因地處鄉間，經費有限，人手不足，無法進一步從事出版的工作。

　　檔案資料的整理與出版，可以帶動歷史學的研究。民國五十四年（1965），國立故宮博物院在臺北市郊士林外雙溪的新廈落成後，文物北遷，院長蔣復璁先生爲宣揚我國文化特質，流傳珍貴史料，開始積極整理院藏清宮檔案，敦聘國立臺灣大學歷史學系講授清史文獻資料等課程的陳捷先教授，爲國立故宮博物院顧問，規劃院藏文獻檔案的整理和出版。

　　國立故宮博物院典藏清代檔案，從文字上來看，絕大部分是

漢文檔案，其次是滿文檔案，此外還有藏文、蒙文、察合台文等
檔案；從時間上看，則包括滿洲入關前明神宗萬曆三十五年
（1607）至清末宣統三年（1911）的各種檔案，品類繁多，其中
清太祖、太宗時期記注滿洲政事的檔册，即始自萬曆三十五年，
是以無圈點老滿文及加圈點新滿文記載的滿文原檔，共計四十大
本。院長蔣復璁先生、顧問陳捷先教授本著資料共享的精神，決
定將院藏珍貴的滿文原檔全部影印出版，公諸世界。這是出版界
的大事，也是研究清史和滿洲語文學者的大喜信息。民國五十八
年（1969），《舊滿洲檔》十巨册，正式問世，由陳捷先教授撰
寫〈《舊滿洲檔》述略〉專文，文中將陳捷先教授在國立故宮博
物院工作經年的心得，《舊滿洲檔》的命名由來，滿文原檔的史
料價值，作了詳盡的介紹和分析。陳捷先教授在專文中指出，
「公開史料，不僅代表我們觀念的進步，更足以促進我們學術界
水準的提高，而這些都還是今天國內最需要的。」在當時風氣保
守的環境裡，陳捷先教授大公無私的精神，可以說是國際清史學
術界的一大福音。

　　國立故宮博物院典藏宮中檔的內容，主要是清代各朝皇帝親
手御批的滿漢文奏摺，都是史料價值極高的第一手原始資料，但
因數量龐大，出版經費有限，一時無法全部刊行。民國五十八年
（1969）冬天，在廣文書局的支持下，國立故宮博物院創辦了
《故宮文獻》季刊，聘請陳捷先教授擔任主編，有計畫的選印漢
文奏摺原件，滿文奏摺譯漢，並以季刊部分篇幅發表有關清代專
題論文，作為學術研究的提倡，同年十二月，正式出版第一卷第
一期。由於《故宮文獻》季刊的問世，對院藏清宮檔案的典藏及
整理概況，產生了宣揚的作用，嗣後，美國、日本等國學者相繼
來院從事研究。

　　國立故宮博物院典藏歷代經、史、子、集善本古籍，頗為豐富，為宣揚文化及選印善本，民國五十九年（1970）七月，國立故宮博物院繼續與廣文書局合作，創辦《圖書季刊》，陳捷先教授受聘為編輯委員。第一卷第一期選印《清太祖武皇帝實錄》初纂本，共四卷。為保存史料原來真貌，俱按原書影印出版。這一年，《故宮文獻》季刊發行經年，國內外學術界對這份刊物相當重視，在各方鼓勵下，院長蔣復璁先生決定在季刊創刊週年之際，編印袁世凱的全部奏摺，列為增刊專號的第一集，由陳捷先教授策劃出版事宜。為了保存史料真貌，專輯不用排字印刷，而以袁世凱奏摺的原件影印出版，硃批部分，則套印紅色。民國五十九年（1970）十月，《袁世凱奏摺》專輯，正式問世，共計八冊，以答謝各界對《故宮文獻》季刊的支持和愛護。

　　為了提倡學術研究，院長蔣復璁先生極力鼓勵院內同仁從事學術研究工作，並積極培養修史人材，於是有纂修清代通鑑長編的計畫。所謂長編，是屬於一種編年史體裁，司馬溫公纂修《資治通鑑》之前，先將各種記載按其年月排比，先作叢目，叢目既成，始修長編，予以刪節，方成通鑑，所以纂修長編，寧失之於繁，不可失之於略。民國十六年（1927）秋天，《清史稿》刊行後，因紀、志、表、傳前後歧誤，為史學界所詬病。院長蔣復璁先生為整修清史先做準備，決定纂修清代通鑑長編，於是敦聘史學大師錢穆先生主持其事，並聘陳捷先教授協助編纂審閱工作，自民國五十九年（1970）夏初著手搜集國內外滿漢文相關史料，先抄卡片，翻譯滿文原檔，年經月緯，按日排比，列舉綱目，附錄史料原文，並注明出處。數年之間，清太祖、太宗兩朝通鑑長編初稿告成。在纂修長編期間，陳捷先教授提供相關資料，審閱滿文原檔譯漢初稿，孜孜不倦。

　　在雍正年間，川陝總督年羹堯是一位爭議性很高的人物，他與雍正皇帝之間戲劇性的變化，亦非年羹堯本人始料所及。但年羹堯與清朝邊疆的開拓，種族的融和，都有直接的貢獻，向為治史者所重視。民國六十年（1971），《故宮文獻》季刊發行進入第二週年，且欣逢建國周甲之慶，在陳捷先教授的策劃下特將院藏年羹堯滿漢文奏摺彙集成編，硃批部分套印紅色，繼《袁世凱奏摺》專輯之後，續印《年羹堯奏摺》專輯，於民國六十年（1971）十二月正式出版，共計上中下三冊，作為《故宮文獻》特刊的第二集，使治清史者有資考定。

　　國立故宮博物院在士林外雙溪恢復建置後，為了服務學界，提供中外學人利用檔案資料，一方面積極整理檔案，一方面有計畫地出版檔案，在幾年之間，已經出版了數千件的宮中檔硃批奏摺，但那只是浩瀚的幾點水滴，實在微乎其微。因此，設法大量出版檔案，一直是學術界的期待。陳捷先教授每次出席國際學術會議的時候，總利用機會向世界學術界呼籲出版故宮檔案的重要性。民國六十一年（1972）冬天，美國學術團體聯合會（ACLS）的代表劉廣京教授來臺期間，和陳捷先教授為出版宮中檔事宜，曾數度當面討論出版內容和出版方式，並參觀國立故宮博物院檔案庫房，實地了解，有了初步的結果，國立故宮博物院隨即正式向美國學術團體聯合會申請出版補助。民國六十二年（1973）春天，美國學術團體聯合會無條件的慨贈一筆可觀的基本基金，宮中檔的大量公開，至此成了定案。陳捷先教授促成出版補助計畫的實現，貢獻良多。國立故宮博物院利用這筆贈款作為出版基金，迴環運用，進行有計畫的長期出版，民國六十二年（1973）四月，此項計畫商妥後，由陳捷先教授著手籌劃光緒朝宮中檔滿漢文奏摺的編印事宜，文獻處同仁從事編目影印工作，

每月出書一冊，每冊約千頁，作爲《故宮文獻》季刊的特刊。
同年六月，《宮中檔光緒朝奏摺》第一輯正式出版，先後出版二
十六輯。其後繼續出版《宮中檔康熙朝奏摺》，共九輯，《宮中
檔雍正朝奏摺》，共三十二輯，《宮中檔乾隆朝奏摺》，共七十
五輯。

　　起居注冊是屬於日記體的一種史料，也是後世史官纂修正史
的主要依據。由於起居注冊編寫於每一位帝王生前，是第一手的
原始記錄。清代歷朝起居注冊，向來深藏禁宮，非一般人所能翻
閱。民國七十四年（1985），在陳捷先教授的奔走下，促成國立
故宮博物院與聯合報文化基金會合作影印出版清代起居注冊，包
括：道光朝 100 冊、咸豐朝 57 冊、同治朝 43 冊、光緒朝 80 冊、
合計 280 冊，可以說是一部大型史料叢刊，由陳捷先教授撰寫
〈景印清代起居注前言〉專文，說明起居注的源流及其史料價
值。

　　近年以來，臺灣歷史的研究，頗受世界學術界的重視，目前
已成爲海峽兩岸顯學之一。民國八十年（1991），爲便利學術界
研究臺灣歷史，在陳捷先教授策劃下，約請專家學者彙集國立故
宮博物院典藏宮中檔奏摺原件，軍機處檔奏摺錄副及中央研究院
內閣大庫明清檔案中涉及臺灣史研究的各類文書，自順治初年至
乾隆三十年（1765），計約兩千餘件，費時數載，於民國八十二
年（1993）十二月初版《臺灣研究資料彙編》，分裝四十冊，作
爲第一輯，由聯合報文化基金會國學文獻館影印出版。

　　國立故宮博物院典藏清代檔案資料，無論巨篇零簡，或片紙
隻字，往往不失爲重要史料，皆未敢輕忽，俱作最妥善的保管，
進行全面的整理。國立故宮博物院一向本著學術公開，資料共享
的原則，以服務學術界。清史專家陳捷先教授策劃檔案的整理和

出版，備嘗艱苦，厥功至偉。多年來，國立故宮博物院對院藏清
宮檔案的典藏保管、整理出版及服務精神，都深受國際學術界的
肯定，這些貢獻，實在應該歸功於陳捷先教授的積極推動和籌
劃，才有今天的規模，我們謹向陳捷先教授致以最高的敬意。

二、《滿文原檔》的史料價值

　　無圈點老滿文是由維吾爾體的老蒙文脫胎而來，字體簡古，
無韻不全，字母雷同。其後在字形與發音方面加以改進，加置圈
點，淘汰蒙文，統一寫法，發展成爲新滿文，不但字跡清楚，寫
法亦一致，較老滿文容易識別。乾隆年間，大學士鄂爾泰等人已
指出，「滿文肇端於無圈點字」，內閣大庫所保存的《無圈點
檔》，「檔內之字，不僅無圈點，復有假借」，若不融會上下文
字的意義，誠屬不易辨識。《滿文原檔》就是使用初創滿文字體
所記錄的檔册，有蒙古文字、無圈點老滿文、過渡期滿文、加圈
點新滿文等字體。因此，《滿文原檔》對滿文由舊變新的過程，
提供了珍貴的研究資料。

　　文化的發展，雖然具有地域性、民族性，但是同時又具有交
叉性、影響性。滿族和蒙古的文化背景相近，都屬於北亞文化圈
的範圍。滿族文化有其地域性、民族性，有它的特色，但是滿族
文化，並非孤立發展的，不能忽視外部文化的影響。滿族是滿洲
地區的民族共同體，其主體民族是女眞族。蒙古滅金後，女眞各
部散處於混同江流域，開元城以北，東濱海，無接兀良哈，南鄰
朝鮮。由於元代蒙古對東北女眞各部的統治，以及地緣的便利，
在滿族崛起以前，女眞與蒙古文化的接觸，已極密切，蒙古文化
對女眞社會產生了很大的影響。在女眞地區除了使用漢文外，同
時也使用蒙古語文。明朝後期，滿族崛起以後，爲了文移往來以

及適應新興滿族凝聚共識的需要，於明神宗萬曆二十七年（1599）二月，努爾哈齊命巴克什額爾德尼仿照老蒙文創制滿文，亦即以老蒙文字母爲基礎，拼寫女眞語音，聯綴成句。這種由老蒙文脫胎而來的初期滿文，在字旁未置圈點，不能充分表達女眞語言，無從區別人名、地名的讀音。天聰六年（1632）三月，皇太極命巴克什達海將初期滿文在字旁加置圈點，並增添新字母，使滿文的語音、形體，更臻完善，區別了原來容易混淆的語音。努爾哈齊時期的初創滿文，稱爲無圈點滿文，習稱老滿文。巴克什達海奉皇太極之命改進的滿文，稱爲加圈點滿文，習稱新滿文。女眞社會使用蒙古語文，是女眞族對蒙古文化的接觸和吸收，老滿文與新滿文的創造與改進，是滿文對外部文化的改造和適應，在歷史上產生了新的文字符號。從滿文的起源和發展，可以說明文化是學得的，可以了解北亞或東亞文化圈的文化變遷過程。

　　關於滿洲先世發樣傳說，中外史家論述頗多。內藤湖南撰〈清朝姓氏考〉一文指出三仙女的故事是高麗以來的傳說，加上明初建州三衞爭亂的事實而構成的，但其事實已經完全神化了。稻葉君山撰〈滿洲開國傳說的歷史考察〉一文指出「布庫里雍順」此名稱的一半即「布庫里」是根據建州左衞的始祖猛哥帖木兒的父親「揮厚」，其下一半即「雍順」則是根據建州右衞的始祖凡察的父親「容紹」，將這兩個名字結合起來而成爲滿洲始祖布庫里雍順的名稱。三田村泰助撰〈清朝的開國傳說及其世系〉一文指出在《金史》中的金始祖函普的弟弟名叫保活里，住在耶懶，與清朝先世發祥傳說的人物，頗爲脗合。雍順旣作英雄稱號解釋，就可將「英雄保活里」用滿洲語法倒置而稱爲「布庫里雍順」，再附以清太祖的性格，就成爲滿洲始祖布庫里雍順了。以

ᠪᠠᠶᠢᠰᠠ ᠮᠠᠨᠵᡠ ᠪᡳᡨᡥᡝ

上各家異說，因缺乏證據，所以只能說是一種臆測。由於滿洲開
國神話的荒誕不經，也有學者認爲《清太祖武皇帝實錄》「第一
卷中敘述滿洲源流的神話，應該是杜撰的或無疑問。」學者們認
爲滿洲開國神話是滿族的隱諱他們先人的微寒家世而入主中原後
僞造出來的故事，以增加祖先光彩的。不過近年以來，由於新史
料的發現，輔助學科知識的應用，滿洲開國神話有了新的解釋。
其中天聰九年分（1635）《滿文原檔》就是最重要的發現之一。
是年五月初六日有一段記事，譯出漢文如下：

> 初六日，出征黑龍江方向虎爾哈部諸臣，以其所招降官員
> 良民朝見汗之禮，宰羊一百零八隻，牛十二頭，設宴。時
> 汗御大殿，坐九龍金椅。出征諸臣叩見，汗念諸臣出師勞
> 苦，命爲首二臣霸奇蘭、薩穆什喀行抱見禮。霸奇蘭、薩
> 穆什喀遵汗旨，出班至汗前跪拜，行抱見禮，汗亦迎抱。
> 朝見畢，朝見大貝勒，其禮如朝見汗，次與和碩德格類貝
> 勒、阿濟格台吉、和碩額爾克楚虎爾貝勒抱見。出征諸臣
> 皆叩見畢，次招降二千人叩見，次索倫部朝貢貂皮巴爾達
> 齊等有品級大臣朝見，朝見畢，命新附兵士俱射箭。設大
> 宴時，汗呼霸奇蘭、薩穆什喀二大臣，汗親以金盃酌酒賜
> 飲，次賜每固山出征委任額眞大臣各一盃，次賜以下眾大
> 臣及新附爲首諸臣，宴畢，汗回宮。此次出兵招降人中名
> 穆克什克者告稱：「我父祖世代生活於布庫里山下布爾瑚
> 里湖，我處無書籍檔子，古來傳說，此布爾瑚里湖有三位
> 天女，恩古倫、正古倫、佛庫倫來沐浴。神鵲銜來朱果，
> 季女佛庫倫得之，含於口，入喉中，遂有身孕，生布庫里
> 雍順，其同族即滿洲國。此布爾瑚里湖周圍百里，距黑龍
> 江一百二、三十里。我生二子，後由此布爾瑚里湖邊至黑

龍江納爾渾地方居住。

　　穆克什克所述滿洲先世發祥傳說，與《清太祖武皇帝實錄》等官書所載情節相符，《滿文原檔》天聰九年（1635）五月初六日記事，不可能是僞造的，可見實錄中所述滿洲開國神話也不是杜撰的。松村潤撰〈滿洲始祖傳說研究〉一文已指出虎爾哈部位於黑龍江城東南邊大約一百里的地方，就是在黑龍江北岸地區，即所謂江東六十四屯的一帶地方。因此，穆克什克所述布庫里雍順發祥地布庫里山及布爾瑚里湖應該就在這裡。李治亭撰〈關於三仙女傳說的歷史考察〉一文亦指出穆克什克所講的神話，是黑龍江的古來傳說，這表明神話最早起源於黑龍江流域，黑龍江兩岸才是女眞人的發源地，神話產生於此。清太宗把原在黑龍江地區女眞人中流傳的神話，作爲發源於長白山一帶的眞實歷史，那是隨著他的祖先由北而南逐漸遷徙的結果。

　　鳥類祖先或鳥圖騰崇拜的神話，是東北亞文化圈的共同信仰之一。《清太祖武皇帝實錄》記載「滿洲後世子孫俱以鵲爲祖，故不加害。」《史記・殷本紀》也有類似的記載，「殷契，母曰簡狄，有娀氏之女，爲帝嚳次妃，三人行浴，見玄鳥墮其卵，簡狄取吞之，因孕生契。」佛庫倫吞朱果，簡狄吞玄鳥卵，都是圖騰感孕的故事。傅斯年等編《東北史綱》引《清太祖武皇帝實錄》〈滿洲源流〉一節後指出「可知此一傳說在東北各部族中之普遍與綿長，此即東北人之『人降』一神話。持此神話，可見東北各部族之同源異流。」滿洲開國神話，由長白山和黑龍江虎爾哈部相傳下來。在女眞族社會裡，長久以來，即以長白山爲聖地，但以長白山爲滿洲祖宗發祥地的說法，是晚出的，對照《滿文原檔》穆克什克的敘述後，毋寧說是清聖祖調查長白山後才確定了清朝先世發祥於聖地長白山的位置。總之，《滿文原檔》的

發現，對研究滿洲開國神話，確實提供了重要的新史料。

　　關於努爾哈齊建立國號及皇太極改國號的問題，史學界的看
法，莫衷一是。在崇德元年（1636）皇太極即皇帝位，建國號大
清以前，天命、天聰兩朝的國號爲「金」（aisin），這是可以確
信無疑的。據統計，在《舊滿洲檔》中所見將「金」或「金國」
作爲國號使用的近九十處，其中有四十七處是用於明朝皇帝、大
臣、太監、官生、軍民人等及朝鮮、邊疆的文書，還有兩處是用
於盟誓的，凡屬這些地方，當然都是應該使用正式國號的處所。
努爾哈齊所以建立國號爲「金」，是因爲他把自己看作爲中國歷
史上女眞人所建立的金朝的後繼者，金朝是在女眞人歷史中最爲
輝煌的一頁，使用「金」作爲國號，有繼承金國事業，團結各部
女眞族的政治意義。努爾哈齊以「金」爲國號，爲時甚早，萬曆
四十一年（1613），已稱金國。《朝鮮王朝實錄》光海君六年
（1614）記載：「今者國號僭稱金。」可見至遲朝鮮在萬曆四十

二年（1614）已經知道努爾哈齊國號為「金」了。在金國中有三種不同種族的國人（gurun），即女真、蒙古、漢，葉赫滅亡以後，努爾哈齊不再使用女真國的稱呼，因為這時候的國，已經不是女真一族的國了，而是三種不同種族的國人組成的國，所以只有「金國」才是包含女真、蒙古、漢三種不同種族的國了。

　　清初纂修清太祖、太宗兩朝實錄，主要取材於《滿文原檔》的記載，但因實錄的纂修，受到體例或篇幅的限制，原檔記載，多經刪略。例如《滿文原檔》天聰九年（1635）八月二十六日有一段記事，詳載獲得傳國玉璽經過甚詳，譯出漢文如下：

> 是日，出兵和碩墨爾根戴青貝勒、岳托貝勒、薩哈廉貝勒、和碩豪格貝勒往征察哈爾，齎來所獲玉璽，原係從前歷代帝王使用相傳下來之寶，為蒙古大元國所得，至順帝時，漢人大明國太祖洪武皇帝奪取政權，棄大都，攜玉璽逃走沙漠，順帝崩於應昌府後，其玉璽遂失。二百餘年後，口外蒙古有一人於山崗下牧放牲口時，見一山羊，三日不食草而掘地，其人於山羊掘地之處挖得玉璽。其後玉璽亦歸於蒙古大元國後裔博碩克圖汗，後被同為大元國後裔察哈爾國林丹汗所侵，國破，得其玉璽。墨爾根戴青、岳托、薩哈廉、豪格四貝勒聞此玉璽在察哈爾汗之妻淑泰太后福金處，索之，遂從淑泰太后處取來。視其文，乃漢篆「制誥之寶」四字，紐用雙龍盤繞，果係至寶，喜甚曰：「吾汗有福，故天賜此寶」，遂收藏之。

　　《清太宗文皇帝實錄》定本不載玉璽失傳及發現經過，《清入關前內國史院滿文檔案》有關獲得玉璽一節，原檔殘缺。引文中山羊「三日不食草而掘地」，《清太宗文皇帝實錄》初纂本作「三日不食，每以蹄踏地」。《滿文原檔》記載「制誥之寶」失

傳及發現經過甚詳，可補官書的不足。

　　乾隆年間重抄滿文原檔時，不僅有刪略，而且也有修改，崇德五宮后妃本名的被刪改，就是典型的一個例子。滿蒙通婚是滿洲與蒙古諸部同化融合的過程，努爾哈齊、皇太極時期的大規模聯姻活動，成爲滿洲入關後遵行不替的基本國策。由於滿蒙的長期聯姻，不僅使滿蒙成爲軍事聯盟，而且也成爲政治、經濟的聯盟，滿蒙遂成爲休戚與共的民族生命共同體。在滿蒙聯姻的過程中，崇德五宮后妃的冊立，《滿文原檔》和《滿文老檔》都有很詳盡的記載，可列簡表於下：

崇德五宮后妃簡表

娶入年分	宮名	位號	部部	名字	
				滿文原檔	滿文老檔
萬曆42年（1614）	清寧宮	中宮皇后	科爾沁	哲哲（jeje）	博爾濟吉特氏（borjigit hala）
天命10年（1625）	永福宮	次西宮莊妃	科爾沁	布木布泰（bumbutai）	博爾濟吉特氏（borjigit hala）
天聰8年（1634）	關雎宮	東宮宸妃	科爾沁	海蘭珠（hairanju）	博爾濟吉特氏（borjigit hala）
天聰8年（1634）	衍慶宮	次東宮淑妃	阿霸垓	巴特瑪・璪（batma dzoo）	
天聰9年（1635）	麟趾宮	西宮貴妃	阿霸垓	娜木鐘（namjung）	博爾濟吉特氏（borjigit hala）

資料來源：《清太宗文皇帝實錄》、《滿文原檔》、《滿文老檔》。

　　明神宗萬曆四十二年（1614）六月初十日，蒙古科爾沁部扎爾固齊貝勒莽古思送其女哲哲（jeje）給皇太極爲妻。哲哲芳齡十五歲，皇太極親迎至輝發部扈爾奇山城，大宴成婚。天命十年（1625）二月，科爾沁部貝勒寨桑之子吳克善台吉親送其二妹布

木布泰（bumbutai）給皇太極爲妻。布木布泰芳齡十三歲，皇太極親迎至瀋陽北岡。布木布泰將至，努爾哈齊率領諸福金、貝勒等出迎十里，進入瀋陽城後，爲皇太極和布木布泰舉行了隆重的婚禮。天命十年（1625）三月，努爾哈齊遷都瀋陽，後改稱盛京。天命十一年（126）八月，努爾哈齊崩殂，皇太極嗣統，改明年爲天聰元年（1627），哲哲就是中宮福金，布木布泰就是西宮福金。天聰六年（1632）二月初九日，皇太極以東宮未備，聞蒙古扎魯特部戴青貝勒女賢慧，遣使往聘，立爲東宮福金。莽古思之子貝勒寨桑是中宮福金哲哲的兄弟，西宮福金布木布泰是貝勒寨桑的女兒。因此，布木布泰就是哲哲的親姪女，其母即寨桑次妃。天聰七年（1633），寨桑次妃等人到盛京皇宮朝見，備受皇太極的盛情款待。皇太極久聞寨桑次妃長女即布木布泰大姊海蘭珠（hairanju）溫文爾雅，端莊秀美，決定納爲妃。天聰八年（1634）十月十六日，吳克善送其妹海蘭珠至盛京，海蘭珠芳齡二十六歲，皇太極與福金等迎接入城，設大宴，納爲妃。海蘭珠、布木布泰都是吳克善的親妹妹，哲哲與姪女海蘭珠、布木布泰姑姪女三人都嫁給了皇太極。

天聰八年（1634）閏八月二十八日，察哈爾林丹汗之妻竇土門福金巴特瑪·璪（batma dzoo）帶領部衆歸順滿洲，皇太極率衆貝勒台吉出營前升坐黃幄，巴特瑪·璪至黃幄前拜見皇太極，大貝勒代善力勸皇太極納爲妃。天聰九年（1635）五月間，貝勒多爾袞等統率大軍出征察哈爾，至西喇朱爾格地方，林丹汗妻娜木鐘（namjung）率部衆歸附滿洲。同年七月二十日，娜木鐘至盛京，皇太極即納爲妃。天聰十年（1636）四月，制定盛京五宮的宮殿名稱，中宮賜名清寧宮，東宮稱關雎宮，西宮稱麟趾宮，次東宮稱衍慶宮，次西宮稱永福宮。崇德元年（1636）七月初十

日，皇太極在盛京崇政殿舉行冊立后妃大典。臺北故宮博物院珍藏滿文原檔，其中原編《日子檔》，以高麗箋紙，用新滿文書寫。原檔中詳細記錄了冊封五宮后妃的經過，同時書明后妃們的名字。根據原檔的記錄，科爾沁部貝勒莽古思之女哲哲（jeje）被封爲清寧宮中宮國君福金，即中宮皇后，這是清代史上以正式大典冊立的第一位皇后，卒後諡號孝端文皇后。科爾沁部貝勒寨桑長女海蘭珠（hairanju）被冊封爲東宮關雎宮大福金宸妃。海蘭珠婚後，與皇太極的關係，十分和諧，皇太極將宸妃所居住的東宮命名爲關雎宮，取《詩經》「關關雎鳩，在河之洲」之義。東宮宸妃位居各妃之首，其地位僅次於中宮皇后，卒後諡號敏惠恭和元妃。海蘭珠的妹妹布木布泰（bumbutai）被冊封爲西宮永福宮側福金莊妃，她就是清代史上赫赫有名的孝莊皇后。察哈爾林丹汗妻娜木鐘（namjung），因其地位尊崇，被冊封爲西宮麟趾宮大福金貴妃。林丹汗另一妻巴特瑪‧璪（batma dzoo）被冊封爲東宮衍慶宮側福金淑妃。乾隆年間重抄滿文原檔時，將中宮皇后、宸妃、莊妃、淑妃的芳名，俱改書「博爾濟吉特氏」（borjigit hala），其本名遂被湮沒不傳。探討清初后妃制度，滿文原檔確實有它一定的參考價值。

　　《清代全史》重視新出滿文檔案的利用，除《滿文老檔》外，還充分利用國立故宮博物院版的《舊滿洲檔》，對明代女眞的社會組織進行了頗爲深入的分析。女眞是滿族在他們稱滿洲以前的族稱，後來因族稱而成的國稱，即女眞國。女眞用作國稱時，也是用來表示族屬。原書指出，女眞的社會組織，是同一個男姓祖先的子孫，稱之爲同一哈拉（hala），漢譯爲「姓」。一個哈拉是一個血緣的氏族群體，聚居一處。哈拉後來分裂爲若干個子哈拉，分居在不同的地方，稱之爲穆昆（mukūn）。哈拉是

同姓同地聚居的禁婚集團；穆昆是原始氏族組織哈拉分解而形成
的氏族組織，由於哈拉的人口繁衍，同地聚居，聯姻困難，而分
解遷徙，分離出去的宗族，再發展成為新的氏族組織，相對原來
的哈拉而言，是子氏族。這個由某哈拉遷徙到某地的穆昆，其全
稱為穆昆哈拉，明代女真人和清代滿族的氏族一詞，就是穆昆哈
拉。乾隆九年（1744）刊印的《八旗滿洲氏族通譜》御製序文中
引《左氏內外傳》「天子建德，因生賜姓，胙土命氏」等語，句
中「因生賜姓、胙土命氏」，滿文讀如「banjin be dahame hala
buhe, ba be salibufi mukūn obuha.」意即「哈拉得之於生，穆昆是
來自占踞的地方」。準確地說明了穆昆和哈拉的關係。

　　穆昆的下面有塔坦（tatan），這是女真人為採集狩獵結成的
社會生產組織，又是財富分配的單位。三、四人為一個塔坦，每
個塔坦都有頭人，叫做塔坦達（tatan i da），意即夥長。他管理
到野外生產的食宿事務。若干個塔坦，少則三、四個，多則八、
九個，組成一個統一行動的採集、漁獵、狩獵的集體，指定方
位，分工合作，這個組織，就是牛彔（niru），其頭人就是牛彔
額真（nirui ejen）。八旗，滿語應讀如（jakūn gūsai niru），漢
字意譯作「八固山牛彔」。萬曆四十四年（1616），努爾哈齊即
位為金國汗前夕，將其所屬的國人，全都編入固山牛彔，確立固
山牛彔制度。固山牛彔制度的形成和確立，是在女真氏族制度穆
昆塔坦組織的膨脹及其職能的衰退過程中逐漸形成和確立的。自
從萬曆十一年（1583）努爾哈齊起兵，開始統一女真的戰爭起，
女真社會的氏族制度便受到劇烈衝擊，一方面是努爾哈齊的穆昆
組織迅速地膨脹，其他各部的穆昆組織，由於被征服而遭到破
壞，淪為被收養的地位；另方面努爾哈齊的穆昆由於迅速膨脹而
不得不分裂為若干個穆昆，並且在膨脹和分裂的選程中蛻變，逐

漸地喪失了穆昆組織的主要職能，固山牛彔組織便突破了穆昆組織對它的限囿，最後取代了穆昆組織的主要職能，而成爲女眞人的社會組織。由於防禦和搶掠的經常化，促使原本以狩獵生產爲主要職能的牛彔塔坦成爲穆昆的軍事組織，隨著統一女眞各部的戰爭的進行，努爾哈齊就不斷地編設牛彔，率部來歸的，編設牛彔後能夠專主，子孫可以承襲的，後來謂之世管佐領；凡是族長穆昆達率領兄弟族人編設的牛彔，族長即爲牛彔額眞，這種牛彔，後來稱爲族中承管佐領。隨著征服戰爭的不斷擴大，牛彔編設的增多，適應多兵力大規模作戰統一指揮的需要，將若干個牛彔組成一個軍事單位，設一首領統率，以旗爲標幟，按旗色行軍戰鬥，這樣便在牛彔的上層組建了固山（gūsa），漢譯爲旗分，固山就是女眞人軍事編制的最大單位。開始時，由努爾哈齊一個人指揮各牛彔作戰，沒有固山組織，後來出於戰爭包抄的需要，分成兩路，各以不同旗色導引，逐漸固定化，形成二固山。隨著牛彔的再增加，戰爭要求四面包抄，又分爲四固山。牛彔本來是女眞氏族社會中狩獵生產組織，由於戰爭的需要，逐漸地成爲固定化的軍事組織。隨著努爾哈齊征服戰爭的不斷擴大，牛彔增多，軍事的戰鬥單位需要不斷的擴大，才出現統率若干牛彔的最大的軍事組織即固山。又隨著征服的女眞各部越多，編設的牛彔越多，於是就在固山和牛彔之間編設了五牛彔即甲喇（jalan）這一中間環節的軍事組織，置五牛彔額眞，即甲喇額眞統轄。

　　固山牛彔組織是從氏族狩獵生產組織的基礎上發展而形成的軍事組織。由於戰爭的經常化，氏族成員中的男丁成爲軍卒，氏族的一切活動都服從征服戰爭的需要來編組和安排，而男丁又是父權制家庭的家長。因此，由牛彔組成的固山，就是屬於原來的穆昆達努爾哈齊、舒爾哈齊等人所領有。在天命一朝領旗貝勒的

變化，大致說，一六〇七年以後，努爾哈齊是八固山的汗，又是正黃、鑲黃兩黃旗的領旗貝勒，長子褚英領正白、鑲白兩白旗，次子代善領正紅、鑲紅兩紅旗，弟弟舒爾哈齊領正藍、鑲藍兩藍旗。天命元年（1616），努爾哈齊仍總領正黃、鑲黃兩黃旗，代善仍領正紅、鑲紅兩紅旗，皇太極領正白旗，褚英長子杜度領鑲白旗，三貝勒莽古爾泰領正藍旗，舒爾哈齊次子阿敏領鑲藍旗。天命十一年（1626），努爾哈齊崩殂以前繼續領正黃、鑲黃兩黃旗，代善領正紅旗，代善長子岳託領鑲紅旗，皇太極領正白旗，杜度領鑲白旗，莽古爾泰領正藍旗，阿敏領鑲藍旗。領旗的和碩貝勒就是掌旗的旗主，或稱旗王。領旗貝勒由努爾哈齊的家族擔任，領旗貝勒掌管一旗的軍、政、財、刑、生產、婚娶等等。領旗貝勒以外的努爾哈齊子姪，按其族支分別在各旗成為不掌旗的貝勒、台吉。就是這樣，氏族的狩獵、軍事組織的固山牛彔，逐漸地自然而然地取代了穆昆塔坦制度，成為女眞人的行政組織。行政組織凌駕於社會之上，統治著各固山的平民，而這些平民即氏族成員便成為貝勒的隸民諸申（jušen），所以固山牛彔制度又成為女眞社會的國家機構。固山牛彔組織的結構，便是這個國家的國體，固山牛彔組織就是這個國家的政權，努爾哈齊本人自然而然地由氏族軍事酋長變成了女眞的汗。清史學者討論八旗制度的創立，多依據《清太祖武皇帝實錄》等官書記載，以牛彔額眞的設立，作為八旗制度的起源，《清代全史》利用新出《舊滿洲檔》等資料，對穆昆塔坦的氏族社會生產組織，進行分析，並說明固山牛彔組織從氏族狩獵生產組織發展成為軍事、行政組織的過程，固山牛彔組織的結構，就是清朝的國體，概念清晰，符合歷史事實，對早期八旗制度的研究，獲得更豐碩的成果。

[満洲文字の本文]

崇德元年（一六三六）七月《滿文原檔》

三、硃批奏摺的起源及其性質

　　清初本章制度，沿襲明朝舊制，公題私奏，相輔而行。例行公事，舉凡一切錢糧、刑名、兵馬及地方民務所關公事，概用題本，鈐印具題；臣工本身私事，俱用奏本，不准用印。直省臣工題奏本章，均須投送通政使司轉遞，本章若有違式，或逾限者，通政使司即行題參，交部議處。奏摺就是由奏本因革損益派生出來屬於體制之外的一種新文書，其起源時間，最早只能追溯到康熙朝前期。北京中國第一歷史檔案館保存的康熙二十八年（1689）二月二十七日大學士伊桑阿《奏謝溫諭賜問平安摺》，應該是目前所知較早的一件硃批奏摺，康熙朝《起居注冊》內關於奏摺始行的時間，還有更早的記載，說明在康熙二十年（1681）前後已有奏摺文書的記載。

　　奏摺的名稱，並不是因其文書形式的摺疊而得名，題本、奏本、咨呈、揭帖、啓本等文書俱摺疊成本。奏摺的「摺」其原來意思是指清單，習稱摺子，例如引見摺子，即引見姓名清單。此外，還有晴雨摺子、馬匹摺子、糧價摺子，都是清單。所謂奏摺，當爲奏本與摺子的結合名詞，奏摺意即進呈的摺子。康熙年間採行奏摺之初，臣工奏事，多使用摺子，但其含義已不限於清單。在康熙年間的文獻裡，摺或摺子字樣，到處可見。例如康熙二十年（1681）十月初二日，《起居注冊》記載是日早康熙皇帝御乾清門聽政，大學士、學士等會同戶部並倉場爲漕運具摺請旨，康熙皇帝諭閣臣說：「此摺著戶部領去具本來奏。」康熙二十三年（1684）八月二十九日，《起居注冊》記載是日辰刻，康熙皇帝御門聽政，吏部題補戶部侍郎李仙根等，並所察貴州巡撫楊雍建降級摺子。因楊雍建有效力之處，奉旨將所降五級復還。

廷臣所議降級摺子，並非清單。由此可知，在康熙朝前期，奏摺的使用，已經十分普遍。

康熙皇帝為欲周知施政得失，地方利弊，以及民情風俗等等，於是在傳統題奏本章外，另外使用屬於皇帝自己的通訊系統，而命京外文武大臣繕寫摺子具奏，一方面沿襲奏本的形式，卻簡化其格式；一方面沿襲密行封進的舊例，逕達御前。康熙皇帝認為自古帝王統馭天下，首在君臣一心，無有異意，故凡事無不就理。倘上下睽隔不信，各懷其心，則凡事無不滋弊。他日夜為國家宵旰勤勞，是分內常事，但此外不聞不見之事甚多，故令各省將軍、總督、巡撫、提督、總兵官俱因請安摺子，附陳密摺。如此，本省之事不能欺隱，即鄰封之事，亦無或不知。其後又命領侍衛大臣、大學士、都統、尚書、副都統、侍郎、副都御史、學士等官，亦與諸省大臣一體於請安摺子各將應奏之事，一併陳奏。康熙皇帝為廣耳目，通上下之情，所以採行密奏制度。他曾經對大學士王掞等人說：「大臣乃朕之股肱耳目，應將所聞所見即行奏聞。爾等皆有密奏之任，若不可明言，應當密奏。天下大矣，朕一人聞見，豈能周知？若不密奏，何由洞悉？」

奏本與題本的主要區別是在於事件內容的公私問題，奏本限於臣工本身私事時使用，但奏摺與奏本不同，奏摺內容，無論公私，凡涉及機密事件，或多所顧忌，或有改弦更張之請，或有不便顯言之處，或慮獲風聞不實之咎等等，都在奏摺之列。雍正皇帝即位後，遵守成憲，尤以求言為急，除在京滿漢大臣，外省督撫提鎮仍令奏摺外，又令各科道耳目言官，每日一人上一密摺，輪流具奏，一摺祇言一事，無論大小時務，皆許據實敷陳。雍正皇帝曾諭令大學士薦舉人材，內而大臣，以及閒曹，外而督撫，以及州縣，或品行端方，或操守清廉，或才具敏練者，各據真知

灼見，內舉不避親，外舉不避讎，從公具摺密奏。具摺時，或滿字、或漢字，各須親寫，不可假手於子弟，詞但達意，不在文理字畫之工拙。其有不能書寫者，即行面奏。至於政事中有應行應革，以及用人行政，有無闕失，俱令各行密奏，直言無隱。乾隆皇帝御極之初，即諭令內外臣工具摺密奏，節錄一段諭旨如下：

> 朕自繼序以來，勤修治理，廣開言路，俾大小臣工，皆得密封摺奏，蓋深慮民隱或壅，庶事失理，故公聽並觀，以求濟於實用。諸臣必宅心虛公，見理明徹，慮事周詳，各抒忠悃，實有切於國政民依官方吏弊，然後可以佐朕不逮，故凡言有裨益，立見施行。

廣開言路，公聽並觀，是勤求治理的基本要求。康熙年間以來的奏摺制度，在性質上是屬於密奏制度，可以自行封進，但它不在形式上是否書明「密摺」字樣，或在內容上以重大機密事件為限。其所以稱為密奏者，在表面上固因奏摺是由特定人員直接上給皇帝本人的一種秘密書面報告，而不是屬於內閣公開處理的文書，其實也是由於奏摺只是皇帝和臣工私下秘密通訊的信函，而非外朝政府正式的公文。題本是督撫等以衙門首長的名義，於處理例行公事時呈遞皇帝的公文，而奏摺則為督撫等在公務之餘，另以私人身分為內朝效力的書面報告，奏摺雖奉硃批，但硃批奏摺仍未取得國家法理上的地位，所以不可據為定案。臣工奏摺奉到批諭後，若欲付諸施行，自當露章具題，經過內閣部院議奏奉旨允准後始能生效，兵馬、刑名、錢穀等事宜，都不是暗事，密奏不能了結，俱應使用題本。康熙皇帝、雍正皇帝屢諭臣工應題者使用題本具題，不可因已經摺奏而不具題，倘若概用奏摺，以密奏了結，日後恐無憑查核。地方公事，其應咨部者，亦須報部存案，奏摺可與本章相輔相成，但盛清諸帝尚無意以奏摺

取代傳統本章，應使用題本事件，倘若概用密奏，則必失去探行奏摺制度的本意。雍正皇帝日理萬幾，日則召見臣工，夜則燈下批摺，每至二鼓，有時還墮淚披覽，這不僅是以示勤政，或不令洩露機密，其實主要是因爲奏摺是體制外屬於皇帝自己的私事，故於公務之餘，多在夜間燈下閱摺批諭。

臣工密奏，不便宣播於衆，爲求保密，具摺時必須親手書寫，字畫要粗大，不必按奏本用細字體書寫。奏摺逕至官門呈遞，不經通政使司轉呈，必須密達御前。皇帝親自啓封披覽，亦親手批諭，臣工奏摺奉硃批，或批於尾幅，或批於簡端，或批於字裡行間，一字不假手於人。康熙皇帝曾因右手病痛，不能寫字，而改用左手執筆批諭。乾隆皇帝也認爲「大小臣工有陳奏事件，既不見之明本，而用密摺，便當加意謹愼，不令一人知之，方合謀猷入告之義。」密奏制度是皇帝和相關文武大臣之間所建立的單線書面聯繫，皇帝和京外臣工直接秘密溝通，所以加意謹愼，不允許他人知道。

臣工奏摺進呈御覽，皇帝多以硃筆批示諭旨，稱爲硃批諭旨，簡稱硃批。至於各級上司在文稟上的批示，則不可妄稱硃批。大學士鄂爾泰、張廷玉曾奉諭旨云：

> 聞得各省武弁中，有於該管上司前文稟應對，用天恩、天喜、天顏、聖明、謝恩等類字樣者，且於上司批示，稱爲接奉硃批者，此等謬妄處，皆由該弁不暗文義，信口稱呼，無人指教，而文稟之中，則憑幕客胥吏書寫，而該弁目不識丁，以致草野無禮，至於如此，凡該管上司皆有教導屬員之責，此等處即應隨時教導，俾各知禮節。豈有身爲職官，而如此糊塗，其該管大員，亦遞聽其僭妄錯謬，而不一加開示之理，此督撫提鎮之責也。爾等可寄信與直

省督撫提鎮等知之。

　　文武員弁於各管上司批示，謬稱接奉硃批，固然是不暗文義，但身為職官，竟僭妄無禮至於如此，確實錯謬糊塗。

　　臣工奏摺末幅尾批，或字裡行間的夾批，多奉有硃筆御批，字數長短不一，常見的硃批詞彙，也因人而異。康熙朝《宮中檔》硃批奏摺較常見的硃批詞彙，例如：是、覽、朕安、依議、具題、密之、知道了、著速具題、已有旨了、另有旨意、深慰朕懷、明白了、無庸再議、這說的是。甚至也有不雅的「三字經」，例如：不知好歹、難改狗性等。大致而言，多屬語體白話文，淺顯易解。雍正朝《宮中檔》不錄奏摺的硃批，常見：笑話、獃迂、厚顏、無恥、胡說、愚頑、頑蠢、糊塗、狗彘、惡種、孽障、瘋癲、瘋症、混帳、濫小人、輕薄小人、可笑之極、豈有此理、瑣屑卑鄙、下愚不移、庸愚下流、褔淺小器、草率孟浪、不是東西、禽獸木石、朽木糞土、滿臉混帳氣等不雅詞彙。

　　國家庶政，可行或不可行，宜行或不宜行，應從不同角度考量，皇帝批示臣工文書，在疑似之間，尤須斟酌，奉御批「知道了」的文書，多屬於不宜付諸施行的事務。康熙朝《起居注冊》有一段記載：

　　阿蘭泰奏曰：臣等遵旨將監察御史荊元實條奏虧空庫銀，令地方官按職分賠問九卿。九卿云：臣等聞荊元實條奏虧空錢糧，令地方官分賠，以為如此則自後錢糧不致虧空矣，今皇上念及令地方官分賠，必致派累小民，天語甚善，此事斷不宜行。上曰：既如此，著批：「知道了」。

　　監察御史荊元實條奏彌補直省虧空錢糧的方法是令地方官分賠，康熙皇帝恐派累小民，令大學士阿蘭泰詢問九卿的意見。九卿也認為御史荊元實條奏斷不宜行，既然如此，就批「知道

了」。不必行者，亦批「知道了」。清朝制度，皇太后都有加尊
徽號的定例。大學士伊桑阿等詣暢春園爲加尊皇太后徽號事具摺
子交存住轉奏，奉旨：著奏皇太后。伊桑阿等詣瀹泊爲德宮啓奏
皇太后，奉皇太后懿旨：「卿等所奏知道了，皇帝旣不受尊號，
這加徽號著不必行。」

康熙皇帝在位期間，以廣開言路爲要務，他認爲「科道等官
各有所見，即據實直陳，不得隱諱，所奏果是，朕即施行，如或
不是，亦不議罪。」康熙三十六年（1697）二月初四日辰刻，康
熙皇帝御乾清門聽政，部院各衙門官員面奏政事後，大學士伊桑
阿等遵旨將起復原任科道蘇俊等五員職名開列啓奏。《起居注
册》記載一段君臣對話，節錄一段如下：

> 上曰：蘇俊口吃，不必來京，其餘俱著起用。上又顧諸大
> 臣曰：科道職司耳目，年來並無一人陳奏，故朕將現任言
> 官嚴飭，又將伊等起復，此後言路必大開矣。阿蘭泰奏
> 曰：皇上求言如此殷切，居言職者寧有不言之理。上曰：
> 此後條奏內如果可行，即批：准行；如不可行，俱批：
> 「知道了」。若概行交部議覆，必多更張成例之弊，況朕
> 令其陳言，原欲聞軍國要務，如但浮詞細故，塞責陳奏，
> 殊非朕求言本意。阿蘭泰奏曰：皇上聖明，歷來舊例，屢
> 行更張，亦非盛朝美事，如事事交與部議，以後紛更陳例
> 之事必多。

科道言官對軍國要務，固然應當據實直陳，不得隱諱。密奏
制度採行後，爲廣耳目，大開言路，各省將軍、總督、巡撫、提
督、總兵官等俱應將所見所聞，無論本省或鄰封之事，據實密
奏，毫無欺隱，以副皇帝求言本意。前引科道條奏批示，如不可
行，俱批「知道了」，有助於理解清代本章、奏摺等文書多批示

「知道了」的原因，「知道了」所反映的事實，不僅限於各種文書的性質問題，同時也是清朝君臣辦理國家庶政的產物，對考察施政得失提供了一定的參考價值。

江西巡撫　奴才郎廷極謹

奏為謹陳江西兵糧仰祈

睿鑒事　奴才於本年二月二十八日遵

旨親寫摺子具

｜｜｜｜｜｜·

子陳

　　奏伏乞

睿鑒　奴才無任瞻仰悚惶之至

知道了做官之道無他只以實心實政不多生事

官民愛之如母即是好官

康熙四十九年四月二十日具

勅部施行為此謹具奏摺以

聞

知道了

自馬字起至其字止共計肆百柒拾壹字紙壹張

右謹奏

聞

康熙肆拾柒年正月　貳拾貳日　提督廣西等處地方總兵官都督僉事紀錄捌次隨徵拾叁加五級臣潘育龍

四、薩滿信仰的文化特質

薩滿，滿洲語讀如「Saman」，是阿爾泰語系通古斯語族稱呼跳神巫人的音譯。在通古斯族的語言中，薩滿一詞是指能夠通靈的男女，他們在跳神作法的儀式中，受到自我暗示或刺激後，即產生習慣性的人格解離，薩滿人格自我眞空，將神靈引進自己的軀體，使神靈附體，而產生一種超自然的力量，於是具有一套和神靈溝通的法術。崇奉薩滿信仰的民族認爲人生的禍福，宇宙的各種現象，都有神靈在冥冥之中主宰著，人們與神靈之間，必須設法溝通。通過占卜，祭祀、祈禱等手段，可以預知、撫慰，乃至征服自然界中的某種神秘力量。薩滿就是在相信泛靈論的環境中，與神靈溝通的靈媒，是連繫人的世界與神靈世界的橋樑，阿爾泰語系各民族中，具有超自然能力的這些人就是薩滿。

薩滿信仰是屬於歷史的範疇，有其形成、發展的過程，以歷史文化觀點分析薩滿信仰的特點，是有意義的；將薩滿信仰的特點作爲確定薩滿信仰的發祥地點及其在不同地區的分佈，也是較爲客觀的。薩滿信仰盛行於東北亞、北亞以迄西北亞的草原地帶，以貝加爾湖附近及阿爾泰山一帶爲發祥地，表現最爲典型。我國北方阿爾泰語系通古斯、蒙古、突厥等語族，例如匈奴、鞑鞨、突厥、契丹、女眞、蒙古、滿洲、赫哲、達呼爾、錫伯、索倫、鄂倫春、維吾爾等族，都崇奉過薩滿信仰。薩滿信仰的盛行，就是東北亞或北亞文化圈的文化特質。

薩滿信仰有其普遍性，亦有其局限性。所謂美洲印第安人也有同樣的薩滿，中國漢族的巫覡信仰，也是薩滿信仰，回民的毛拉、保保的必磨，苗族、傜族的鬼師，都是薩滿的遺跡，亞洲南部、馬來群島亦有類似薩滿的存在云云，是有待商榷的。其實，

所謂毛拉、必磨、董薩、鬼師、乩童等等，雖然有相似之處，但
也各有其自身的民族特點及習慣稱謂，都不能歸入薩滿信仰系統
內，以東北亞或北亞文化圈的薩滿信仰一名去統稱世界各地的原
始信仰，確實不妥。閻崇年撰〈滿洲貴族與薩滿文化〉一文已指
出「古代人類地域文化差異大，交通不發達，相互溝通少，故其
宗教各具特色，各有稱謂。南亞的原始宗教，黑人對偶像的崇
拜，雅利安人的原始宗教等，雖都屬於原始宗教，但都不是薩滿
教。薩滿教固有其寬泛的國際性，亦有其局限的地域性。所以到
目前爲止，尙無充分材料證明在世界五大洲——非洲、歐洲、亞
洲、南美洲和北美洲，其廣闊空間所居住的各族，都存在共同的
薩滿教。因此，旣要探索薩滿教傳布廣泛的國際性，又要把握其
傳播局限的地域性。」

　　一般學者認爲「薩滿教產生於原始社會後期，是一種自發的
多神的宗教。」趙展撰〈論薩滿教與滿族祭祖的關係〉一文，一
方面不同意將滿族祭祖說成是薩滿教活動，一方面認爲原始社會
有宗教的說法是一種誤解，充其量只不過是一種信仰或者是崇拜
而已。因爲原始信仰旣無教規、教義，又無經典，這怎麼可說它
是宗教呢？薩滿信仰沒有成文的、有系統的經典教義，沒有教派
名稱，沒有寺廟建築，沒有規範化、統一的宗教儀式，沒有公認
的教主，沒有縱的師徒關係的宗教組織，缺乏宗教制度及組織形
式，並未具構成宗教本質的基本要素，一般學者將薩滿信仰稱爲
薩滿教，確實不妥。

　　薩滿信仰有一個共同的思想基礎，相信萬物有靈，是由原始
的巫覡信仰脫胎而來的多神的泛靈崇拜，以自然崇拜、圖騰崇
拜、祖先崇拜及英雄聖者崇拜爲主要內容，對於自然界的一切事
物，都相信有神靈主司，薩滿對於自然界的某種動植物及已故祖

先、英雄等神靈所以具備特別的力量，就是因爲薩滿與這些靈異事物具有圖騰或同宗的血緣親密關係。薩滿的神服及法器，並不是單純的裝飾，它也有象徵神格的功能，就是巫術法力的象徵。祭祀不同的神靈時，穿戴不同的神服，可以表現神和神之間的性格差異，薩滿在不同的巫儀祭祀中更換神服，就是表示祭祀各個不同神靈的特徵。神服上的銅鏡及其他佩飾，都具備聲、光、色等三種要素的咒術及其象徵的意義，能賦予薩滿奇異的神力。薩滿跳神作法，念誦咒語，吟唱神歌，它最重要的作用，就是使用神秘的語言來溝通或支配自然界的力量，使平常的事物產生一種超自然的能力，並得到各種神靈的保護和輔助，而使薩滿能夠抵抗惡魔，驅除鬼祟。就這方面而言，薩滿就是熟悉使用反抗巫術的巫師。薩滿巫術本爲企圖借助於超自然的神秘力量對人、事、物施加影響或予以控制的一種方式和手段，他們相信通過一定的方式和手段，可以達到自己的目的。

　　北亞草原族群的逐鬼驅祟活動，在不同的地區，不同的時代，其儀式彼此並不一致，各有特徵。有的舞鳥於室；有的飛鏡驅祟；有的殺豬狗禳解；有的與惡魔鬥法；有的以銅鏡驅走惡魔；有的把鬼怪趕到俑像內或者活的替罪祭羊身上，並用這種羊的胛骨占卜，以禳除轉嫁疾病；有的以紙草爲替身，將附在病人身上的惡魔趕到替身的身上，然後用火焚燒，嫁禍於替身，薩滿治病的方法，不一而足，特別是幫助那些受到靈魂困擾的病人。薩滿除治病外，也跳鹿神，爲村鄰消災祈福；或爲不孕婦女禱求子嗣；或充當年節家祭的祭司；或爲喪家除服；或占卜解夢，幫助人們消除疑惑以及因疑惑所引起的憂慮不安。薩滿驅祟治病是以整個文化傳統與信仰體系爲後盾，而且也能很清楚地向病人解釋爲什麼是你而不是他生這種病，對於牽涉精神心理方面的病

人，或慢性疾病的患者，無疑地產生了很大的作用，有助於人們調適自然以獲得生存的功效。但是在醫學上而言，薩滿的跳神治病，只能稱為「社會文化治療」（Socio-Cultural therapy），或者稱為「民俗精神醫療」（Etheno-psychiatry）。崇奉薩滿信仰的民族認為如果沒有薩滿的救助，要想治好病人、安葬死者、多獲獵物、家庭幸福等等，都是不可思議的。

　　薩滿信仰是一種特殊形式的巫術文化，鬼魂神靈觀念與巫術交織雜揉在一起，形成了一個詭異多變、光怪陸離的信仰世界。薩滿驅祟治病，占卜吉凶，送魂除殃等活動，都普遍運用巫術，除反抗巫術外，還有交感巫術、模擬巫術、配合巫術、昏迷巫術等等通神的方法，各種巫術在靈魂互滲的基礎上運用順勢和接觸的原理進行。所謂順勢巫術即根據同類相生的原則，通過模仿等手段來達到他的目的；接觸巫術是指通過被某人接觸過的物體，施加影響力，則某人亦將受到影響，薩滿跳神作法時，其巫術觀念、巫術原理，多貫穿於其中，巫術的因素，在北亞草原社會中的薩滿跳神活動中都有顯著的呈現。薩滿既然充分使用巫術，因此，薩滿信仰的觀念和活動，就是以巫術為主體和主流發展起來的複雜文化現象，既是行為狀態，又是信仰系統；既是社會現象，又是個人經驗。薩滿信仰含有原始宗教的成分，又包含大量非宗教的成分，使用「薩滿教」字樣，常使人產生誤解，使用「薩滿信仰」字樣，較符合實際。

　　昏迷巫術，習稱昏迷術，是薩滿跳神作法時的一種意識變化及精神現象。薩滿魂靈出竅後的過陰法術，就是一種昏迷術，也被稱為脫魂型。薩滿的靈魂可以脫離自己的身體，而翱翔於天空，或下降地界冥府，與天空、冥府的神靈或亡魂等超自然性存在直接溝通。脫魂就是薩滿施行昏迷術達到最高潮階段的主要動

作，也被稱爲飛魂。薩滿昏迷術中的脫魂或飛魂，就是薩滿信仰
最顯著的特點，若捨棄昏迷術，就無從探討薩滿信仰的特質。

　　一個法力高強神通廣大的薩滿多善於控制自己的思維結構，
熟悉自己進入神魂顛倒狀態的方法，以及保持和調整進行昏迷術
時所需要的特殊狀態，同時又須顧及到進行巫術的目的。在神魂
顛倒的精神狀態下，薩滿本人平日的人格暫時解離，或處於被抑
制的狀態中，而被薩滿所領神祇的神格所取代。薩滿相信肉體軀
殼，只是魂靈的載體，薩滿的昏迷術，就是能使自己的魂靈脫離
軀體達到脫魂境界，使薩滿的人格自我眞空，讓薩滿所領的神祇
進入自己的軀體內，所謂神靈附體，就是神靈進入眞空軀殼的特
殊現象，薩滿已無本色，各因附體的神格而肖之，例如老虎神來
附身時，薩滿就表現猙獰的形象；媽媽神來附身時，薩滿就發出
噢咻的聲音；姑娘神來附身時，薩滿就表現靦覥的姿態。薩滿的
舞姿，多彩多姿，時而如鷹擊長空，時而如猛虎撲食，時而輕歌
曼舞，時而豪放粗獷，最後達到高潮，精神進入高度緊張狀態，
聲嘶力竭，以至於昏迷。薩滿神靈附體後的狂舞，主要是模倣巫
術的充分發揮。薩滿在神魂顛倒的狀態下，彷彿回到了朦朧的原
始宇宙結構中，天地旣無分野，自然、神與人都合而爲一。原始
薩滿信仰保留了天穹觀念中天地相通及天人感應的思想痕跡，薩
滿信仰的靈魂觀念是屬於較爲複雜和抽象含義的觀念，靈魂不僅
能夠脫離實體而單獨存在，它能在各種事物中間轉來轉去，附著
於其他物體，對人及物施加各種影響，而且甚至認爲靈魂不死，
它以獨特方式，生活在另一個天地裡。薩滿相信宇宙三界的神靈
及亡魂不僅在空間方面上中下三界可以相通，而且在時間方面過
去、現在和未來三世也可以相通，天地互參、天人感應和人神合
一的思想，就是東北亞或北亞文化圈各民族古代薩滿信仰的核心

問題。

　　薩滿魂靈出竅後，他的魂靈不僅暫時脫離自己的軀殼，同時
也走出個人存在的範圍，開始漫遊自己熟悉的另一個世界。由此
可知薩滿的人格解離或魂靈出竅，並非薩滿個人的特殊經驗，其
思想基礎是某種宇宙理論，不能從人的觀點來認識薩滿信仰，而
應從他作爲思想基礎的本質的觀點來理解薩滿信仰，這種本質現
象就是普遍而複雜的神魂顛倒，薩滿的過陰追魂，附體還陽，就
是薩滿以魂靈出竅的意識變化與九天三界天穹觀，以及魂靈轉生
的思想，互相結合的概念。

　　薩滿所領的各種神祇附體後，可以同薩滿的魂靈互相會合，
由薩滿的魂靈帶領著一同漫遊天界或冥府。薩滿神魂顛倒的本質
現象，在不同的歷史時期，在不同的文化類型中，常常改變它的
內涵。原始薩滿信仰中亡魂所到的地方，與東北亞或北亞草原社
會的生態環境很相似，在下界生活，並非地獄，而是越深處越溫
暖，深處也有陽光，並無下界爲惡的觀念，亡魂所到的那個地
方，是和人間相類似的另一個世界，這種觀念的產生，似與北亞
或東北亞的先民長期穴居生活有關。薩滿信仰的天穹觀念，在形
成、發展過程中，由於受到外來宗教和文化的影響，而發生了很
大的變化。佛教、道教普及於東北亞或北亞草原社會後，薩滿信
仰也雜揉了輪迴、酆都城、十殿閻羅等觀念。亡魂所到的下界冥
府，是黑霧瀰漫的酆都城，亡魂還要接受嚴厲的審判和各種酷刑
的懲罰，薩滿過陰後漫遊的地府景象，與原始薩滿信仰的天穹觀
念，已經相去甚遠，草原族群的亡魂所到的下界，已不再是充滿
陽光，可以馳騁的另一個像人間獵場那樣美好的奇異世界，亡魂
的生前與死後，已具有濃厚因果報應的色彩，善惡分明。北方少
數民族長期與中原漢族文化大規模接觸以後，薩滿積極吸收了有

利於自己生存發展的佛、道思想，把它們納入自己的體系之中，使薩滿信仰的內容更加豐富，更具神秘性。由於佛、道思想的滲透，使薩滿信仰的內容及本質，產生了極大的變遷。

宗教信仰的保存及延續，需要以一系列因素為條件，這些因素包括與客觀因素作用有關的原因，以及與主觀因素作用有關的原因。社會發展中的客觀因素，不僅是自然的存在，不僅是物質的關係，而且還有其他許多社會關係，其原因可能與主觀因素在自發性的活動中發生作用有關。薩滿信仰雖然在歷史上不同時期曾經反映了人們對自然、社會及個人自身的認識，但由於薩滿信仰的內在因素及外在環境的變遷，從清初以來，就遭受官方取締。布里亞特人相傳薩滿的祖師哈拉貴爾堅曾得到神力，天神想考驗他，就將一個富翁的女兒魂靈捉去，那個女兒就生病了。哈拉貴爾堅騎在太鼓上登天入地去尋找魂靈，最後在神桌上的小瓶子裡找到了，天神不讓魂靈飛出去，把右手的手指頭伸入瓶口裡，哈拉貴爾堅變成一隻蜘蛛，刺傷了天神的右頰，天神因為疼痛，用右手壓著面頰，於是富翁女兒的魂靈就從瓶子裡逃了出來。天神震怒，便削弱了哈拉貴爾堅的神力，從此以後薩滿的法力就漸漸衰落了。這個故事雖然不足以解釋薩滿信仰衰落的真正原因，但由於這個故事流傳很廣，可以反映薩滿信仰已經遭到壓抑。達呼爾族流傳的故事裡也說皇帝下了個旨意，傳尼桑薩滿到宮廷給國母治病，沒想到，她費了好大勁兒，還是沒治好國母的病。皇帝正好抓住這個藉口，以謠言惑眾，欺騙百姓為名，把她逮捕起來，用很粗的鐵繩捆綁起來，然後扔進九泉之下。索倫族流傳的故事也很相似，故事中說尼桑成了更加有名的薩滿後，這個消息被清朝皇帝知道了，於是請她給親戚治病。尼桑薩滿卻沒治好。皇帝很生氣，就把她用很粗的繩捆起來扔到九丈深的井

裡。海參崴滿文手稿本《尼山薩滿傳》的結尾有一段描寫提到尼山薩滿的婆婆後來聽到村人討論，這次薩滿去的路上，看見了自己的丈夫，請求把他救活。尼山薩滿以筋骨已爛，不能救活，彼此爭執，而把他拋到酆都城。婆婆很生氣，斥責媳婦二次殺了丈夫，便到京城去向御史告狀。太宗皇帝降旨，將薩滿神帽、腰鈴、手鼓等法器一併裝在一個皮箱裡，用鐵索拴牢，拋到井裡。書末記載說「因為它是不入大道的邪教之書，後人不可效法，其深戒之。」薩滿信仰因被指爲異端邪教而遭受取締。

　　東北亞星祭儀式，各部族彼此不同，東海女眞，一歲兩舉，初雪祭星，以禳解災病，祈求多圍豐收；正月祭星，以除祟袪瘟，禱祝康寧。明憲宗成化十九年（一四八三）十月，進入朝鮮的女眞人趙伊時哈等八人行辭別禮時，朝鮮國王命都承旨李世佐賜酒，李世佐詢問女眞人「有祭祀之禮乎？」趙伊時哈等答稱：「祭天則前後齋戒，殺牛以祭。又於月望祭七星，然此非常行之事，若有疾病祈禱則有之耳！」女眞星祭活動，就是薩滿禳解祈禱的儀式，崇德七年（一六四二）十月二十九日，初纂本《清太宗文皇帝實錄》有一段記載說：「多羅安平貝勒妻福金，以其夫之病，由氣鬱所致，令家臣石漢喚巫人金古太來家，剪紙人九對，付太監捧至北斗之下，焚一半，埋一半，及福金拘禁至三日，福金輒昏迷。」句中的「巫人」，即滿洲薩滿，安平貝勒杜度生病時，薩滿金古太使用交感巫術，剪紙人九對爲替身，在北斗星下焚燒掩埋，嫁禍於替身，以禳解災病。清太宗降旨將薩滿金古太處斬。清太宗認爲薩滿跳神治病，害人不淺，因此禁止薩滿跳神治病，並下令：「永不許與家人跳神拿邪，妄言禍福，蠱禍人心，若不遵者殺之。」順治十八年（一六六一），律例中明白規定「凡無名巫覡私自跳神者，杖一百，因而致人於死者，處

死。」由於官方的取締，薩滿的活動，日趨式微。

　　薩滿信仰的內容，極其廣泛，學術界對薩滿信仰特質的分析，所持觀點，固然不同，態度亦異。廣義論者抹煞了不同歷史時期不同地域的自發宗教的區別，從而也模糊了薩滿信仰的特質；狹義論者對薩滿信仰的界定，不夠全面、準確和縝密。否定薩滿信仰的學者，認為薩滿信仰是一種迷信，薩滿跳神治病，愚昧無知，害人不淺；肯定薩滿信仰的學者，則認為薩滿是原始文化的創造者，在氏族中有其特殊的地位，薩滿信仰是一種綜合體，蘊含著豐富的原始醫學、文學、藝術、審美意識文化內容，因此，薩滿信仰的研究，涉及宗教學、語言學、民俗學、民族學、社會學、心理學、醫學、人類學、文學、歷史學以及音樂舞蹈等各種學科，由於學者的專業訓練不同，所持觀點，並不一致。然而中外學者對薩滿信仰核心問題的不同主張，與其說相互矛盾，不如說是相互補充，都有助於認識東北亞或北亞的文化特質。

　　滿族、索倫族、鄂倫春族、赫哲族、達呼爾族等民族，從古代以來就流傳著薩滿過陰追魂的故事，其中《尼山薩滿傳》，或《尼山薩滿故事》，就是以北亞部族的薩滿信仰觀念為基礎的文學作品，故事中所述薩滿過陰收魂的過程較為完整。到目前為止，已經發現的六種《尼山薩滿傳》，都是用滿文記錄下來的手稿本。關於滿文手稿本的發現經過，成百仁譯註《滿洲薩滿神歌》序文，莊吉發撰〈談「尼山薩蠻傳」的滿文手稿本〉一文，曾作過簡單介紹。季永海撰〈《尼山薩滿》的版本及其價值〉一文，作了較詳盡的說明。

　　俄羅斯滿洲文學教授格勒本茲可夫（A.V.Greben čikov）從史密德（P.P.Šmidt）處獲悉有《尼山薩滿傳》手稿後，即前任

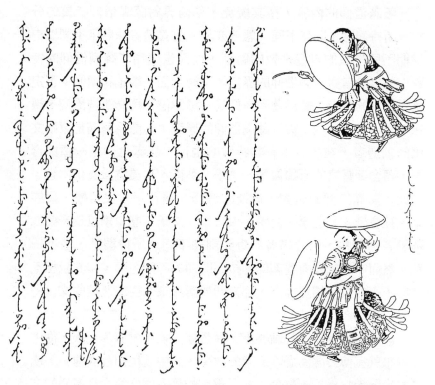

滿族薩滿耍鼓模樣

滿洲地方尋覓，他在數年內先後得到了三種手稿本。光緒三十四年（一九〇八），他從齊齊哈爾東北部一個村中的滿族能德山青克哩（nendešan cinkeri）處獲得第一種手稿本，可以稱爲齊齊哈爾本，計一本，共二十三葉，每葉五行，縱一七公分，橫八‧三公分。封面滿文爲「badarangga doro i gosin ilaci aniya boji bithe nitsan tsaman bithe emu debtelin」，意即「光緒三十三年合約尼山薩滿一本」。格勒本茲可夫將手稿本各葉裝裱在大型的白紙上，以便保存。齊齊哈爾手稿本的第一個特點是敘述簡單，缺少描寫成分，故事內容是從出外打圍的奴僕向員外帶回其子死訊開始，而以尼山薩滿向冥府蒙古勒代舅舅爲員外的兒子爭取壽限爲終結；第二個特點是滿文單語的使用方法，與一般滿文的習慣不同，有時可將動詞的現在式、過去式及副動詞的語尾，脫離動詞的語幹，而且將許多滿語詞分音節書寫。

宣統元年（一九〇九），格勒本茲可夫又在璦琿城，從滿族德新格（desinge）手中得到二本手稿本，可以稱爲璦琿甲本及璦琿乙本，縱二四公分，橫二一‧五公分，都是殘本。甲本，三十三葉，每葉十二行。封面滿文爲「yasen saman i bithe emu debtelin」，意即「亞森薩滿傳一本」，最後一葉滿文爲「gehungge yoso sucungga aniya juwe biya i orin emu de arame wajiha」，意即「宣統元年二月二十一日寫完」。故事內容是以員外的兒子在野外身故上擔架回家爲開端，文筆流暢，在滿文方面，更接近口語，書中禱詞，與其他手稿本不同，引人注目。乙本，十八葉，每葉十一行。封面滿文爲「nitsan saman i bithe jai debtelin」，意即「尼山薩滿第二本」。扉葉上有墨筆所繪穿著完整神服的尼山薩滿畫像。最後一葉滿文爲 gehungge yoso sucungga aniya ninggun biya i orin nadan inenggi de arame wajiha bithe」，意即「宣統元年

六月二十七寫完之書」。故事內容以女薩滿被判死刑而告終。敘事簡略，且欠流暢。

　　民國二年（一九一三），格勒本茲可夫在海參崴從一個教授滿文的滿族德克登額（Dekdengge）那裡得到第三種手稿本，德克登額在海參崴（Vladivostok）期間，就記憶所及書寫成稿後交給格勒本茲可夫，可稱爲海參崴本，計九十三葉，每葉縱二一‧八公分，橫七公分。以墨色油布爲封面，是一種西式裝本。封面居中以滿文書明「nišan saman i bithe emu debtelin」，意即「尼山薩滿傳一本」；右方有贈送者德克登額所寫的滿文「Tacibukū ge looye ningge」，意即「教授格老爺的」；左方有以鉛筆書寫的俄文「Vladivostok,1913」，意即「海參崴，一九一三」。海參崴本是格勒本茲可夫所獲手稿中最爲完整的一種。一九六一年，俄人 M‧沃爾科娃以《尼山薩滿故事的傳說》爲題，作爲《東方文獻小叢書》之七，在莫斯科出版。全書分爲序言、手稿影印、斯拉夫字母轉寫、俄文譯文和註釋等部分，此書出版後，在國際滿學界及阿爾泰學界，都引起重視，先後將滿文故事譯成德語、朝鮮語、意大利語、英語、漢語、日語等多種文字。

　　五十年代，中國大陸進行民族調查期間，曾於一九五八年左右在遼寧省滿族聚居地區發現一本滿文手稿本，後來一直由北京中國社會科學院民族研究所圖書館典藏，可以稱爲遼寧本。該書縱二二分分，橫一七‧二公分，共二十六葉，每葉十二或十四行。此手稿本由季永海、趙志忠在《滿語研究》，一九八八年，第二期上發表，分爲前言、漢語譯文、原文羅馬字轉寫漢字對譯及註釋等部分。斯塔里科夫是研究我國東北民族的俄國學者，他於一九五七年和一九六五年先後兩次到東北，獲得滿文手稿本一本，可稱爲斯塔里科夫本，全書共二十九葉，每葉十一行，封面

滿文爲「nisan saman i bithe damu emu debtelin」，意即「尼山薩
滿傳僅一本」。斯塔里科夫去世後，由列寧格勒國立薩勒底科夫
一謝德林圖書館收購。一九九二年，雅洪托夫將此手稿作爲《滿
族民間文學》系列叢書第一本，題爲《尼山薩滿研究》，由聖彼
得堡東方學中心刊行。全書分前言、原稿本影印、羅馬字母轉
寫、俄文譯文、參考資料等部分。

　　除以上先後發現的滿文手稿本外，有關薩滿過陰的故事，還
在東北各民族的社會裡廣爲流傳，經學者調查公佈的，例如赫哲
族的《一新薩滿》（凌純聲著《松花江下游的赫哲族》，南京，
民國二十三年）；索倫族的《尼桑薩滿》（呂光天著《鄂溫克族
民間故事》，內蒙古人民出版社，一九八四年）；達呼爾族的
《尼桑薩滿》（薩音塔那著《達斡爾族民間故事選》，內蒙古人
民出版社，一九八七年）；滿族《女丹薩滿的故事》（金啓孮著

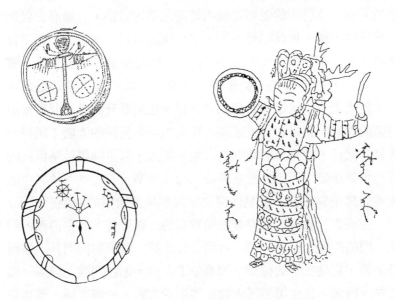

《滿族的歷史與生活》，黑龍江人民出版社，一九八一年；烏拉熙春譯著《女丹薩滿》（《滿族古神話》，內蒙古人民出版社，一九八七年）等等，對探討薩滿過陰收魂的問題，提供了珍貴的資料。

五、從家譜的纂修論清代滿族文化的變遷應適應

錫伯文教材，基本上就是滿文教材，喜里媽媽是滿文"siren mama"的音譯，滿文"siren"意即「絲線」，"mama"，意即「奶奶」，是供在正廳西北角的女神，其形狀是一條長二丈餘的細線，線上繫著小弓箭、布條、犁、鐮、刀、鞋子等物，是表示繁衍後代子孫的女神，其由來與族譜的起源有密切的關係。錫伯文教材的內容已指出，喜里媽媽原來是指把家族人口繁衍打結作記號的家譜。在上古時候，因為沒有文字，無法記錄自己家族的宗系。有一位聰明的老奶奶發明結繩記事的方法，人類歷史就像一條細線一樣，世代綿延不斷，以骨牌表示世代，長線上繫了背式骨，表示一個新生代的開始，這一代若是生男孩，就在線上繫上一副小弓箭；若是生女兒時，就繫上一塊布條：若是娶媳婦時，就掛上一小搖籃，希望生育子孫。在兩個背式骨之間所繫小弓箭的數目，就是這個家族同一輩人內所生男孩的人數；所掛小搖籃的數目，就是所娶媳婦的人數。所以，喜里媽媽就是世代綿延的世系奶奶，而把它放在神位上加以供奉。喜里媽媽故事中所描述的錫伯族家譜，就是使用文字以前早期家譜的原始形式。

在滿族社會裡，保存著生兒育女的一種習俗，如生男孩，即在大門的門楔上懸掛一張小弓和三支小箭。其箭射向門外，俗稱公子箭，它是生子的標誌。如果生了女孩，則在門楔上懸掛一條紅布。楊國才先生編著《少數民族生活方式》一書亦稱，滿族認

為生育是傳宗接代，後繼有人的大事。如果是男孩，就在門上掛一個木製的小弓箭；如果是女孩，就掛紅布或藍布條在門上。小孩滿月這天，長輩從家裡牆上拿下索線繩，把一頭繫在祖宗神位的支架上，另一頭拉到門外，拴在柳枝上，然後率全家族人向祖宗神位叩拜，接著就往索線繩上綁木製小弓箭，或綁紅綠布條。在古代的漢族社會裡，也有類似的習俗。《禮記・內則》記載：「子生男子，設弧於門左；女子，設帨於門右。」句中的「弧」，就是木弓，生男，懸掛木弓於門左；「帨」，就是佩巾，生女懸掛佩巾於門右。滿族社會的「懸弓掛帛」習俗，與古代漢族社會的「懸弧設帨」的習俗，其含義大致相近。從錫伯族喜里媽媽故事，可以解釋滿族「懸弓掛帛」與漢族「懸弧設帨」的古俗，就是使用文字以前，使用結繩記錄生兒育女的方法，都是不同形式的早期家譜片斷記錄，禮失求諸野，在錫伯族傳承的喜里媽媽故事裡，較完整的保存起來，成為珍貴的歷史記憶。簡單地說，錫伯族的「喜里媽媽故事」與滿族「懸弓掛帛」的習俗，是屬於同源的歷史記憶。

　　探討滿族文化的變遷發展，一方面不能忽略外部文化對滿族文化的影響，一方面也不能忽略滿族對外部文化的選擇與改造，滿族文化並非孤立的發展。滿族和蒙古的文化背景相近，都是屬於北亞文化圈的範圍。努爾哈齊以歷史上金朝的後繼者自居，但他並未沿用女真文字，而是採用老蒙文字母拼寫女真語音，於是創制了滿文。滿文的創制，是滿族對蒙古文化的選擇與改造的結果。《蒙古秘史》是現存蒙古文獻中較早使用蒙古文字所寫成的歷史典籍，在原書第一卷就有類似家譜世系的記載。《滿洲實錄》、《清太祖武皇帝實錄》都有努爾哈齊先世及諸部世系，它和蒙古氏族及分氏族世系的形成，頗為相近，說明滿族重視家譜

世系的纂修，主要是受到蒙古文化的影響。

　　滿族纂修家譜的風氣盛行以後，逐漸吸收了泛漢民族的家譜形式與體例。旗人家裡所修的譜單，依次論輩分寫上祖先的名字，由少到多逐層分支，形成寶塔式的世系表，一目了然。滿族譜書的內容，不僅有世系表，還有譜序、族源、祭祀禮儀、家訓、誥命、敕書、命名定式、墳塋等項。在滿族家譜的序言內容，有也「追本溯源，光宗耀祖，以諭後人，正人倫，明孝悌」等內容。在滿族家譜中的列傳、碑文、記事、詩文、祭祀等項下都在字裡行間含有表現三綱五常的儒家倫理道理觀念。從喜里媽媽或懸弓掛帛的「結繩記事」形式經過滿蒙世系記載到吸收泛漢民族的家譜形式，可以了解滿族因對外部文化的接觸與同化而產生文化變遷的過程，其中族譜形式的變遷是一個相當顯著的例證。

　　滿族家譜吸收了泛漢民族家譜的許多因素，但仍保存濃厚的滿族傳統文化色彩，滿文家譜就是滿族家譜的一種特色。薩滿信仰是北亞化圈的重要文化因素，滿族家譜的纂修與供奉，都和薩滿信仰有密切的關係，也是滿族家譜的一種鮮明特色。初修家譜續修家譜，習稱辦譜，在滿族辦譜活動中，薩滿扮演著重要角色，在辦譜活動中，跳神祭祀的靈媒，就是薩滿。滿族續修家譜時，要請本族或本姓薩滿舉行祭祀，將重修家譜懸掛於西牆沿至北牆，擺列神案祭祖，薩滿響動法器，腰佩神鈴，頭戴神帽，身穿神裙，進行祭祀，族人磕頭、燒香。滿族祭祖時的神職人員是薩滿，家譜從木匣請下來擺在供桌上供奉時，也是由薩滿和穆昆達主祭，將家譜和祭祖活動結合在一起，如同神偶一樣地供奉家譜，這種習俗，與錫伯等族供奉喜里媽媽的儀式，十分相近。錫伯族供奉的喜里媽媽，其神位設在西隔間正房的西北角，一條二

丈餘長細線繫上小弓箭、布條、犁、鐮刀、鞋子等物，平時這條
繩線是捲著裝在布袋裡，掛在神位上保存，十二月二十三日以後
取下喜里媽媽，把祂從西北角拉到東南角，懸掛起來，點香拜
祭，喜里媽媽就是打結作記號的家譜，也是將家譜和祭祖結合起
來，屬於一種祖靈崇拜。滿族家譜從懸弓掛帛到滿漢文纂修體例
完備的譜書形式，可以了解滿族家譜的變遷與適應，是對外部文
化選擇與改造的產物，是文化同化，但同化並不等於「漢化」。

bi terei turgun giyan be saha manggi, mama de geli "siren mama" I jihe sekiyen be fujurulame fonjiha de, mama emgeri golmin sejilefi alame deribuhe: sangkan julgei fonde, niyalma hergen bithe be takarakū turgunde, inu beyei booi siren sudala be ejere arga akū bihebi. tere erinde, emu sure mergen hehe tucifi, tere dolori,

我知道了其中的情理後，又向奶奶探尋「喜里媽媽」的來源時，奶奶長嘆了一口氣後開始告訴我說：上古時候，因爲人們不認識文字，所以也無法記錄自家的宗系。那個時候，出了一位聰明的婦人，

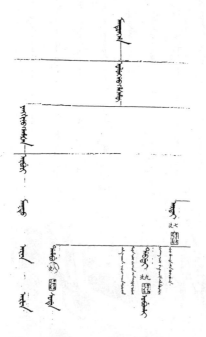

世管佐領雲保家譜　光緒二十七年

六、閩粵地區的異姓結拜與秘密會黨的起源

閩粵地區是宗族制度較發達的宗族社會，宋代以來閩粵地區的血族宗法制已日益成長，以血緣爲紐帶的宗族社會，已經普遍存在，聚族而居，宗族由於長久以來定居於一地，其宗族的血緣社會，與村落的地緣社會，彼此一致，既爲宗族，又是鄉黨，宗族制度遂成爲閩粵地區最引人矚目的制度之一。

閩粵地區的宗族社會，強調血緣關係，聚族以自保，具有強大的內聚力，尤其在戰爭動亂的時期，宗族組織確實產生了團結禦敵的作用。

宗族是以血緣爲紐帶的社會組織，由於空間上的族居，所以宗族內部的成員很容易結合，一呼即應。閩粵地區，沿海不靖，惟當地的宗族械鬥，由來已久，並不始於倭寇滋擾。各宗族的城堡及武器，在宗族械鬥過程中確實起了不小的作用。姚瑩在福建平和縣知縣任內亦曾指出，「平和地界閩廣，從古爲盜賊之藪，自王文成平寇亂，而始建邑。其地溪嶺深阻，槮篁叢密，無三里之平遠，巖壑蔽虧，彼此阻礙。民皆依山阻水，家自爲堡，人自爲兵，聚族分疆，世相仇奪。故強凌弱，衆暴寡，風氣之頑獷，亦地勢使之然也。」福建漳州平和縣境內，大姓鄉紳肆虐，地方百姓，不堪其苦，各小姓謀結同心，聯合抵制。江日昇編著《臺灣外記》敘述永曆四年（一六五〇）記事說：

> 五月，詔安九甲萬禮從施郎〔琅〕招，領衆數千來歸。禮即張要，漳之平和小溪人。崇禎間，鄉紳肆虐，百姓苦之，衆謀結同心，以萬爲姓，推要爲首。時率衆統踞二都，五月來歸。

明代末年"以萬爲姓"集團，就是漳州平和縣小姓聯合抵制

大姓鄉紳肆虐的異姓結拜組織。清初康熙中葉以後，閩粤地區的經濟逐漸復甦，宗族經濟亦迅速成長，宗族械鬥案件又層見疊出，大姓恃強凌弱，以衆暴寡，小姓聯合自保，異姓結拜的風氣，又再度盛行。強宗大族由於長久以來定居於一地，族旺丁多，有些村鎮多成爲一族所居，動輒數十里。例如漳州府屬平和縣，界連廣東，其縣境內有南勝地方，離縣城一百五十里，民居稠密，楊、林、胡、賴、葉、陳、張、李、蔡、黃諸大族，環列聚居。福州將軍暫署總督印務阿爾賽具摺指出，「漳州府平和縣屬之南勝地方，族大丁多，民風強悍，臣不時留心密行察訪。近訪得有葉揚一犯，暗結匪類，欺壓鄉民，行兇作惡。」阿爾賽差遣兵役緝捕葉揚等人到案，葉揚聞拿逃竄，兵役擒獲同夥賴枋等人到案，供出葉揚招夥拜把，欲行搶竊。南勝地方，地闊人稠，風俗習悍，倚山阻水，易於逃匿，地方官多以南勝最爲難治。

福建觀風整俗使劉師恕具摺時，亦指出泉州府所屬七縣中，以晉江、南安、同安三縣最爲難治，安溪、惠安二縣次之，永春、德化二縣又次之。晉江縣施姓爲施琅之子漕運總督施世綸、福建提督施世驃家族，人丁衆多，住居衙口、石下、大崙諸村。同安縣境內村鎮主要爲李、陳、蘇、莊、柯諸大族所叢居，安溪縣赤嶺地方則幾乎爲林姓一族所居。《泉州府志》記載同安民俗說：「瀕海之區四達交衝，游手攘臂之徒糾夥結盟，各立門戶，胥役兵丁爲之互張聲勢。蓋泉民剛質，頗有尚氣之習。郡城內多淫祠，畫地爲境，境有無賴少年，謂之閫棍，每遇迎神，輒與鄰境互相格鬥。其在鄉村大姓，聚族而居，睚眦之怨，率族持械，雖觸法不恤，晉、南、同皆然，近唯惠安、安溪少見耳。」宗族械鬥的風氣，晉江、南安、同安三縣都同樣盛行。《永春縣志》記載當地的民俗說：「性尤剛愎狠悍，喜鬥好訟，睚眦之怨，雀

角之爭，疊架虹橋，鬩鬥不已，酷暱青烏之說，動輒拆屋毀墳，不顧法網。又人率聚族而居，以姓之大小爲強弱，始則大姓欺凌小姓，近則衆小姓相爲要結，大姓反有受其虐者。」大姓欺凌小姓，衆小姓相爲要結，聯合抵制大姓，異姓結拜的活動，蔚爲風氣。

福建總督高其倬具摺指出，「福建叢山疊海，形勢險要，人情愚悍，向來藏奸伏莽，屢有其事。至於大姓恃衆，彼此械鬥，及倚恃山深逕險，抗糧抗訟者不乏。」「泉洲府屬之同安一縣，幅員頗大，海疆要區，居人龐雜，風習不純，大族既好械鬥，而偷渡及私梟盜竊頗多，其山邊深青蓮花等莊，大姓叢居，向極多事。同安相離甚遠，縣令實有鞭長不及勢。」「漳州府屬之漳浦、詔安二縣，俱在沿海，幅員皆闊，民情刁悍，糧多逋欠，地最叢奸。」高其倬訪查泉、漳等府宗族械鬥及異姓結拜的習俗後具摺奏稱，「福建泉、漳二府民間，大姓欺凌小族，小族亦結連相抗，持械聚衆，彼此相殺，最爲惡俗，臣時時飭禁嚴查。今查得同安縣大姓包家，與小姓齊家，彼此聚衆列械傷殺，署縣事知縣程運青往勸，被嚇潛回，隱匿不報。」同安縣李、陳、蘇等大姓合爲包家，以"包"爲姓，各小姓及雜姓合爲齊家，以"齊"爲姓，包姓與齊姓彼此聚衆械鬥。福建觀風整俗使劉師恕亦奏稱，「其初大姓欺壓小姓，小姓又連合衆姓爲一姓以抗之。從前以包爲姓，以齊爲姓，近日又有以同爲姓，以海爲姓，以萬爲姓，現在嚴飭地方官查拏禁止。」

泉、漳等府各縣聚族而居，大姓恃其既富且強，族大丁多，上與官府往來，下與書差勾結，倚其勢焰，動輒發塚抛屍，擄人勒贖，小姓受其魚肉，積不能平，於是聯合數姓，乃至數十姓，以抵敵大姓，列械相鬥。福建巡撫毛文銓具摺指出，「查遏爭

鬥，當始於大姓，次則游手好閒者，蓋閩省大姓最多，類皆千萬丁爲族，聚集而居，欺凌左右前後小姓，動輒鳴鑼列械，脅之以威。而爲小姓者受逼不堪，亦或糾約數姓，合而爲一。遇其相持之際，雖文武官員率領兵役前往押釋，亦所不能。」由此可知宗族械鬥的規模，必然不小，其激烈程度，形同戰場。

福建按察使德舒具摺指出福建宗族械鬥，「通省皆然，惟漳、泉爲尤甚。」由於宗族械鬥事件層出不窮，異姓結拜活動，遂成爲各宗族在械鬥發生前的組織工作。所謂"以包爲姓"集團，便是在宗族械鬥過程中大姓之間的異姓結拜組織，至於"以齊爲姓"、"以同爲姓"、"以海爲姓"、"以萬爲姓"等集團，則爲各小姓之間的異姓結拜組織。質言之，閩粤地區異姓結拜風氣的盛行，與當地宗族械鬥的頻繁，確實有極密切的關係。

《水滸傳》敘述宋江一打東平，兩打東昌後，回到梁山泊，計點大小頭領，共有一百八員，心中大喜，決定設壇建醮，至第七日夜間三更時分，從西北乾方天門滾出一團火塊，鑽入壇前地下，衆人掘開泥土，只見一個石碣，龍章鳳篆，前面三十六行，都是天罡星，背後七十二行，都是地煞星，天罡和地煞合計一百八員，就是梁山泊大小頭領的總數。宋江看過天書後，對衆頭領說：「鄙猥小吏，原來上應星魁，衆多弟兄也原來都是一會之人。上天顯應，合黨聚義。」異姓結拜的弟兄都是一會之人，就是會黨得名的由來。結會時，會員須對天跪地立誓，這種跪拜天地的儀式，就是天地會得名的由來。易言之，天地會的取名，正是從《水滸傳》梁山泊大聚義的誓詞而來。福建按察使德舒具摺指出，「閩地僻處海濱，又多深山邃谷，習尚強悍，以好勇鬥狠爲能，毋論秀頑，好學拳棒，往往創立會名，聯合聲勢。原其初意，不過圖禦外侮，迨聚集日久，結交既廣，或恃勇技過人，或

逞機謀聚眾，肆然無忌。」福建巡撫定長對福建結會樹黨的緣
起，剖析甚詳，其原摺略謂：

> 閩省山海交錯，民俗素稱強悍，凡抗官拒捕、械鬥逞兇之
> 案，歷所不免，近經嚴立科條，有犯必懲，此風已稍爲歛
> 戢。臣自抵任來，留心訪察，知閩省各屬，向有結會樹黨
> 之惡習，凡里巷無賴匪徒，逞強好鬥，恐孤立無助，輒陰
> 結黨與，輾轉招引，創立會名，或陽托奉神，或陰記物
> 色，多則數十人，少亦不下一二十人，有以年次而結爲兄
> 弟者，亦有恐干例禁而並無兄弟名色者，要其本意，皆圖
> 遇事互相幫助，以強凌弱，以眾暴寡。而被侮之人，計圖
> 報復，亦即邀結匪人，另立會名，彼此樹敵，城鄉效尤，
> 更間有不肖兵役潛行入夥，倚藉衙門聲勢，里鄰保甲，莫
> 敢舉首。小則魚肉鄉民，大則逞兇械鬥，抗官拒捕，亦因
> 此而起，是結會樹黨之惡習，誠爲一切奸究不法之根源。

　　結會樹黨，簡稱會黨。以年次結爲兄弟，就是異姓結拜，其
宗旨在求內部的互助，或求以強凌弱，或結連相抗，計圖報復，
秘密會黨就是由閩粵地區宗族械鬥過程中的異姓結拜集團轉化而
來的各種秘密組織。閩粵地區義結金蘭，結會樹黨，惡習相沿，
寖成風氣。郭廷以教授著《臺灣史事概說》認爲張禮、郭義、蔡
祿等締結同盟，以萬人合心，以“萬”爲姓，改姓名爲萬禮、萬
義、萬祿，依照行次有萬大、萬二、萬七之稱，後來的天地會則
爲其組織的擴大。但是除了“以萬爲姓”集團外，尚有“以齊爲
姓”、“以同爲姓”、“以海爲姓”、“以包爲姓”等異姓結拜
集團。因此，與其說天地會是以“萬”爲姓組織的擴大，不如說
清代秘密會黨就是由閩粵地區宗族械鬥過程中的異姓結拜集團轉
化而來的各種秘密組織。

福建觀風整俗使臣劉師恕謹

奏為奏

聞事稿查泉屬七縣晉江南安同安最為難治安溪
惠安次之永春德化又次之其初大姓欺壓小
姓小姓又連合眾姓為一姓以抗之從前以包
為姓以齊為姓近日又有以同為姓以海為姓
以萬為姓者現在嚴飭地方官查拏禁止伊等
稍知歛戢並無有械鬪之事其晉江之施家即施
世綸祖服私富遠橫無比現有欽差檢犯
之業業經府縣通詳今已拏得二人餘犯未獲
又訪其素為不法者三人拏交地方官究治
其餘諸大姓雖不無多事之人總木若施家之
甚也各縣中凡有恃強凌弱之人現經告發者
俱為查奏公處斷有劣蹟可指者共二十餘
人俱擊懲治又傳集在城在鄉紳衿宣
皇上德意詳加勸導並獎其安分守法者數人以風
示之其應予自新者當面申飭並揭其姓名通

行曉示責其改過再犯倍處查晉江縣之安海
地方居民頗稠估舶亦多與廈門金門相為表
裏添設官弁甚屬得宜法石一汛為商漁船出
入門戶亦屬緊要日留心查察措置實現在
無有惟巡檢衙門隨現未除隨已嚴飭
仍不時稽查不散蹂息致官弁兵役復萌故智
也提標五營並城守營曰與提督石雲倬會同
閱看兵馬坐齊因教場隔遠銛但看建環未
閩省兵丁
曾下銷打把最時兵丁最為驕悍石雲倬管束
頗嚴現在收斂不散多事泉州各屬之事科
理未尋大約十一月方可至廈門等處要緊地
方事紛繁多已不敢率率塞責也為此繕措其

奏伏乞
皇上睿鑒謹
奏

雍正柒年拾月 拾 日

硃批：覽 應從嚴二句字 責交吏部 議行

文化人類學派解釋文化的起源，大致可以歸納爲兩派：一派稱爲傳播學派，又稱爲文化單源說。這一學派從地理上的分佈，考察各種現象，凡是外形類似，不論其距離遠近，都歸之於傳播關係，各種文化都由一地播出，不承認有重複的創造；一派稱爲進化學派，又稱爲文化複源說。這一派認爲人類天性相近，人同此心，心同此理，人類文化依照自然法則演進，不必一定起源於一地。過去研究秘密會黨的學者所重視的問題，多局限於考證天地會起自那一年？創自何人？始自何地？並未對天地會的含義，先作說明，以致對天地會的起源問題爭論不已。其實探討秘密會黨的源流，不宜只用文化單源說的理論，而忽略文化複源說的理論。有清一代，會黨名稱，不勝枚舉，到處創生，衍生轉化，彼此模仿，或改易別名，或代以同音字樣，並非創自一人，亦非始於一時，或出自一地。因此，所謂天地會，實含有廣義與狹義兩方面的意義。廣義的天地會是包括各種名目的會黨，而以天地會爲通稱；狹義的天地會則僅限於使用"天地"字樣的天地會本支而言，後世所稱天地會是泛指廣義的天地會，是各種會黨的通稱。

七、他山之石－朝鮮君臣論盛清諸帝

清朝入關前的歷史，稱爲清朝前史。在清太祖努爾哈齊、清太宗皇太極的努力經營下，建州女眞由小變大，由弱轉強，天聰十年（1636），金國號改爲大清，改元崇德。順治元年（1644），清朝勢力由盛京進入關內，定都北京，確立統治政權，直到宣統三年（1911）辛亥革命，政權終結，共二六八年，稱爲清代史。在清代史的前期中，清聖祖康熙皇帝在位六十一年（1662-1722），清世宗雍正皇帝在位十三年（1723-1735），清

高宗乾隆皇帝在位六十年（1736-1795），三朝皇帝在位的時間長達一三四年，正好佔了清代史的一半，這段時期的文治武功，遠邁漢唐，稱爲盛清時期，康熙、雍正、乾隆這三朝皇帝，就是所謂的盛清諸帝。

　　滿洲原來是一個地名，在明朝所設的建州衞境內，朝鮮史籍中的「蔓遮」，便是滿洲（manju）的同音異譯，居住在滿洲的民族稱爲滿洲族，可以簡稱爲滿族，以建州女眞族爲主體民族，此外還有蒙古族、漢族、朝鮮族等，而以滿族爲民族共同體。滿族的主體民族即建州女眞族與朝鮮的歷史關係，源遠流長，在地理與文化背景上，都屬於東北亞文化圈。滿族入關後，朝鮮與清朝始終維持良好的關係，兩國使臣往來頻繁，朝鮮君臣都關心清朝的動靜。朝鮮君臣對盛清諸帝的認識，雖然不一定符合歷史事實，他們對盛清諸帝的論斷，也不一定很客觀，但是，朝鮮君臣的言論，卻是清朝官書以外不可或缺的一種輔助性資料，可以提供一定的參考價值，正所謂「他山之石，可以攻玉」。

　　盛清時期，朝鮮和清朝兩國使臣往返頻繁。朝鮮多至使、謝恩使、奏請使、問安使、進香使、陳慰使、陳奏使、進賀使等從北京回國後，朝鮮國王都照例召見正副使及書狀官等員，詢問清朝事情，諸臣將所見所聞，據實向國王報告，君臣談話的內容，多見於朝鮮實錄。康熙皇帝在位期間（1662-1722），相當於李朝顯宗、肅宗、景宗在位之際。朝鮮國王關心康熙皇帝的施政及對朝鮮的態度，奉命到北京或瀋陽的朝鮮使臣，都注意到清朝政局的變化，民心向背。

　　多至使鄭致和等從北京返回朝鮮後指出，「時清主幼沖，大小政令皆出於四輔政。將以二月十二日冊首輔政孫伊之孫女爲后。」輔政大臣中，索尼，赫舍里氏，是滿洲正黃旗人，他是爲

首輔政大臣，其孫領侍衛內大臣噶布喇之女赫舍里氏於康熙四年
（1665）七月册封爲皇后。其次，蘇克薩哈，納喇氏，是滿洲鑲
黃旗人，四大臣專恣威福。朝鮮使臣所述輔政大臣的專橫獨斷，
與清朝官書的記載是相合的。金兆豐著《清史大綱》稱「論者謂
康熙初政，頗無足紀，皆鰲拜專橫有以致之，非虛語也。」所謂
康熙初政無足紀的說法，有待商榷。康熙四年（1665）三月初六
日，顯宗在熙政堂召見從北京回國的禮曹判書鄭致和。《顯宗改
修實錄》記載了他們的談話內容，節錄一段內容如下：

> 上曰：「清主何如云耶？」致和曰：「年今十二，何能自
> 斷。聞輔政頗善處事，攝政已久，而國人無貳心，誠可異
> 也。」

　　輔政大臣專橫，固屬事實，然而輔政大臣，「頗善處事」，
所以「國人無貳心」，也是事實。

　　據朝鮮使臣權大運指出清朝雖然兵連禍結，但暫無朝夕危急
之事。吳三桂果有大志掃清中原，則必已深入，而尙據一隅不
進，其無大志可知。當多至使兼謝恩使福昌君楨返回朝鮮後指出
清朝「賦役甚簡，民猶恐清人之敗，徵兵赴戰，滿多而漢少，故
漢人亦無思亂之心。」吳三桂勢力強盛，但因暮氣太重，徘徊不
進，康熙皇帝是二十歲青年，智勇兼備，遇事果敢，賦役甚簡，
兵興以後，並不擾民，康熙皇帝在他的遺詔中就提到平定三藩，
「皆出一心運籌」。三藩之亂是康熙朝的危機，同時也是清朝的
轉機，三藩的平定，清朝始可謂眞正的統一全國。

　　朝鮮使臣對康熙皇帝的批評，毀譽參半，因人而異。康熙五
年（1666）九月，朝鮮國王召見謝恩使兼陳奏使許積等人，許積
對清朝的施政有一段評論說：「觀其爲政，危亡可以立至，而至
今維持者，大明自神宗迄于崇禎，誅求無藝，故民無思漢之心。

彼且方用貊道，寡取於民，年且屢豐，此所以維持也。」滿族文化有其邊疆特色，所謂「貊道」，是指滿族文化而言，滿族寡取於民，輕徭薄賦，並未引起漢族太強烈的反抗，寡取於民，百姓豐足，安和樂利，所以政權能維持長久。康熙二十七年（1688）六月，進香使洪萬鍾等返回朝鮮後，向朝鮮國王報告說：「彼中政令簡便，公私無事。」康熙四十一年（1702）三月，冬至副使李善溥向朝鮮國王報告清朝事情，他指出：「皇帝雖荒淫無道，姑無侵虐之故，民間晏然。」康熙五十二年（1713）三月三十日，朝鮮國王召見謝恩兼冬至使金昌集等人，詢問清朝事情。金昌集回答說：「清皇節儉惜財，取民有制，不事土木，民皆按堵，自無愁怨。」康熙皇帝崇尚節儉，賦役輕減，不興土木，百姓安樂，所以民皆按堵。康熙皇帝遺詔中所稱，「戶部帑金，非用師賑饑，未敢妄費」等愛惜小民脂膏的言詞，是符合歷史事實的。

　　在雍正皇帝矯詔傳說中提到「玉念珠」的問題。《清代通史》引《清史要略》一書的說法云：

　　時胤禛偕劍客數人返京師，偵知聖祖遺詔，設法密盜之，潛將十字改爲于字，藏於身，獨入侍暢春園，盡屏諸昆季，不許入內。時聖祖已昏迷矣，有頃，微醒，宣詔大臣入宮，半晌無至者。驀見獨胤禛一人在側，知被賣，乃大怒，取玉念珠投之，不中，胤禛跪謝罪。

　　《清史要略》是晚出的野史，早在康熙六十一年（1722）十二月十七日，朝鮮《景宗實錄》已記載念珠的問題。是日，朝鮮遠接使金演自北京迎敕而歸，將其所聞言於戶曹判書李台佐，節錄一段內容如下：

　　康熙皇帝在暢春苑病劇，知其不能起，召閣老馬齊言曰：

「第四子雍親王胤禛最賢，我死後立爲嗣皇。胤禛第二子
有英雄氣象，必封爲太子。」仍以爲君不易之道，平治天
下之要，訓戒胤禛。解脫其頭項所掛念珠與胤禛曰：「此
乃順治皇帝臨終時贈朕之物，今我贈爾，有意存焉，爾其
知之。」又曰：「廢太子、皇長子性行不順，依前拘囚，
豐其衣食，以終其身。廢太子第二子朕所鍾愛，其特封爲
親王。」言訖而逝。其夜以肩輿載屍還京城，新皇哭隨
後，城中一時雷哭，如喪考妣。十三日喪出，十五日發
喪，十九日即位。其間日子雖多，此非秘喪也，新皇累次
讓位，以致遲就。即位後處事得當，人心大定。

　　遠接使金演所述內容，對雍正皇帝嗣統的合法性有利。引文
中所述念珠一節是現存相關傳說最早的文字記載，有其原始性。
但記載中並未指明是否玉質念珠。念珠可以視爲皇帝傳位信物，
順治皇帝虔誠信佛，他臨終時將念珠交給康熙皇帝，有其深意。
康熙皇帝解脫脖項所掛念珠親自交給雍正皇帝的傳說，固然有待
商榷，但相對《清史要略》的記載而言，也是不可忽視的文字記
載。可以確定的是，由於雍正皇帝的英明果斷，處置得當，所以
都下妥帖，人心大定，正所謂「天佑大清」，至於「胡無百年之
運」的預測，可以說是杞人憂天。引文中「胤禛第二子」，當指
第四子弘曆。

　　朝鮮君臣談話中，常常提到清朝君臣的清廉問題，康熙皇帝
被朝鮮君臣冠以「愛銀皇帝」的外號。朝鮮英祖召見同知事尹游
時說：「雍正本有愛銀之癖，且有好勝之病。」英祖召見諸臣
時，諸臣以清朝副敕使需索無厭，凡物所需，皆折算爲銀。英祖
笑著說：「雍正亦愛銀，此輩何足信也！」雍正皇帝也愛銀，在
朝鮮君臣心目中也是一位「愛銀皇帝」。雍正元年（1723）二月

二十九日，朝鮮陳慰正使礪山君枋、副使金始煥抵達瀋陽，將道路所聞馳啓朝鮮國王，節錄一段內容如下：

> 康熙皇帝子女眾多，不能偏令富饒，諸子女受賂鬻官，若漕總監務等職，隨其豐薄而定賕多少。且於京外富民之家，勒取財產，多至數十萬，小國累萬金，而田園人畜，亦皆占奪，人或不與，則侵虐萬端，必奪乃已，而不禁。新皇帝亦嘗鬻貨致富，及登大位，前日所占奪者，並還本主，而敕諭諸昆弟曰：「朕在邸時，雖不免奪人利己，而未嘗傷害人命。他餘昆弟則殺人傷人，朕甚憫之。朕既悔過改圖，諸昆弟果有貧窘者，則戶部之物，係是經費，朕不敢私用，而入庫所儲，可以隨乏周給。爾等所奪民財，限一年併還其主。若久不還，致有本主來訴，斷不以私恩貰之也。」

康熙皇帝所生皇子共三十五人，公主二十人，合計五十五人，子女眾多，各個鬻貨致富，其中不乏占奪民財者，雍正皇帝即位後諭令諸兄弟將所奪民財，限一年內盡數歸還。雍正皇帝認為戶部經費是國家庫帑，不可私用，皇室子弟有內務府庫銀，隨乏周給，公私分明。礪山君枋又指出：「康熙皇帝以遊獵為事，鷹犬之貢，車馬之費，為弊於天下。朝臣若隸於臂鷹牽狗，則以得近乘輿，誇耀於同朝矣。新皇帝詔罷鷹犬之貢，以示不用，而凡諸宮中所畜珍禽異獸，俱令放散，無一留者。」雍正皇帝詔罷鷹犬之貢，與崇尚儉約，有密切關係。在胤祥的輔助下，雍正皇帝雷厲風行的整頓財政，充實國庫，奠定了盛世財政的基礎。雍正九年（1731）六月，朝鮮伴送使宋寅明指出，「關市不征，乃三代事也，後豈能盡行古法。清人之法，賦民輕而稅商重，以致富強，裕國生財之要，無過此矣。」雍正皇帝裕國生財的財稅改

革的成果，受到了朝鮮君臣的肯定。雍正皇帝在位期間，朝乾夕惕，勤求治理，其主要目的，就在於「期使宗室天潢之內，人人品行端方，八旗根本之地，各各奉公守法，六卿喉舌之司，綱紀整飭，百度維貞，封疆守土之臣，大法小廉，萬民樂業。」雍正皇帝遺詔中所稱，在位十三年，雖未能全如期望，而庶政漸已肅清，人心漸臻良善，臣民徧德，遐邇恬熙，大有頻書等語，大都符合歷史事實。

　　乾隆皇帝施政特點，主要是寬猛並濟，制度漸臻完備，近乎文治。乾隆四年（1739）七月十八日，朝鮮國王召見陳慰謝恩使臣，詢問清朝事情。副使徐宗玉回答說：「雍正有苛刻之名，而乾隆行寬大之政，以求言詔觀之，以不論寡躬闕失，大臣是非，至於罪台諫，可謂賢君矣。」雍正皇帝「有苛刻之名」，後人或當時人多持相同看法。乾隆皇帝即位後，施政寬大，不失爲一賢君。乾隆三年（1738）二月十四日，朝鮮國王引見領議政李光佐等人，詢問準噶爾漠西蒙古與清朝議和一事。《英祖實錄》記載了君臣談話的內容，節錄一段如下：

　　　光佐曰：「臣於乙未以副使赴燕，雖無料事之智，竊謂此後中國，未必即出眞主，似更出他胡，蕩盡其禮樂文物，然後始生眞人矣。蓋周之煩文已極，有秦皇焚坑之禍，然後承之以漢初淳風。清人雖是胡種，凡事極爲文明，典章文翰，皆如皇明時，但國俗之簡易稍異矣。奢侈之弊，至今轉甚，如輿佁賤流，皆有貂皮。以此推之，婦女奢侈，必有甚焉。且巫風太熾，祠廟寺觀，處處有之，道釋並行，貴州淫祠多至於七十二座，至有楊貴妃、安祿山祠。蒙古雄悍，過於女眞，若入中原，則待我之道，必不如清人矣。」左議政宋寅明曰：「清主立法簡易，民似無怨，

不必促亡矣。」判尹金始炯曰：「西靼所居之地，距燕京幾萬餘里，康熙時雖或侵邊，伐之則輒退，雍正時盡發遼左兵往征矣。

引文中已指出清朝雖然是由邊疆民族所建立的政權，但是，清朝沿襲明朝的典章制度，凡事極爲文明，所不同的是國俗較爲簡易，李光佐曾於康熙五十四年（1715）以副使身分到過北京，親眼目睹清朝的太平盛世。左議政宋寅明也指出乾隆皇帝立法簡易，百姓無怨，國運昌隆。至於漠西厄魯特恃強越邊入侵，康熙、雍正兩朝傾全力進討，未竟全功，乾隆年間的十全武功，就是繼承父祖遺志，完成未竟之緒，有其一貫性。朝鮮君臣相信清朝寬待朝鮮，蒙古對待朝鮮之道，「必不如清人。」朝鮮君臣的感受，確實是發自內心。

乾隆皇帝的施政特點，主要表現在文治方面，任用舊臣，滿漢兼用。乾隆二年（1737）四月初九日，冬至使返回朝鮮，朝鮮國王召見正副使，據副使金始炯稱：「北事未能詳知，而新主政令無大疵，或以柔弱爲病，邊境姑無憂。閣老張廷玉負天下重望，有老母，乞歸養而不許。彼人皆爲張閣老在，天下無事云。」閣老是指內閣大學士。據朝鮮國王英祖稱：「大抵乾隆之政令無可言者，而然而有臣矣，此亦康熙培養之遺化也。」乾隆朝的賢臣，就是康熙以來的舊臣。朝鮮書狀官宋銓亦稱，「皇帝所倚任滿漢大臣，一、二佞幸外，皆時望所屬，故庶事不至頹廢，國人方之漢武中歲，梁武晚年云。」滿漢大臣，都是時望所屬，所以政治不至頹廢，朝鮮君臣對乾隆朝的施政得失，滿意度頗高。嘉慶皇帝登極後，據朝鮮使臣的觀察，「人心則皆洽然。」嘉慶三年（1798），乾隆皇帝八十八歲。據朝鮮冬至書狀官洪樂游所進聞見別單記載，「太上皇容貌氣力不甚衰耄，而但

善忘比劇，昨日之事，今日輒忘，早間所行，晚或不省。」將近九十歲的乾隆皇帝，雖然記憶力衰退，但他的容貌氣力，仍然不甚衰老，真是天佑清朝。他在位六十年，宵旰忘疲，勵精圖治，從無虛日，在朝鮮君臣心目中，乾隆皇帝確實是一位賢君。乾隆皇帝謚號純皇帝，「純」說明其用人施政，並無重大瑕疵，其文治武功，頗有表現，純皇帝的「純」，和十全武功的「全」，都是對乾隆皇帝的肯定。

　　歷史檔案是一種直接史料，其可信度較高，一個誠實的歷史工作者，應當儘量利用可信度較高的直接史料，同時抱著有幾分證據說幾分話，有七分證據不能說八分話的態度，使記載的歷史儘可能接近客觀的事實，以便對歷史事件的素描或速寫，更能顯露出真實的輪廓。歷史研究和歷史檔案，必須互相結合，研究清代歷史，必須依據清代檔案，離開了清代檔案，就無從研究清代歷史。有清一代，檔案浩瀚，近數十年來，由於清代檔案的不斷發現與積極整理，使清代歷史的研究，逐漸走上新的途徑，研究領域也擴大了。韋慶遠撰〈利用明清檔案進行歷史研究的體會〉一文中已指出史學工作者和檔案工作者，都應儘可能學好用好理論，但絕不是說就可以亂貼理論標籤，可以肆意對檔案文件所反映的大量事實取其所需，妄加曲解，作為自己某種結論框架的填充物，所謂"以論帶史"、"以論代史"，或改換包裝，稱之為"史論結合"等，是無視客觀的歷史存在。

　　　　　　　　　　　　　　　　　　　　　　陝西總督臣岳鍾琪謹

奏為奏

聞事竊查提臣馮允中鎮臣索繩薩張元佐三人年

甲臣巳查明具

奏其副將王剛年歲因未送到亦紹

奏明在案今據副將王剛開稱現年四十六歲四

月十六日子時生保奏亥丁巳戊子壬子等因

開送前來理合具

奏伏乞

皇上睿鑒為此謹

奏

王剛八壬想壽邁好的嗎允中看邊甚不相負遲

似乙過品才年字表維薩香其不直興防壽天方

張元佐上好正旺之運諸此協者素將王廷瑞遜聲

陳驮此二人命遲甚往好壬有行勁此二人有入今稅

對人不直用抑方再籌畫對人卯將八壬一俱同來

妄奏研懶將官中需用人負不妨方特六宮遲東三條

看命遲之理耽擬無此不可全不信卯朕生詳憤

求全一斑誠戲之定想

上天心如同望功此四年二時婚抽壽遲芳月上迷好卻

奉中看有方用心人隆用地一般也

激濁揚清・爲國得人——
清朝的官箴制度

一、官箴王闕・天象垂戒

《左傳》襄公四年記載：「昔周辛甲之爲大史也，命百官，官箴王闕。」「箴」，是規勸告戒；「闕」，是過失。百官作箴辭，以勸戒帝王的過失，就是官箴王闕。官箴原指百官對帝王的勸戒，後世則轉爲對官吏的勸戒，爲官時忠於職守，操守廉潔的，稱爲不辱官箴；爲官時有虧職守，貪黷庸碌的，稱爲有玷官箴。專制時代的帝王，相信君權神授，君主秉承天意治理人民，帝王是天子，他直接對天負責。帝王的功過，或施政得失，都是取象於天，由天象示意。我國古聖先賢多相信天象和人事，常有互動關係，天能干預人事，人事也能感應天。他們相信萬物有靈，靈魂可以相通。《尙書・洪範》已指出，人事修，則天現休徵；人事失，則天現咎徵。休徵是祥瑞，天現祥瑞，以示嘉勉；咎徵是災異，天現災異，以示警告。這種天象垂戒的思想，有它特殊的意義，古聖先賢相信利用自然規律，可以嚇阻背道害義的統治者。

戰國時期，齊國臨淄人鄒衍，深觀陰陽消息，以變化終始之說，闡明治亂興衰的道理，其主要用意是在使人君敬畏天道，以約束自身。陰陽家教人以天道爲依據而爲善，借以輔助政教。漢儒容納其說，與儒學相輔而行。《易繫辭》說：「天垂象，見吉凶，聖人象之。」西漢今文經師鑒於秦代專制的流弊，多喜言天

人感應，欲以災異符命戒懼人君。廣川人董仲舒治《春秋》，以春秋災異之變推求陰陽所以錯行的緣故，著有《災異記》，闡明以天權限制君權的主張，企圖防止君主專制的流弊，君主也要負起政治責任。董仲舒指出，爲人君者，其法取象於天，垂象於日月星辰風雨，示命於禽獸蟲魚草木。他在賢良對策開端就說：

> 國家將有失道之敗，而天乃先出災害，以譴告之。不知自省，又出怪異以警懼之。尚不知變，而傷敗乃至，以此見天心之仁愛人君，而欲止其亂也。

天象垂戒，並非惡意，但欲帝王速自警惕，修德止亂。陰陽家常引史事，以儆人君，所謂伊洛竭，桀不知戒，而夏亡；黃河竭，紂不知戒，而商亡；岐山崩，幽王不知戒，竟卒於犬戎。西漢初年，崇尚黃老清靜的治術，其後又採行陰陽學說，君臣以修

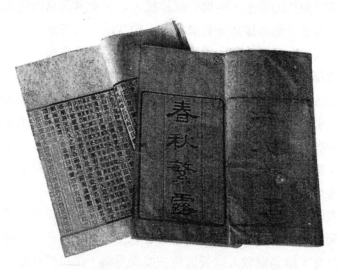

董仲舒在《春秋繁露》中，
以陰陽五行學說闡述「天人感應」思想。

身自律，所以兩漢多賢君，官清吏廉，政治清明。天象示警的理論，在兩漢時代，對國家政治確實產生了積極的作用。

《左傳》莊公十一年記載：「禹湯罪己，其興也浡焉；桀紂罪人，其亡也忽焉。」三代賢君每遇災變，爲收拾人心，改過以應天道，往往以天子名義，下詔自責，昭告內外，稱爲罪己詔。近世以來，朝鮮境內，因災變頻仍，星辰失度，春秋易令，旱魃肆虐，人心疑懼，朝鮮國王常引咎責躬，下詔罪己，以示恐懼修身。太宗三年（一四〇三年）八月，朝鮮國王罪己詔中所自責的項目，除了德行外，還包括政事、詞訟、賦役、人事、紀綱、刑賞、將士、吏治等項的檢討。朝鮮國王一面修德以消弭災異，一面飭令臣民直陳致災之由及弭災之道。孝宗六年（一六五五年）七月，朝鮮國王因數月不雨，曾於一日之內，連下數道罪己詔，廣求直言，同時避正殿、減膳、禁酒，改過遷善，以答天譴。遇災自責，並非人君一己即可致嘉應，凡百臣工，仍不可辭其咎。朝鮮百官爲應天消災，頗能遇災自劾，天人感應思想盛行以後，反映在政治表現上，便是朝鮮公卿百官每因災變而自動求去，以示負責。

二、大法小廉・激濁揚清

薩滿信仰是東北亞文化圈的共同文化特色，以自然崇拜、圖騰崇拜、祖先崇拜爲主要內容，相信萬物有靈，靈魂可以互滲，薩滿信仰就是滿族長期以來的原始信仰。康熙皇帝與西方耶穌會士接觸密切，具備較豐富的近世科學知識，他對佛、道二教福果報應之說，亦頗不以爲然。但他一方面受到滿族薩滿信仰的影響，一方面熟諳古代陰陽家災異之說，因而對天人感應的道理，深信不疑。康熙十二年（一六七三年）三月間，因久旱不雨，康

熙皇帝認為君臣上下，一心一德，遇災修省，勵精圖治，就可以
感召天和，使陰陽和而雨澤降，一切災祲就無足為慮了。康熙十
八年七月二十八日，京師大地震，城堞、衙署、民房，多已倒
塌，傷亡慘重。康熙皇帝指出京師大地震，是由於政事不協天
心，天象示警。因此，在地震過後，他力圖修身，並諭飭大小臣
工痛改前非，公忠自矢，存心愛民為國，以期挽回天意。清人傳
聞漢代每當災異發生後，即誅殺宰相一人。康熙皇帝卻不以為
然，他指出，「夫宰相者，佐君理事之人，倘有失誤，君臣共
之，可竟諉之宰相也？」京師地震災變嚴重，左都御史魏象樞曾
進密本，向康熙皇帝密奏，「此非常之變，重處索額圖、明珠，
可以弭此災矣！」索額圖是保和殿大學士，明珠是武英殿大學
士，其地位相當於古代的宰相。左都御史魏象樞欲效漢代故事，
以挽回人心。但康熙皇帝表示，「此皆朕之過，與若輩何預？朕
斷不以己之過移之他人也。」康熙皇帝是一位負責任的君主。

　　康熙皇帝認為國家惟以用人一政為本，其餘都是枝葉。他親
政之初，即屢飭部院諸臣，「國家建設職官，料理庶務，必須精
白矢志，大法小廉，各守職業，實心任事。部院堂官，惟敬慎廉
潔，方可無玷厥職。」但因積重難返，部院官員自大學士以下有
職掌官員以上，多未能勤敬供職，惟知早出衙門，偷安自便，三
五成群，互相交結，同年門生，相為援引傾陷，徇庇黨與，圖財
謀利，作弊營私。康熙皇帝指出漢唐盛運的開創，主要是由於人
主多留意吏治。因此，國家長治久安之道，吏治實為根本，吏治
得人，則民安物阜，獄訟不興，太平之效可睹。

　　六計是古代考察官吏的六項標準：一曰廉善，二曰廉能，三
曰廉敬，四曰廉正，五曰廉法，六曰廉辨。「廉」，即考察，周
官六計，也成為清代考察官吏的重要項目。知人固難，君子、小

河北省遵化縣清東陵孝陵神道的文臣石像

人之辨尤難。康熙皇帝指出，光明磊落的人是君子，陰私邪曲的人是小人，樸拙敦厚的人是君子，猾巧便捷的人是小人。宋臣司馬光嘗言，「國家與其用小人，不若用愚人。」他認爲愚人因無爲惡之才，自不至肆其奸邪之禍。倘若小人乘權藉勢，則流毒遺害於國家，將不可勝言。日講官牛鈕等人亦奏稱，「小人雖有可用之才，國家斷無用小人之理。」康熙皇帝不用小人，他勉勵臣工，始終一轍，不可改操。

　　康熙二十一年正月二十六日，康熙皇帝御乾清門聽理政事。因吏部具題兩江總督于成龍兼銜事，大學士明珠面奏，按照吏部現行例，于成龍應加侍郎銜。康熙皇帝以于成龍操守廉潔，特優加兵部尙書，以示獎勵廉吏之意。同日，吏部又開列名單題補直隸巡撫員缺。康熙皇帝以格爾古德爲人謹厚有才，人品最優，精通滿漢文義，而將他補授直隸巡撫。大學士李霨面奏時亦稱，「格爾古德清正和平，學問識見俱優，皇上選用，可謂得人，此畿輔生民之福也。」康熙年間，由於御門聽政制度的建立，持之

清代官帽上的花翎是區別
品級的標誌，根據考績可
以賞戴可以摘除。

以恆，對官吏的任免，經君臣面商評估後決定人選，確立公正合
理的人事制度。

耶穌會士杜赫德（J. B. Halde）主編的《中華帝國志》
中的清代文官（左）及武官（右）像。

三、居官貪黷・必受重懲

外任大員陛辭時，康熙皇帝都召見訓勉，諄諄叮嚀。康熙二十一年二月十四日未時，康熙皇帝召見新授直隸巡撫，並賜宴。席間，康熙皇帝面諭格爾古德：「小民失業，皆地方惡紳欺凌武斷之故，或通同不肖有司，恣行擾害，或霸占行場，侵奪生產，其端非一，朕知之已久，雖天下皆然，而江南、山東爲尤甚，直隸次之。爾等到任，務必嚴重查懲。」又說：「直隸係畿輔之地，料理事務，無甚繁難。但爲總督、巡撫者貪婪居多，朕知爾才優守清，故特簡斯任。爾惟有廉正自守，愛養百姓，無負朕委任之意。」康熙皇帝叮嚀格爾古德說：「凡爲官者，承貪吏之後，名譽甚易，承良吏之後，名譽甚難。金世德、于成龍居官有聲，爾往繼其後，得名必遲。然爾毋欲速以求名，速則恐致貽誤。」康熙二十二年四月二十日未時，康熙皇帝御景山內前殿，賜福建巡撫金鋐食。康熙皇帝訓勉他：「汝歷任外職，地方情事，知之素矣。但古來有治人，無治法，在奉行之善不善耳。苟善於奉行，則地方自然受福；若不善奉行，雖有良法，豈能有濟？汝爲巡撫，須督率司道有司，實心料理，以副朕委任之意。」陛辭請訓，皇帝諄諄訓勉，臣工盡忠職守，以副委任之意，具有鼓舞的意義。

居官貪黷，有負委任，必受重懲。康熙二十四年八月間，康熙皇帝北巡塞外。八月十一日，駐蹕山羊谷。是日晚刻，御行幄聽理政事，扈從侍郎佛倫、學士圖納等議覆山西巡撫穆爾賽屬下官員多派火耗，不能查考，以降三級調用。《起居注冊》記載行幄君臣對話的內容，頗爲詳盡，節錄其中一段對話如下：

上曰：「朕聞穆爾賽居官不善，爾等知否？」佛倫奏曰：

「誠如聖見，穆爾賽前任兵部司官，爲人昏憒，不能辦事。」圖納、席爾達奏曰：「穆爾賽之貪，眾皆言之。」牛鈕奏曰：「臣往祭西嶽，見彼處州縣官皆嗟怨，聲名不佳。」上曰：「凡事以清廉爲本。原任侍郎溫代、察庫不可謂無材，但以貪汙故，凡所行俱不足取，此皆不知廉恥故耳。」圖納奏曰：「人臣理宜廉潔，若貪汙恣行，皇上縱不加罪，天理亦斷不容也。」

臣工貪汙恣行，天理不容。康熙二十五年六月初，因天旱飛蝗，天象示警，康熙皇帝召集大學士明珠等人商議對策。《起居注册》詳載君臣談話內容，節錄一段如下：

明珠等又奏曰：「昨者皇上以天旱飛蝗，命臣等詢問九卿、詹事、科、道，恐政事或有闕失，民間疾苦壅於上聞，俾其詳議直陳。」九卿等議曰：「政事以愛民爲本，愛民莫大於蠲租。今凡遇直省水旱饑荒，皇上蠲免正賦，雖數百萬亦所不惜，小民已沾浩蕩之恩矣。愛民莫要於詳刑，皇上每遇關係人命之事，其難其慎，詳審再三，務得眞情，期於平允，亦無有冤抑之人矣。至於用人，尤行政要務，皇上每用一人，必加詳慎，務使人與職掌相稱。自親政以來，夙興夜寐，發政施仁，不獨在廷諸臣，事事悅服，即四海臣民，無不感頌德化，政事豈有闕失？雖間有水旱，亦天行時有之事，然皆由臣等奉職無狀，或所行有未當之處，致干天和耳。今公議在京重囚，皇上特遣大臣清理，凡可矜可疑者，悉蒙寬宥。其在外重囚，亦宜分遣大臣會同督撫一體清理，臣等謂此事似屬可行。」上曰：「然。」

天旱飛蝗，天象垂戒，康熙皇帝恐政事或有闕失，致干天

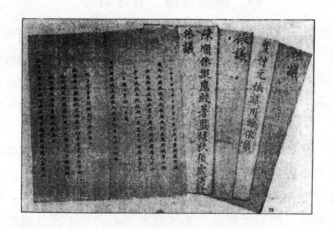

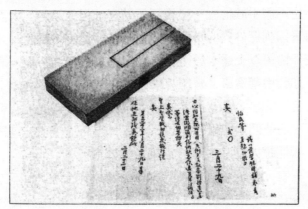

題本（上）及奏摺、奏匣

和。因此，戒愼恐懼，孜孜求治。天人感應的政治理念，對康熙年間的用人及施政，確實具有正面的作用。

四、廉隅自持‧有才有守

清朝初年，沿用明代的文書制度，例行公事，使用題本，本身私事，使用奏本。部院本章，由吏部轉遞內閣，各省題本和奏本，由通政司轉遞內閣，都容易洩漏機密。康熙皇帝親政以後，諭令三品以上文武大員除了題奏本章外，還要將所見所聞，譬如施政得失，官員操守，地方吏治，民情風俗等等，無論公私，雖然風聞，都要向皇帝呈遞書面報告。這種書面報告，稱爲奏摺，是一種非常機密的文書，各報各的，彼此不能相商，不經通政司，直接由內廷奏事人員進呈御覽。皇帝親手以硃筆批諭，叫做硃批諭旨。康熙皇帝曾因右手腫痛，不能寫字，而改用左手批諭，一字也不假手於他人。皇帝深居禁宮，但他以內外大臣爲耳目，利用奏摺刺探外界的事情。雍正皇帝即位後，爲了洞悉地方利弊，使下情可以上達，於是放寬臣工專摺具奏的特權，司道以下微員，亦許用摺奏事。督撫將軍固然可以密奏屬員官箴；司道因准使用密摺奏事，具有揭參的特權，已與御史無異，亦可奏參督撫將軍，使他們稍知顧忌。封疆大吏，天高皇帝遠，皇帝披覽密摺後，卻能瞭如指掌，事無鉅細，遂難欺隱。

中外一家，君臣一體，雍正皇帝利用奏摺批諭訓勉臣工潔己愛民，奉公守法，振作精神，爲國效力。護理山東巡撫黃炳具摺奏聞盤查司庫情形，雍正皇帝批諭說：「向來聞你聲名頗好，今覽爾奏摺甚詳細周到，朕今用你山東巡撫，爾可仰體先帝深恩厚德，可竭力報效朝廷。但山東一切事務費〔廢〕弛之極，必須著實勉力，務期萬全，不可生事，方不負朕此特用之恩也。」福建陸路提督吳陞繕摺請安，雍正皇帝批諭說：「朕安，你好麼？你向來居官聲名好到極點，朕甚嘉之，好生愛惜你的老身子，多給

朕出些年力。」江南總兵官高其位奏陳年老力衰，未能多爲朝廷
效力。雍正皇帝批諭說：「不老，如你這樣大臣，便閒坐在任
所，亦可以爲朕彈壓封疆也，勉爲之，只防屬員做弊要緊。」山
東登州總兵官黃元驤奏摺奉雍正皇帝硃批：「知道了，你去年來
少（稍）覺有點老景，打起精神來做官，若以年老廢弛，使不
得。」

　　居官廉潔，操守良好的文武大員，雍正皇帝優加訓勉，並密
諭查訪各官的聲名操守。閩浙總督高其倬陛見時，雍正皇帝面諭
高其倬暗中查訪湖廣總督宜兆熊的居官情形。高其倬具摺覆奏
稱：「宜兆熊操守廉潔，所不用言。人謹愼，辦事細心，於好中
求其未及之處，反在好潔太過，不能入泥入水，一直低頭做去，
不求人知。」原摺奉硃批：「宜兆熊看來根本端正，可望好督
臣。」湖南巡撫布蘭泰陛見時，雍正皇帝密諭他：「湖廣提督魏
經國聲名如何，爾到任後可訪明，並布政司朱綱、按察司謝旻居
官如何之處，一併奏來。」布蘭泰到任後遵旨訪明覆奏：「調任
提臣魏經國前在湖廣任內兵民相安，將弁悅服，聲名甚好。新任
提臣趙坤聲名不好，聞他屬下兵弁俱有怨言。又布政司朱綱爲人
鯁直，操守清廉。又按祭司謝旻不諳刑名，居心陰刻，巧於取
利。」雍正皇帝覽奏後指出，魏經國是「天下第一提督」。新任
提督趙坤聲名不好的原因，是由於「前任做太好，接任原難。但
趙坤原平常，若仍因循之病不改，再密奏聞。但此人不貪，武官
中亦就難得，人平和歷練」。

　　康熙末年後，戶部庫帑虛懸，各省虧空嚴重。雍正皇帝即位
之初即反覆誡諭內外臣工廉正自持，謹身節用，量入爲出，潔己
率屬，淡泊是安，以免爲虧空所累。雍正元年（一七二三年）九
月二十六日，工科掌印給事中康五瑞於〈爲責成大吏以肅官箴以

裕國課事〉一摺指出，「國家之重務，在錢糧；州縣之通病在虧
空。虧空之事，州縣爲之；虧空之根，起自督撫。督撫身爲大
吏，風行草偃，果能持清守正，崇節儉，尚簡樸，舉一切常規陋
例，屏而絕之，則處己嚴，而其源清矣」。督撫貪婪，有玷官
箴。雍正皇帝爲清理虧空，動輒籍沒臣工家產，以致外間流言，
雍正皇帝是抄家皇帝。

　　封疆大員於處理例行公務之外，尚須以察吏安民爲念。廣西
提督韓良輔密奏廣西按察使白洵居官惟以唱戲頑耍爲務，一切政
事，全不留心，審理其命盜案件，俱極潦草，此實大吏中所不妥
之員，不敢隱諱，以私害公。原摺奉硃批：「知道了，朕命他哥
哥勸導他，改與不改，再據實奏，但不知此人才具何如？」江南

雍正 2 年高其倬奏摺，上有雍正皇帝的硃批。

安徽布政使覺羅石麟訪聞陞任布政使博爾多於雍正二年因其母生日，收受過各屬壽禮金銀綢緞玉器等項，約共計銀七千餘兩。雍正皇帝覽奏後批諭說：「是，一點不可寬貸，盡情奏聞。」雍正皇帝每諭督撫大員密奏屬員操守，並令各屬員改過遷善，密奏制度對防止外任地方官貪贓枉法，確實發揮了很大的作用。

　　河南總督田文鏡密奏司道官箴時已指出，「凡率屬臨民，必有根本，所謂本立而道生。根本爲何？操守是也。居官者，未有操守不清廉而挺身以行大事者也。」典型的循吏是人品端方，存心忠厚，廉隅自持，操守廉介，才具明敏，辦事勤愼；人需明白，不可瞻顧因循，倘若過於謹愼，反而是無能爲之人，居官最忌昏憒貪婪。有才無守，有守無才，均各有所失，有守又有才，始能率屬臨民。雍正皇帝訓勉臣工具摺時，「凡事皆以實入奏，朕便酌量料理，若匿不奏聞，朕何由而知？從何辦理？」浙江巡撫李馥奏聞地方情形，雍正皇帝批諭說：「覽奏深慰朕疑懷，君臣原係一體，中外本是一家，彼此當重一個誠字，互相推誠，莫使絲毫委屈於中間，何愁天下不太平，蒼生不蒙福。」河道總督齊蘇勒貝摺奏明錢糧事宜，雍正皇帝批諭說：「知道了，你只管秉公無私作去，朕保你無事就是了。若放膽負朕，自有天鑑，量你亦斷不忍負朕也，只以虔敬感格天神爲要，特諭。」安徽巡撫李成龍奏報二麥收成情形，原摺奉硃批云：「知道了，向後一切吏治天年，總以實在爲主，若仍以寬慰聖懷，恐煩上慮粉飾隱諱，以爲忠能，倘被朕察出，必治以重罪，德音是樣子，這還是三年之內輕處分。君臣原是一體，中外何可兩視，彼此披露，毫無欺隱，自然上下相安，普天和氣，正大光明，洪然之氣，自然召感天和，一切如意，萬姓蒙福也，勉之，愼之。」

　　自古以來，有治人，無治法，雍正皇帝以奏摺批諭訓勉臣

工，可以說是奏摺政治的成功；君臣一體，用人施政，以天爲
鑑，召感天和，向天負責，天象垂戒的政治理念，就是東方政治
的共同特色。

乾隆皇帝接見文武百官的情景

五、和珅跌倒・嘉慶吃飽

　　雍正七年，清廷因西北用兵，密辦軍需，由戶部設立軍需
房。其後改稱辦理軍機處，簡稱軍機處。軍機大臣以大學士或各
部尙書侍郎在軍機處行走，而逐漸吸收了內閣部院的職權，軍機
處遂由戶部分支演變成爲獨立的中央政治機構。朝廷威命所寄，
已不在內閣，而在軍機處，舉凡軍國大政，莫不總攬，軍機處終
於取代了內閣的地位，成爲清朝政令所自出之處。

　　雍正年間，陝西總督岳鍾琪密奏屬員官箴，原摺奉硃批：

紫光閣碑搨片，刻有乾隆 17 年「要求八旗大臣勤於騎射，
嫻熟滿語」的諭旨

「操守二字，實與人才毫無干涉。」雍正皇帝認為忠厚老成而略
無材具者可信而不可用；聰明才智而動出範圍者可用而不可信。
庸碌、安分、潔己、沽名之人駕御雖然省力，恐怕誤事。但用材
情之人要費心力；用無能大員，不如用忠厚老成人。因此，用人
時，一面當嚴飭教導，著實留心，訪其行止，一面要防患未然，
如係下愚不移，則當嚴參，不可姑息。軍機大臣因常日侍值，贊
襄機務，不僅承訓掌書諭旨，內奏事處發下奏摺，亦先送軍機大
臣繙閱，然後錄副存查。由於送軍機大臣位尊權重，缺少制衡的
力量，最易滋生弊端，和珅因受寵信而斂財自肥，就是街頭巷尾
議論的話題。

　　和珅精明能幹，身居首輔，承旨書諭，指示機宜，俱能辦理
完善，權勢隆盛。他善於逢迎，欺騙蒙蔽，驕橫專擅，貪黷斂

財。他受乾隆皇帝寵信長達二十年，嘉慶四年（一七九九年），乾隆皇帝崩殂後，嘉慶皇帝方把和珅革職逮獄。他在獄中寫了「一生原是夢，廿載枉勞神」；「對景傷前事，懷才誤此身」兩首悔詩。

　　據筆記、野史的記載，和珅被籍沒的家產，共計一百零九號，約值八萬萬兩白銀，相當於當時國庫收入的十倍。換句話說，和珅二十年「宰相」所聚斂的財富超過了國庫歲入十年的總額。其實，官書、檔案中並沒有關於和珅全部家產的清單，民間傳聞的貪汙數字，過於誇大，不足採信。和珅家產被籍沒後，其中金、銀、錢等現金多被送到戶部大庫，或內務府廣儲司銀庫。他家珍藏的珍寶玉器、金銀器皿、首飾、古玩、銅器、瓷器、錫器等，一部分由嘉慶皇帝賞給了王公大臣，另外一部分在崇文門和熱河等地變賣成現金，交到內務府，成為皇室的財富，當時人遂有「和珅跌倒，嘉慶吃飽」的傳說。和珅伏誅後，嘉慶皇帝在四川幫辦軍需廣興的奏摺上批諭說：

　　　　試思能誅二十餘年盤踞朝廷之首相之主，言出而不知懼，屢訓而不知改，可謂下愚不移，至噬臍不及之時，悔之晚矣，汝試思之，禍福汝自取耳！

　　和珅富比皇室，他不僅是清朝最大的貪官，而且也可以說是我國歷代以來貪汙之王。嘉慶皇帝敢於誅戮盤踞樞垣二十餘年的「首相」，而不必顧慮動搖國本，其主要原因就是清初以來重視官箴操守的用人考核制度。嘉慶皇帝秉承祖宗家法，誅戮貪黷不堪的和珅，破除一切情面，除惡務盡，所以朝野稱快。

　　滿洲入主中原，歷經二百六十八年，其中康熙、雍正、乾隆三朝正好是一百三十四年，占了一半。這三朝皇帝，各有其政治主張，也各有其成就。康熙皇帝主張寬和，近乎德治；雍正皇帝

主張嚴厲，近乎法治；乾隆皇帝主張寬猛相濟，近乎文治。雖然各有千秋，但都重視官箴，注意吏治，無時不以察吏安民為念，留下了大量密奏官箴的摺件。有清一代，密奏官箴的制度，對澄清吏治，確實發揮了功效。

《史料旬刊》中有關和珅罪狀的記載　　和珅像

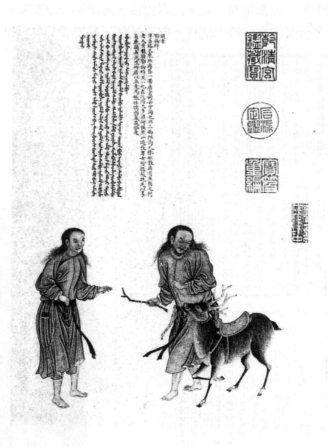

鄂倫綽族圖
職貢圖畫卷

源遠流長──
通古斯民族的源流及其分布

　　我國歷代以來，就是一個多民族統一而不可分的國家，除漢族外，目前已經識別的少數民族多達五十五個。各少數民族經過長久的蕃衍生息，多次的遷移屯戍及移民實邊，使各民族人口逐漸形成一定的分布地區。其中通古斯族系的滿族主要分布於遼寧、黑龍江、吉林、河北、北平及內蒙古等地；錫伯族主要分布於遼寧、新疆等地；赫哲族主要分布於松花江流域、黑龍江等地；索倫族主要分布於內蒙古；鄂倫春族主要分布於黑龍江、內蒙古等地；達呼爾族主要分布於內蒙古、黑龍江等地；朝鮮族主要分布於吉林、黑龍江、遼寧等地。以上各民族主要分布在邊疆地區，地域遼闊，大雜居小聚居是人口分布的突出特點，人口密度較低，起伏非常明顯，增長速度快慢不同。

　　滿族、錫伯族、赫哲族、索倫族、鄂倫春族、達呼爾族、朝鮮等族的體型，仍保留通古斯族的高顴骨、斜吊眼等體質特徵。辛亥革命以來，對通古斯族系各少數民族起過統治作用的八旗制度及氏族組織，雖已失去功能，但其家長之地位，依然極爲崇高，飲食、服飾、婚姻、信仰、習俗方面，仍多保留其特點。以肉食爲主，喜食狍、鹿等肉類。男女服飾雖然漢化，但婦女仍多喜穿旗袍，樸素大方。婚姻方面行一夫一妻制和族外婚，哈拉、穆昆內禁止通婚。在宗教信仰方面，盛行薩滿信仰、自然崇拜、圖騰崇拜、祖先崇拜，接受藏傳佛教、基督教者，亦與日俱增。其語言屬阿爾泰語系，錫伯等族迄今仍使用滿文。

　　薩滿信仰是以萬物有靈的宗教信仰爲基礎，以自然崇拜、圖
騰崇拜，以及祖先崇拜爲主要內容的一種原始宗教信仰。所謂薩
滿，滿洲語讀如「saman」，是阿爾泰語系通古斯語族稱呼跳神
巫人的音譯。在通古斯的語言中，薩滿一詞，是指能夠通靈的男
女，他們具有超自然的能力，魂靈可以出竅。通古斯族相信人生
的禍福、人們的生老病死，以及宇宙的各種現象，都有神靈在冥
冥中主宰著，人與神靈之間，必須設法溝通，薩滿就是人間的代
表、神靈的使者、溝通靈異世界的靈媒。薩滿信仰即因薩滿得
名，就是以巫術爲主體而發展出來的一種文化現象。

　　薩滿信仰曾盛行於東北亞以迄西亞草原地帶，而以貝加爾湖
附近及阿爾山一帶特別發達，表現最爲典型。通古斯、蒙古、女
眞、滿洲、赫哲、達呼爾、索倫、鄂倫春、錫伯等民族，對薩滿
的信仰，一直延續下來。滿族薩滿，分爲宮廷薩滿和民間薩滿，
東北寧古塔、璦琿等地的民間薩滿一直保存到二十世紀四十年
代。民間薩滿分爲管祭祀的氏族薩滿和收取報酬的職業薩滿。赫
哲族找薩滿跳神，多待以酒飯，一般不給報酬，已無專以收取報
酬的職業薩滿。薩滿信仰是達呼爾族傳統文化的一個側面，每一
個穆昆都有一個叫做雅達干的氏族薩滿。薩滿作爲替族衆消災除
病的解救者和熟悉本民族社會的智能，受到人們崇敬①。索倫族
的多神信仰，最集中的體現在薩滿身上，額爾古納旗索倫族的薩
滿，不僅是氏族的巫師，而且在社會上也有很高的威望，族長或
頭人一般都由薩滿來擔任，一切鬼神、吉凶和疾病的來源，都由
薩滿解釋②，但無職業薩滿，跳神驅鬼亦無報酬③。在祖先崇拜
興起以後，人們都把人畜的平安和生產的豐收寄托在祖先的神靈
上。鄂倫春人相信薩滿就是祖先神靈的代表，原來每個氏族只有
一個穆昆薩滿，後來出現德勒庫爾薩滿，意即流浪薩滿，鄂倫春

人希望薩滿能免除人間的疾病④。錫伯族西遷新疆以後，仍篤信薩滿，人們因久病不起或欲免除天災人禍，多請薩滿跳神。後來藏傳佛教傳入錫伯族地區，信仰薩滿的人數越來越少，但是薩滿信仰仍有一定的影響⑤。

　　薩滿信仰本為一種原始的多神崇拜，認為自然界每一種事物都有神祇主司，各有靈異，薩滿所領的神也就不限於一種，薩滿所以能夠通神、抵抗惡魔，就是得到愛米神的保護和輔助。赫哲族的愛米神分為四種：第一種叫做巴爾布卡愛米神，第二種叫做富拉馬奇愛米神，這兩種愛米神，只具有普通的神術；第三種叫做屯塔愛米，能治腫脹等症；第四種叫做布諾愛米神，司走陰間。此外，布克春、薩拉卡也是專保護薩滿，以抵抗鬼怪的神祇。額其和專司驅逐獸類的神祇，當薩滿與鬼怪鬥法時，額其和能變成虎、熊、鹿、狗等獸類。鳩神和鷹神都是領路神，薩滿跳神作法時，由鳩神領路尋找愛米神，薩滿過陰時，則用鷹神領路，牙莫使神能預知吉凶禍福，其餘虎神、鹿神、娘娘神等，都各有專司⑥。

　　錫伯族的薩滿，其職責範圍很廣，凡民間的疾病、婚喪喜慶、出獵祭祀、慶祝豐收等事，最初都由薩滿主持。隨著社會的發展，薩滿內部開始分化，出現專職薩滿，同時薩滿也派生出爾琴、鬥琴和相通，各司一事。例如鬥琴專司鬥妖怪，相通專司醫狐仙病，而薩滿管的只是跳神治病和送娶親篷車時祭天的事宜⑦。

　　鄂倫春族的薩滿職責，最主要是為病人祈禱，為死者祝福，為人們祝願，希望狩獵生產能帶來豐收。伴隨著宗教信仰的日益分工，鄂倫春人信奉的神祇也隨著增加，新增的神祇大多是管人的疾病，例如德日庫達日依樂是管全身疼痛的神祇，烏仁哈達爾神管昏迷不醒，額淀神管頭疼胸痛，胡路斤哈達爾神管瘋病，奧

毛西莫口是專爲孩子治病的神祇。另外還有管狩獵生產的神祇，
例如吉雅其等神是管狩獵生產的，打不到獵物時，多向吉雅其爲
神祈禱⑧。

　　在薩滿信仰盛行的地區，相信人類有三個靈魂：第一個靈魂
叫做鄂倫（oron），人與動物都有，人死以後，此靈魂立即離開
肉體，它與人的生命同始終，是生命的靈魂；第二個靈魂叫做哈
尼（hani），它能暫時離開肉體，是思想的靈魂；第三個靈魂叫
做法扎庫（fajaku），它有創造來生的能力，是轉生的靈魂。赫
哲等民族就是用這三個靈魂來解釋許多人生的現象，人的睡眠，
是思想靈魂的暫時離去，人在醒著時失去知覺，或患精神病，是
因爲失去思想的靈魂。身體強壯的婦女不能懷孕生育，是因爲沒
有轉生的靈魂。人類的疾病是因人在夢寐之際，魂靈飛越，脫離
軀體，若被鬼魔捕去，久而不放，則其人必死⑨。

　　赫哲等民族生病，相信與神鬼有直接關係，或因忘記還願，
或因言語不愼，觸犯神靈，乃降災於人。或因病人得罪於鬼怪，
第二靈魂被攝去，魂不附體，而染患疾病，於是請薩滿跳神治
病，或飛鏡驅祟、或過陰收魂、或療治時疫。薩滿除治病外，也
跳鹿神，爲村鄰消災祈福，也爲不孕婦女禱求子嗣，或充當年節
家祭的祭司，或爲喪家除服，或占卜解夢，薩滿在養生送死的過
程中，確實扮演重要的角色⑩。

　　構成宗教的基本條件，至少必須包括教派名稱、教義或經
卷、寺廟建築物，以及師徒縱的關係等要素，薩滿信仰並未具備
完整的宗教條件，所以不能稱之爲薩滿教。薩滿信仰只是一種崇
拜多神的文化現象，包括對祖先、自然、圖騰的崇拜，以及對諸
天與冥府的宇宙觀，這就決定它不排斥其他外來宗教的特點，佛
教、道教盛行後，薩滿不但不排斥佛教、道教，甚至在薩滿自己

的祭壇上還爲佛教及道教預留一席神位。例如佛祖釋迦牟尼、觀世音菩薩、玉皇大帝等神祇都躋身於薩滿諸神之列。三國名將關羽是中原內地佛、道二家共同崇拜的神祇,很快被滿洲、赫哲、錫伯等族所接受,關帝廟到處可見。《樺川縣志》等書記載女眞習俗,奉佛尤謹,赫哲信仰尤力。清季放荒,漢族東來,亦染此習,正是所謂「家奉觀音,戶供佛像」⑪。

　　其中錫伯等族所接受的佛教,是屬於藏傳佛教,民間習稱喇嘛教。薩滿信仰天穹觀的多層意識發展到三界觀念,其中是受到佛、道影響而演化形成的。薩滿信仰原始的地界觀念,認爲地下生活並非地獄。自從內內佛教、道教傳入北亞社會後,薩滿信仰也雜揉輪迴、酆都城、十殿閻羅等觀念,那種認爲地界是惡魔所居,人死後在地獄忍受煎熬、惡人打入酆都城接受種種酷刑、歷經苦難的觀念,顯然是受佛、道等外來宗教的影響。基督教也是外來宗教,清代中葉以來,東北各縣已有不少信徒,例如吉林省城有福音堂、基督教青年會,敦化沿路有萬國基督教,延吉銅佛寺額穆福音堂,賓縣佈道會,琿縣佈道會,琿春洗禮會,延邊及俄邊有朝鮮基督會等⑫,許多少數民族也接受外來宗教。

　　我國少數民族,經過歷代以來長久的蕃衍生息,以及多次的遷移屯戍,而使各民族人口逐漸形成一定的分布地區。崛起於我國東北的滿族,其先世可以追溯到女眞以前的肅愼。學者將肅愼作爲滿族的最早先人,已從考古發掘資料提供具有說服力的物證。肅愼以下的挹婁、勿吉、靺鞨、女眞各族的形成發展過程,雖然不能作爲滿族本身的形成發展過程,但在滿族史中,如把肅愼以下迄明代女眞人的世代相承的系屬關係與滿族割裂開來,也是不能正確反映滿族悠久的歷史淵源⑬。近代滿族就是在清太祖努爾哈齊統一女眞各部的基礎上形成的,亦即以建州女眞、海西

女眞爲基礎，吸收一部分野人女眞，以及朝鮮人、漢人、錫伯、達呼爾等人，經過長期共同生活而形成一個新的共同體⑭。早在十七世紀三十年代，滿洲已經是部落名稱，明神宗萬曆三十三年（一六〇五），朝鮮使臣申忠一著《建州紀程圖錄》一書所載建州衛中的「曼遮」⑮，當是「滿洲」的同音異譯。

　　清世祖順治元年（一六四四），滿族入主中原後，一方面加速漢化，一方面各民族互相融合，經過清朝長期的統治，終於奠定我國多民族統一國家的基礎。宣統三年（一九一一），辛亥革命以後，滿洲貴族喪失統治全國人民的政治權力，也失去直接控制滿族人民的勢力。八旗制度崩潰，各地旗署一律撤銷，解除對人民的束縛，滿族人民可以自由入籍營生，改變了北平和關內駐防各地的滿族社會面貌，對滿族經濟文化的發展也是有利的⑯。

　　民國初年以來，由於多數滿族隱瞞民族成分，其人口統計很難得到確切的數字。根據估計，北伐統一以前，在東北地區居住的滿族約有一、二百萬人，絕大部分是農民。關內各地的滿族，城市人口比重較大，北平就有幾十萬人⑰。根據民國四十六年的調查，全國共有滿族二百四十多萬人；六十七年調查，增爲二百六十五萬人；七十一年，根據人口普查統計，全國滿族總人口共有四百二十九萬人⑱。主要分布在遼寧、黑龍江、吉林、河北、內蒙古和北平等地，而以遼寧東部和河北承德比重最大，形成高度的聚居特點。根據滿族人口分布統計，遼寧省占百分之四十六點二五，約有一百九十八萬人；黑龍江省占百分之二十一點一二，約有九十萬六千餘人；吉林省占百分之十二點零六，約有五十一萬七千餘人；河北、北平、內蒙合計占百分之十七點一四，約有七十三萬五千餘人⑲。七十九年，據人口普查統計，全國滿族總人口共有九百八十二萬一千一百八十人⑳。

　　瀋陽是遼寧省的省會，瀋陽市轄大東、瀋河、和平、鐵西、皇姑、于洪、東陵、新城子、蘇家屯九個區，遼中、新民兩個縣。據瀋陽市統計，全市居住著三十五個民族，除漢族外，有滿族、錫伯族、朝鮮族、蒙古族、回族等三十四個少數民族，其中滿族人口所占比例較高。茲將歷次滿族人口統計列表如下：（表一）

表一　瀋陽市滿族人口統計表

次　　數	年　　分	人口數	備　　註
第一次	宣統二年	五六、六五二	
第二次	民國四十二年	一一二、六〇九	第一次人口普查
第三次	民國五十三年	一六五、九一一	第二次人口普查
第四次	民國六十年	一五七、六九三	瀋陽市人口統計
第五次	民國七十一年	二一八、六六六	第三次人口普查
第六次	民國七十五年	二二〇、四八〇	瀋陽市人口統計
第七次	民國七十九年	二八二、四九七	第四次人口普查

　　根據民國七十一年第三次人口普查統計，瀋陽市總人口為五百一十一萬五千二百三十六人，滿族等二十八個少數民族人口為四十萬三千三百二十人，占總人口百分之七點九，其中滿族人口為二十一萬八千六百六十六人，占少數民族人口百分之五十四點二二，而占人市總人口百分之四點三。瀋陽市滿族人口散居在各縣區，東陵區、新民縣、遼中縣、蘇家屯區人口較多，其中東陵區滿堂族鄉居住有漢、滿、蒙古、錫伯等四個民族，據七十四年統計，全國總人口為七千八百七十人，其中滿族人口為三千零三十八人，占總人口百分之三十八點六。根據七十五年瀋陽市人口統計，全市五百四十一萬一千餘人中，三十四個少數民族人口將

近四十一萬四千餘人，其中滿族將近二十二萬一千人，占少數民族總人口百分之五十三點五，是瀋陽市少數民族中人口最多的一個民族㉑。

民國七十四年以來，中共在滿族聚居的縣市先後建立許多滿族自治縣。新賓是滿族的發祥地，原名赫圖阿拉，天總八年（一六三四），改名興京。光緒三年（一八七七），置興京撫民廳，其廳署從興京老城遷至新賓鎮。宣統元年（一九〇九），升廳爲府。民國二年，改興京府爲興京縣。十七年，改興京縣爲新賓縣㉒。七十四年一月十七日，撤銷新賓縣；六月七日，成立「新賓滿族自治縣」，是我國第一個滿族自治縣。據七十九年人口普查統計，全縣共有三十一萬四千八百八十人，其中滿族有二十三萬一千三百七十五人，占總人口百分之七十三，爲全縣主體民族㉓。此外，朝鮮族有一萬三千三百零八人，錫伯、達呼爾族七百九十三人㉔。

「岫岩滿族自治縣」隸屬於遼寧省丹東市。康熙二十六年（一六八七），在岫岩設城守尉。乾隆三十七年（一七七二）三月，置岫岩廳。光緒二年（一八七六）正月，岫岩降爲州，隸屬於鳳凰廳。民國二年，改爲岫岩縣。四十三年八月，遼東、遼西兩省合併爲遼寧省，岫岩縣隸屬於遼寧省。七十四年一月十七日，撤銷岫岩縣；六月十一日，建立「岫岩滿族自治縣」㉕，全縣共十個鎮，十四個鄉。岫岩是一個多民族的縣分，據《滿洲地方志草稿》記載，宣統元年（一九〇九），岫岩滿族共有四千一百三十六戶，計三萬一千二百零四人。至民國六十八年，增加爲十六、七萬人。七十年，增加爲二十一萬八千人。據七十一年人口普查統計，岫岩縣總人口共有四十六萬七千八百七十一人，其中滿族爲二十四萬零九百八十五人，約占總人口百分之五十一，

錫伯、朝鮮、蒙古、回族等少數民族共四千八百人，其餘漢族共
二十二萬二千零八十六人㉖，從宣統三年（一九一一）以來，岫
岩縣滿族人口增加爲四點八倍，接近丹東地區滿族人口五十萬的
半數。據民國七十九年人口普查統計，岫岩全縣總人口共有四十
九萬五千九百五十人，其中滿族有四十三萬六千二百三十五人，
占全縣總人口百分之八十七點九五，滿族是主體民族，又是全國
滿族人口最多的一個滿族自治縣㉗。

　　「鳳城滿族自治縣」位於遼寧省東部崇山峻嶺之中，東與寬
甸滿族自治縣毗鄰，西與岫岩滿族自治縣交界，南與東溝縣相
連，北與本溪滿族自治縣接壤。清朝末年，鳳凰廳滿族人口約有
三萬六千餘人。民國元年，改廳爲縣，因與湖南省鳳凰縣重名，
於三年改爲鳳城縣，隸奉天省，九一八事變後，歸安東省。七十
四年一月十七日，撤銷鳳城縣；六月十三日，成立「鳳城滿族自
治縣」。全縣十二個鎮，十三個鄉。據七十九年人口普查統計，
鳳城滿族自治縣全縣共有五十九萬九千五百四十人，其中滿族有
四十二萬八千六百一十七人，占總人口百分之七十一點四九，是
該縣主體民族。此外，錫伯族四千五百七十七人，朝鮮族三千七
百四十人㉘。

　　本溪位於遼寧省東部山區，太子河上游，東與桓仁、寬甸二
縣毗連，南與鳳城縣爲鄰，西與遼陽市接壤，北與新賓縣交界。
光緒三十二年（一九〇六），置本溪縣，因縣署臨近本溪湖而得
名。民國三十八年五月，本溪縣劃歸遼寧省。四十九年，縣治遷
至小市鎮。七十八年九月七日，成立「本溪滿族自治縣」。全縣
轄九個鎮，七個鄉。據同年人口統計，全縣總人口共有二十九萬
四千九百餘人，其中滿族約有十四萬六千二百餘人，占總人口百
分之四十九點六。此外，還有蒙古、朝鮮、回族等少數民族㉙。

「北鎮滿族自治縣」位於遼寧省西部，醫巫閭山東麓。天命七年（一六二二），清太祖努爾哈齊占領廣寧後，滿族開始大規模進入廣寧。順治元年（一六四四），設佐領。康熙三年（一六六四），設廣寧縣。光緒三十四年（一九〇八），廣寧縣滿族共三萬一千六百零一人，占全縣總人口十九萬一千五百二十三人的百分之十六點五。民國初年，廣寧縣改爲北鎮縣，民國四十二年，滿族人口增爲四萬三千餘人，占總人口百分之十五點三。七十二年，滿族人口增爲六萬五千六百一十三人，占總人口百分之十三點三。七十五年十二月，全縣總人口增爲五十一萬一千七百三十八人，其中滿族人口共有二十八萬八千六百零四人，占總人口百分之五十六點四。七十七年，全縣總人口增爲五十二萬零二百五十一人，其中滿族人口增爲三十萬二千八百五十三人，占總人口百分之五十二點二。七十八年六月二十九日，成立「北鎮滿族自治縣」。全縣二十五個鄉鎮中已有二十二個鄉鎮改建爲滿族鄉鎮㉚。此外，清原縣也在同日成立滿族自治縣；九月七日，桓仁、寬甸二縣亦成立滿族自治縣㉛。

河北青龍縣是一個多民族聚居的地區，其中滿族人口所占比例較重，曾先後建立馬圈子等三十四個滿族鄉鎮。民國七十五年，青龍縣提出建立滿族自治縣的請求；十二月二日，批准撤銷原青龍縣，成立「青龍滿族自治縣」。據七十六年的人口統計，青龍縣總戶數爲十一萬八千七百九十一戶，總人口爲四十九萬五千五百零六人，其中滿族人口爲二十七萬四千四百五十七人，占總人口百分之五十五點四㉜。

豐寧縣位於河北縣北部邊緣，南擎燕山峻嶺，北枕內蒙古高原。由於地理和歷史的因素，豐寧縣成爲多民族的聚居區，乾隆四十三年（一七七八），豐寧建縣初期，滿族已達五萬餘人。民

國十年，建豐寧自治縣，轄六個自治區。據二十三年統計，全縣總人口為二十二萬三千七百四十三人，其中滿族共十一萬七千五百七十六人。據七十五年七月統計，全縣常住人口共三十四萬六千五百二十三人，其中滿族有十六萬九千四百六十四人，約占全縣總人口百分之四十九。此外，蒙古族為一萬五千一百六十七人，回族為一千九百八十九人，朝鮮、維吾爾等族共一百三十四人，少數民族超過總人口的半數③。七十六年四月二十四日，成立「豐寧滿族自治縣」㉞，全縣四十五個鄉鎮，建立滿族、蒙古、回族等四十二個民族鄉鎮。

「圍場滿族蒙古自治縣」位於河北縣北端，屬承德地區，東鄰內蒙古赤峰，北接克什克騰旗，西北與內蒙多倫相連，西南及南面與省內的豐寧滿族自治縣、隆化縣接壤。康熙年間（一六六二——一七二二），設立木蘭圍場。光緒二年（一八七六），改置糧捕廳。三十一年（一九〇五），改糧捕廳為撫民廳，劃歸直隸管轄。民國元年，改廳建縣，正式成立圍場縣，隸屬熱河省。據《熱河》一書記載，民國十年，圍場滿族人口共有二十萬五千六百三十二人，約占少數民族總人口百分之三十五。三十六年一月，以圍場至承德的公路為界線，將圍場劃分為圍場、圍北二縣；十月，將圍場、圍北合併為圍場縣。四十五年，撤銷熱河省，圍場縣劃歸河北省承德地區。據七十七年人口統計，全縣總人口共有四十九萬二千五百四十三人，其中少數民族人口為二十四萬二千一百七十一人。在少數民族中，最多的是滿族，共有十八萬九千九百零九人，占全縣總人口百分之三十八點六，而占少數民族總人口百分之七十八點四，集中分布在圍場縣西部和東南部地區。七十八年六月二十九日，撤銷圍場縣，成立「圍場滿族蒙古族自治縣」。全縣有滿族鄉二十三個，滿族蒙古族鄉十七

個，蒙古族滿族鄉四個㉟。

雙城市位於黑龍江省西南部，也是滿族聚居的地區。清初，在北京及近郊聚居的滿族，習稱京旗。清代中葉以後，京旗滿族陸續移墾雙城堡。據光緒三十三年（一九〇七）人口統計，滿族戶口計二千八百五十二戶，人口共二萬五千四百零五人。據民國六十九年人口統計，全市滿族人口共有十一萬三千一百五十三人，占總人口百分之十六點七。七十一年，第三次人口普查，滿族人口共十二萬八千三百八十二人，占全市總人口百分之十八。七十九年，第四次人口普查，雙城市滿族人口數共十六萬零七百零一人，占全市總人口百分之二十一點七，分布於樂群等二十七個鄉鎮㊱。

呼和浩特是內蒙古自治區的首府，其原意為青色的城市。呼和浩特的舊城為歸化城，建於明代萬曆九年（一五八一），康熙三十年（一六九一），為防禦準噶爾，曾重修歸化城。乾隆二年（一七三七），在歸化城東北五里外高坡上另建新城，稱為綏遠城。有清一代，由於滿族及其他少數民族的大量遷入，而改變原來以蒙古族為主的塞北古城成為由漢、滿、蒙、回、藏等多種民族聚居的漠南青城。民國初年，劃綏遠為特別區。民國十七年，改設綏遠省。四十三年二月，綏遠省劃歸內蒙古自治區，撤銷綏遠省建制，歸綏市恢復原名呼和浩特，作為自治區首府。市政府按照市內少數民族大分散小聚居的特點，將原來土默特蒙古族聚居的歸化城劃為御泉區，舊城北門外回族聚居區劃為回民區，滿族聚居的綏遠城劃為新城區。

在辛亥革命以前，新城滿族約有九千餘人。據民國七十九年人口普查統計，呼和浩特市滿族人口共有一萬八千三百零五人。此外，在巴彥淖爾盟有三千八百四十人，在哲里木盟有八萬二千

三百八十人，呼倫貝爾盟有十萬一千六百八十三人，興安盟有六萬六千七百零五人，錫林郭勒盟有二萬五千二百五十五人，烏蘭察布盟有一萬六千一百一十九人，包頭市有一萬九千零九人，阿拉善盟有九百六十九人，赤峰市有十一萬六千五百八十八人，伊克昭盟有一千九百一十一人，烏海市有三千五百八十八人㊲，合計共四十五萬六千三百五十二人。由於歷史和地理原因，滿族在全國及自治區內，形成大分散小集中的分布特點，構成少數滿族的聚居區。據七十九年之統計，全國共有滿族九百八十二萬一千一百八十人㊳。

滿族姓氏形成於氏族社會，最初是表示血緣關係的稱謂。滿族構成血緣組織的名稱叫做「哈拉」（hala），意即姓氏，「穆昆」（mukūn），意即家族，最初一個哈拉就是一個穆昆。隨著人口的日益繁衍，同地聚居，聯姻困難，而分解遷徙，同一哈拉就出現隸於原來哈拉的數個穆昆㊴，其分離出來的穆昆，再發展成為新的氏族組織，對原來的哈拉來說，是子氏族㊵。隨著氏族社會的發展，哈拉、穆昆也在不斷演變，原來的同一個哈拉、穆昆內就派生出二個以上的哈拉，新的哈拉不斷增多，而形成眾多的哈拉。滿族姓氏在《皇朝通志・氏族略》中記載了六百四十六姓，又記譜外三十三姓，合計六百七十九個哈拉，或以地為氏、或以部為氏，有其民族特點，但後來在漢族文化的影響下，而往往將原來多音節的姓氏，冠以單字漢姓。例如滿族八大姓佟佳氏、瓜爾佳氏、馬佳氏、索綽羅氏、齊佳氏、富察氏、納喇氏、鈕祜祿氏，分別改易單字漢字姓為佟、關、馬、索、齊、富、那、郎㊶。

滿族婚姻，實行一夫一妻，結婚時有坐福，迎親時還有插車的習俗。典型的滿族住屋，一般多有兩間正房，門向南開，外屋

有灶，裏屋北、西、南三面有炕。其服飾受漢族影響，民國以來，已與漢族逐漸趨於一致。近代以來，滿族從事農業的人口，已占總人口的百分之八十以上，偏僻的山區，農民還從事採集人參、木參、蘑菇等副業㊷。

　　滿族有自己的語言文字，按形態結構分類，滿語屬於粘著語類型。按系屬分類，則屬於阿爾泰語系，滿洲通古斯語族，滿語支。滿族的文字是屬於音位文字類型，行款直書，自左至右。萬曆二十七年（一五九九），清太祖努爾哈齊命大臣額爾德尼等創製滿文。滿文字母是仿照蒙古文字母製成的，老蒙古文是十三世紀蒙古人採用畏維吾爾母創製的。額爾德尼初創滿文，是所謂無圈點滿文或老滿文，並沒有克服蒙古文字中存在的問題，而且還有語音假借及字母混亂等現象。天聰六年（一六三二），達海奉命改進滿文，酌加圈點，增為十二字頭。經過達海改進的滿文，稱為加圈點滿文或新滿文。十二字頭的第一字頭就是滿文的元音，以及輔音與元音相結合所構成的音節的總和，其他字頭則分別是第一字頭內的各個音節和 i、r、n、ŋ、q 或 k'、s、t、p、o、l、m 相結合所構成的音節，共十一字頭，合計十二字頭，清代字書多按十二字頭排列。達海在統一字母形式的基礎上加圈點及其他符號，解決字母之間的假借問題，元音和輔音的音位也準確地表示出來㊸。

　　有清一代，所謂清語，即指滿語而言，所謂清文，即指滿文而言。近三百年來不相往來的黑龍江滿語、嫩江滿語和新疆錫伯語三支現代方言多能互相聽懂。學者指出新疆伊犁河畔的錫伯語發展速度最慢，也最接近清語，代表著語言史的初期階段；東北黑龍江畔的滿語發展比錫伯語快，看得出來和清語有一段距離，代表著語言史發展的中期階段㊹。

　　錫伯文是在滿文基礎上略加改動的拼音文字，在字形結構、字母數目、拼字規則和書寫形式等方面，同滿文一致[45]。滿文現在雖然已經少用，但不能謂其為「死文字」[46]。

　　錫伯族是我國東北地區少數民族之一，具有悠久歷史。在不同時期的漢文史籍中，其族各有不同的譯音和寫法，常見的如錫伯、席北、西北、席百、席伯、西伯、史伯、實伯、失比、師比、悉比、犀比、須卜、鮮卑、室韋等，不勝枚舉。

　　錫伯，滿文讀如"sibe"，意即荳草。關於錫伯族名稱的由來及其含義，中外史家提出各種不同的解釋，見仁見智，可歸納為三種：㈠「錫伯」是地名：《後漢書》〈鮮卑傳〉記載：「鮮卑者亦東胡之支也，別依鮮卑山，故因號焉」[47]。日本學者島田好撰〈錫伯卦爾察部族考〉一文云：「錫伯人自言，錫伯係伯都訥附近之地名。予謂『sibege』乃綽爾河之故名，遂成此河流之地名，進而成為據有其地之部族之名稱也」[48]。㈡「錫伯」是由部落名發展成為民族名稱：趙展撰〈錫伯族源考〉一文謂：「查閱遼史，和黃頭室韋一起征遼的臭泊部，與錫伯聲音相連，就可能是其同音異字」[49]。㈢「錫伯」是鮮卑的遺民，由鮮卑音轉為錫伯：何秋濤著《朔方備乘》一書稱：「鮮卑音轉為錫伯，亦作席北，今黑龍江南、吉林西北境，有錫伯部落，即鮮卑遺民」[50]。《黑龍江外紀》亦云：「鮮卑乃部種，非地名，今錫伯及俄之西伯利，皆鮮卑之轉音也」[51]。綜上所述，無論從地域上考證，或從考古學、語音學以及從歷史文獻學等方面來分析，都證明錫伯族是古代拓跋鮮卑的後裔，由東胡分化出拓跋鮮卑，由拓跋鮮卑分裂出室韋，又由室韋分出錫伯，這就是我國錫伯族產生和發展的歷史過程[52]。

　　從元代開始，錫伯族在政治上隸屬於蒙古，其絕大部分在科

爾沁蒙古的統治之下。明末清初，錫伯族以伯都訥爲中心，散居在嫩江下游和松花江流域。崇德年間（一六三六－一六四三），錫伯族同科爾沁蒙古一起被編入蒙古八旗，正式歸附於滿洲。康熙三十一年（一六九二），科爾沁蒙古王公、臺吉等，將所屬錫伯、卦爾察進獻給清廷，編入滿洲八旗，並分散到墨爾根、齊齊哈爾、伯都訥、烏拉等地駐防。其後清廷爲充實各地的八旗兵力，並強化對錫伯族的控制，又將錫伯族移駐盛京、錦州、北京、歸化城，以及山東德州等地，錫伯族終於擺脫科爾沁蒙古的直接控制。

乾隆二十九年（一七六四），清廷爲加強新疆伊犁地區的防務，從盛京所屬的瀋陽、開原、遼陽、義州、金州、興京、牛莊、撫順等地抽調錫伯兵一千名，連同眷屬共三千二百七十五人，西遷至新疆伊犁河南岸一帶屯墾戍邊。三十六年（一七七一），編爲八個牛彔，組成錫伯營。嘉慶七年（一八○二），在察布查爾山口開鑿大渠，引進伊犁河水，這條大渠命名爲察布查爾㊿。民國元年，新疆錫伯族共一萬七千餘人。二十五年，下降爲一萬零六百餘人。三十八年，增至一萬一千六百六十八人㊾。四十三年三月十七日，成立「錫伯自治縣」，廢除「寧西」舊稱，改用錫伯族喜愛的察布查爾渠名作爲錫伯族自治縣的名稱。

民國四十二年六月三十日，據第一次人口普查統計，瀋陽市錫伯族共三千三百八十八人。五十三年六月三十日，第二次人口普查統計增爲九千六百三十四人。六十年，增爲一萬三千九百零八人。七十一年，第三次人口普查，大陸地區錫伯族人口，共計八萬三千六百二十九人，主要居住在東北遼寧、吉林、黑龍江、內蒙古和新疆等地區。其中分布在遼寧的錫伯族共有四萬九千三百八十人，約占全國錫伯族總人口百分之五十九，遍及遼寧全省

十二個市、地的八十九個區、縣之內。其中瀋陽市新城子區有一
萬六千四百九十三人，于洪區有四千一百八十九人，新民縣有一
千八百九十二人，蘇家屯區有一千四百二十七人，鐵嶺地區的開
原縣有六千四百九十七人、法庫縣有二千零六人，錦州市的義縣
有二千五百七十九人，丹東市的鳳城縣有二千九百六十七人，大
連市的復縣有一千六百四十四人；以上九個區、縣的錫伯族人口
都在一千人以上。此外，一千人以下至五百人的區、縣有八個，
五百人至一百人的區、縣有九個，一百人以下的區、縣有六十一
個。分布在吉林的錫伯族共有一千五百五十九人，主要聚居在松
花江中游的「前郭爾羅斯蒙古族自治縣」的錫伯屯、扶餘縣達戶
屯以及長春市等處。分布在黑龍江的錫伯族共有二千六百二十一
人，主要聚居在雙城縣、富裕縣的三家子屯及齊齊哈爾、哈爾濱
等地。此外，分散在內蒙古東部和北京等處的錫伯族約有二千餘
人。

　　「新疆維吾爾自治區」共有錫伯族二萬七千三百六十四人，
約占全國錫伯族總人口的百分之三十強。其中聚居在伊犁哈薩克
自治州的「察布查爾錫伯自治縣」共有一萬七千三百三十九人，
約占新疆錫伯族總人口的百分之六十強。此外，散居在烏魯木齊
市、伊寧市、塔城、霍城縣、鞏留縣的錫伯族各有一千人以上，
一千人以下至一百人以上的市、縣、區有十個，一百人以下的
市、縣、區有五十九個。由此可知新疆的錫伯族主要分布在北疆
地區，尤其是集中在「伊犁哈薩克自治州」所屬各市、縣之內
⑤。

　　根據民國七十五年十二月三十日瀋陽市的統計，全市錫伯族
總計三萬四千六百八十六人，其中市內瀋河、大東、和平、皇
姑、鐵西等區共有四千五百四十二人，市郊蘇家屯、于洪、東

陵、新城子等區共有二萬七千零三十四人，市區外新民、遼中兩縣共有三千一百一十人⑯。此外，臺灣地區也有極少數錫伯族。總之，錫伯族在全國的分布，可謂具有大分散而小集中的明顯特點。

　　八旗制度是從女眞狩獵時進行的牛彔組織逐步發展演變而來的一種社會組織形式，既以旗統兵，亦以旗統民，出則備戰，入則務農，軍政合一，兵民一體；具有行政管理、軍事征戰、組織生產等職能，對推動清初社會經濟的發展曾經起過積極的作用。錫伯族既長期生活在特殊的八旗制度及氏族組織裏，所以八旗制度及氏族組織就是錫伯族的社會組織。「牛彔」（niru）是旗分佐領，就是組成錫伯族整體社會的最大單位，每個牛彔又由幾個不同的「哈拉」組成，哈拉又由數個「穆昆」組成，穆昆又由各個「烏克孫」組成，在烏克孫下面是單一家庭，是組成錫伯族社會的最小單位。「哈拉」是「hala」的音譯，意即「姓」，是錫伯族以父系血緣爲標誌而組成的血緣共同體，即同一父系祖先蕃衍的血緣集團。「穆昆」是「mukūn」的音譯，意即「氏族」，是同一哈拉內自然形成的血緣分支集團。「烏克孫」是「uksun」的音譯，意即「家族」，通常是由同父或叔伯兄弟的家族群體所組成。目前僅在瀋陽市錫伯族中就有五十多個哈拉，在新疆錫伯族中也有數十個哈拉和穆昆。姓氏長叫做哈拉達（hala i da），由本哈拉成員推舉德高望重，輩分最高的長者充當。他實際上代表哈拉的祖先，是權力的象徵，受成員的敬重。穆昆達由本穆昆成員推舉產生，一般也是德高望重，輩分最高的長者，具有很大的權力，所有成員都必須服從他的意志。烏克孫有不成文的規條，以約束成員的行爲，還要完成穆昆所賦予的各項社會義務。隨著社會制度的改變，哈拉、穆昆、烏克孫的社會

功能逐漸削弱，家庭成爲承擔各項社會義務的職能單位。家庭中輩分最高的男子成爲一家之長，家內一切事務，都由他決斷⑰。

　　辛亥革命以來，對錫伯族社會起過統治作用的八旗制度及氏族組織，雖然失去其統治功能，民國三十八年以後，長久存在的族長制及家規家法也被廢除，但其家長的地位，依然極爲崇高；在社會上與家庭中，錫伯族嚴格遵守尊敬長輩及長者的習慣。錫伯族的婚姻，行一夫一妻制，族內同姓不婚。隨著社會的變遷，錫伯族的服務，除少數老年人習慣穿著長袍外，男女已普遍改穿時裝⑱。

　　錫伯族多認爲他們原來的語言稱爲「吉普西語」，乃是科爾沁蒙古方言，音調與達呼爾語相近，是屬於阿爾泰語系蒙古語族。錫伯族被編入滿洲八旗後，普遍開始學習使用滿語滿文。遼瀋等地區的錫伯語隨著清朝政權的被推翻而廢置不用，新疆的錫伯族日常使用的口語是錫伯語，書面語則爲滿語⑲。伊犁察布查爾錫伯族自治縣有錫伯報社、錫伯語廣播電台，八個牛彔小學校學生學習錫語錫文。現今新疆的錫伯語，屬於粘著語類型，其語音方面，共有八個元音音位，十三個復音音位和二十五個輔音音位。元音沒有長短之分，元音和諧有四組對應規律，沒有聲調，但有重音，多落在動詞的第二個音節上。語法具有阿爾泰語系所共有的特性，有豐富的形態變化，詞彙方面，吸收頗多蒙、漢等族的詞彙。錫伯語與滿語雖然基本相似，但兩者之間仍有不少差異，有許多不同的基本詞彙。在文字方面，雖然襲用滿文，但廢除發音重複的十三個音節字母，爲解決有音無字問題，另行創製三個字母，新疆錫伯族目前使用的滿文共一百二十一個音節字母。西遷到伊犁的錫伯族，以八旗組織形式分爲八個牛彔屯居，各牛彔之間都劃地爲界，各耕其田。由於他們的生產比較先進，

經濟上自給自足，又因地方偏僻，受外界影響較少，這些因素大概是他們能夠保存並使用本民族語言文字的主要原因⑥。

赫哲，有赫眞、黑哲、黑津、黑斤、黑金、額登等同音異譯，俗稱爲魚皮達子，是我國人口較少的一個少數民族，出自野人女眞，是北通古斯的一種。隋唐時代的黑水靺鞨，當爲赫哲的遠祖。《金史》中的「兀的改」，就是後世的赫哲⑥。元代初年，兀的改音轉爲兀的哥。明代，赫哲族成野人女眞的一部分。明末清初，松花江的赫哲族屬東海呼爾哈部，烏蘇里江的赫哲族屬東海渥集部，黑龍江的赫哲族屬東海薩哈連部。《清聖祖實錄》中的「赫哲」⑥，已是民族的族稱。乾隆年間，謝遂彩繪畫卷《職貢圖》，也有關於赫哲族的圖像和文字說明，據載「赫哲所居，與七姓地方之烏扎拉洪科相接」⑥。

民國初年，居住在松花江和混同江南岸的赫哲人，約有一千六百餘人，烏蘇里江西岸約有三、四百人⑥。民國十九年，據調查，松花江流域的赫哲族約有四百餘人，混同江約有三百八十餘人，烏蘇里江約有四百餘人。其分布地域，可以分作三個階段：㈠在松花江流域包括樺川縣境內的蒙古力、蘇蘇屯、萬里霍通，富錦縣境內的哈庫瑪、富克錦、嘎爾當、霍通吉林、窪其奇，同江縣西境的古必扎拉、圖斯科、泥爾博，綏濱縣境內的鄂爾米。㈡混同江流域包括同江縣境內的拉哈蘇蘇、齊齊喀、穆紅闊、哈義、街津口、得勒奇，撫遠縣境內的俄圖、勤得力、秦皇魚通、上八岔、下八岔、義日嘎。㈢烏蘇里江流域包括撫遠縣南邊的交界牌、海青魚廠、別拉紅，饒河縣境內的饒河口、團山子、杜馬河、紅石磖子、阿巴清、西博格林，虎林縣境內的黃崗、黑咀子、松戛查等地。各處居住的赫哲族人口及戶數極不相等，少的如古必扎拉，只有二戶七人；多的如黃崗，有五十戶，共二百餘

人⑥。

　　民國三十一年，日軍強迫嘎爾當、齊齊喀、街津口、穆紅闊、勤得力等地的赫哲族離開江岸，歸併到所謂一、二、三部落的沼澤地方，疾疫流行，死亡多達七十二人，歸部落的人口爲二百三十七人⑥。三十四年，赫哲族總人口共有三百多人。七十一年，根據人口普查，赫哲族人口共有一千四百七十六人。主要聚居在黑龍江省境內的黑龍江、松花江、烏蘇里江沿岸的同江縣街津口、八岔兩個赫哲民族鄉和饒河縣西林子鄉的四排村。還有一些散居在撫遠、樺川、富錦以及佳木斯等縣市境內。赫哲族又以松花江岸邊的勤得力爲界，居住在上游的自稱奇勒恩，居住在下游的自稱赫眞⑥。赫哲族漁獵兼營，並向養殖方面發展，近年來，並從漢族、朝鮮族引進種植水稻的技術。

　　氏族是赫哲族社會的基本組織，有哈拉（hala）和穆昆（mukūn）的分別，一個哈拉可有一個或許多的穆昆，而一個穆昆卻只有一個哈拉。各氏族名稱的起源，大都因氏族所住的地方而起名，亦有因圖騰而起名的。同一哈拉或穆昆的人，崇拜同一祖先，遵守同一族規，內部禁止結婚。每氏族有一哈拉達（hala i da），意即姓長，或穆昆達（mukūn i da），意即族長，由族人公舉，以總理一姓族的司法、行政事宜。赫哲族聚居的地方，小者稱爲嘎深（gašan），意即屯，屯有長，稱爲嘎深達（gašan i da），由各氏族的姓長及族長選舉，以管理一屯之事。屯之大者有人家三百餘戶，人口多至二千餘。大屯因人口衆多，爲防禦鄰族侵入，常築較堅固的土城，稱爲霍通（hoton）。一個英明的城主或屯長征服許多屯城，即漸成爲一個部落，部落就是最高的政治組織。赫哲族自十二世紀以來，先後被遼、金、蒙古、漢、滿諸族更迭征服，其社會組織久已非原來的制度。近數十年來，

漢族大量移殖後，互通婚姻，赫哲族的社會生活雖已漢化⑱，但仍保留不少民族的特色。其服飾尤爲獨特，多用魚、狍、鹿皮製成，男女多穿魚皮做的套褲；冬天頭戴狍頭皮帽，夏天戴樺樹皮帽；現在一般外衣多爲皮做，內衣爲布做。其住宅是用樺皮、獸皮、茅草搭成的「撮羅」，呈尖頂狀；現在多爲泥牆草頂房屋。冬季踏滑雪板或役犬拉雪橇以爲交通，夏季以樺皮船、舢板捕魚或運輸。飲食方面，日常多食魚獸肉爲生，也常加工各種魚乾、獸皮乾，以備常年食用。

赫哲族語言是混合語，即以本族的赫哲語爲主幹，加入滿洲語、蒙古語、古亞洲語及一小部分的漢語而成，既不能代表北通古斯語，也不能代表南通古斯語⑲。赫哲族的語音，共有七個單元音音位，十四個二合元音，二十八個輔音音位。赫哲語的音節是以元音爲基礎構成的，其構成音節的元音，既可以是單元音，也可以是複合元音；輔音則既可出現在元音之前，亦可出現在元音之後。赫哲語分爲奇勒恩和赫眞兩方言，其方言區域是以松花江沿岸的勤得力爲界；勤得力以上爲奇勒方言，勤得力以下爲赫眞方言。兩個方言間，在語音方面，有很有規律的一些語音對應現象，在詞彙和語法方面卻存在著差異⑳。

在銅器石器並用時代，索倫族的祖先主要是散居於貝加爾湖一帶。後來，由於索倫族歷史上的遷徙及居住地區的分散，曾被其他民族分別稱爲索倫人、通古斯人及雅庫特人，分布在輝河、伊敏河、莫和爾圖河、雅魯河、阿倫河及嫩江流域沿岸的被稱爲索倫人；居住在莫爾格河、錫尼河一帶的被稱爲通古斯人；居住在勒拿河一帶的，因與雅庫特人雜居，而被稱爲雅庫特人。但他們不承認自己是索倫、通古斯、雅庫特，他們自稱是鄂溫克，意思是「住在大山林中的人們」，說明鄂溫克族的祖先，是森林中

的狩獵民族。史學界對索倫族的來源，提出多種觀點：一說索倫族是契丹的後代，一說索倫族族是最古的通古斯族，一說北室韋等部都是索倫族的祖先。據文獻記載，索倫族的族源，與北魏時期的北室韋、鉢室韋等部，有著密切的關係，其文化特點多相同。唐代，在貝加爾湖東北苔原森林區的鞠國，以鹿牽車，聚木爲屋。元代，稱鞠國爲林木中的兀良哈。明代，稱他們爲北山野人。

　　明末清初，索倫族逐漸南移，共分三支：一支居住在貝加爾湖西北勒拿河支流威呂河和維提姆河沿岸的使鹿索倫人，被稱爲使鹿的喀木尼堪，或索倫別部；一支居住在貝加爾湖以東赤塔河、石勒喀河一帶使用馬匹爲交通工具的索倫人，被稱爲納米雅兒部落，或叫那妹他；一支居住在石勒喀河至精奇里江一帶及外興安嶺南的索倫人，是最主要的一支，被稱爲索倫部⑦。

　　清初統一黑龍江上、中游地區的索倫部後，採取兩項措施：一方面把索倫各部以氏族爲單位編成佐領，任命各氏族首領等爲章京；一方面在黑龍江以北索倫部村屯中，都留下滿族士兵，這種兵將留守，成爲清軍駐守黑龍江中上游北岸的據點⑫。索倫族驍勇善戰，不僅駐防邊境，還對外征戰。十七世紀中葉以來，俄羅斯入侵黑龍江一帶索倫等族地區，清廷動用有限的東北邊防駐兵，在當地索倫族的配合下，抵抗俄羅斯的侵略。順治年間，索倫族參加呼瑪爾河口戰役。康熙年間，在清軍收復雅克薩的戰鬥中，索倫族從事軍需供應及驛站運輸的後勤補給工作。清代中期，索倫族先後奉派參加平定準噶爾、大小金川、張格爾的叛亂，索倫族對中國的統一和保衛邊疆，都具有重大的貢獻。

　　由於俄羅斯的入侵，黑龍江上、中游以北索倫族原居住地區，飽受戰火的破壞，索倫族陸續遷至大興安嶺嫩江沿岸及各支

流甘河、諾敏河、阿倫河、濟沁河、訥莫爾河、雅魯河等流域居住。民國二十一年六月，日本政府將呼倫貝爾地區的索倫族劃歸興安北省，嫩江流域的索倫族劃歸興安東省，且受到日本警察隊的嚴密監視。日軍又將索倫族牧區實行每年十抽二的高稅制，各種苛捐雜稅及公差勞役，非常繁重。在抗日戰爭期間，有不少的索倫族參加東北抗日組織，轉戰於興安嶺的森林中⑬。

民國三十六年以後，先後在莫力達瓦、布特哈、阿榮、陳巴爾虎、額爾古納等五個旗索倫族聚居的村落，建立五個索倫族民族鄉。四十六年，在呼倫貝爾盟民族委員擴大會議中，曾就索倫族的族稱問題，進行專門研究，與會代表認為索倫、通古斯、雅庫特等名稱，都是其他民族給他們的稱呼，決定統一稱為鄂溫克族。四十七年八月一日，在原索倫旗的行政區域內成立鄂溫克族自治旗，旗府設在巴彥托海鎮⑭。該旗以鄂溫克族為主，此外還有蒙古、達呼爾、漢人等民族。根據是年人口統計，全國共有鄂溫克族七千七百四十餘人，⑮分布在內蒙古呼倫貝爾盟、黑龍江省訥河縣及新疆等地。其中鄂溫克族自治旗、莫力達瓦達呼爾旗、阿榮旗、布特哈旗、黑龍江省訥河、甘南縣等地⑯。

清末民初，索倫族共分為十四個大部落，因各部落主要分布在河流的兩岸，所以多以河名為部落的名字。每個部落都由兩個以上哈拉即氏族所組成，一個哈拉的人，就是同一個人的後代，同一氏族的人，每一哈拉下又分若干毛哄即大家族，每個毛哄都有自己的毛哄達即族長和薩滿即跳神的巫師，同一毛哄的人都住在相鄰的牧場或同一個村子裏，毛哄就是有著重要作用的血緣組織。同一氏族的各毛哄之間，實行著嚴格的族外婚制度，同一哈拉或毛哄的男女絕對禁止通婚⑰。

索倫族的祖先是從事狩獵生產的，他們從黑龍江以北遷到大

興安嶺河谷和嫩江一帶後，被劃歸爲布特哈打牲部，仍以狩獵爲生。在清朝統治期間，布特哈打牲部被分成三個部分：一部分被遷移到呼倫貝爾草原戍守邊疆，並發給牛馬羊等牲畜，這部分的索倫族便開始由狩獵轉向遊牧生產；一部分居住在訥河縣的索倫族，地處嫩江中游平原，由於受達呼爾、漢族的影響，較早從事農業生產；一部分留在布特哈打牲部原地的索倫族，仍從事狩獵業，兼營農副業。此外，居住在陳巴爾虎旗的索倫族，原也從事狩獵，後受蒙古人的影響，轉以牧業爲主。原遊獵於勒拿河支流沿岸的索倫族，遷到額爾古納河東岸，大興安嶺西北麓的原始森林中後，一直過著遊獵生活，並飼養馴鹿。清末民初以來，漢族農民大批遷入嫩江地區，索倫族在漢族農民的影響下，生產工具和耕作技術都有很大的改進。但隨著交通運輸的發達，漢族和其他少數民族遷到索倫族農業區去的人越來越多，在草場被占、森林被伐的情況下，索倫族便逐漸向山區和草原遷移⑱。

　　索倫族的服飾，多用羊皮製作，以布或緞爲面，衣服和領子皆鑲邊，婦女喜鑲綠邊，愛圍頭巾，並帶耳環。飲食方面，以牛奶、肉類、大米、白麵等爲主食，喜吃餃子和餡餅，常喝奶茶。婚姻方面，實行一夫一妻制度，保有族外婚的特點。索倫族熱情好客，民間舞蹈豪放樸實，節奏性極強，曲調悠揚動聽，富有草原和森林氣息⑲。

　　索倫族是有語言無文字的民族，其語言屬於阿爾泰語系通古斯語族的北語支，與鄂倫春語是同一語支。索倫族由於長時期的分離和所處地域的不同，以及受到附近其他民族的影響，使自己的民族語言中融合一些其他民族的語言，而形成特有的方言。例如居住在原訥莫日扎蘭和都伯沁扎蘭的索倫族，由於受到達呼爾人的影響，使他們的語言中摻雜部分達呼爾語；居住在內蒙古輝

河一帶的索倫族，由於受到蒙古族的影響，使他們的語言中摻雜部分蒙古語；靠近俄羅斯邊境的索倫語言，則夾雜著一些俄羅斯語⑧，在農業地區都通用漢語。

鄂倫春族從遠古時代起就是使用馴鹿的一種民族，世居黑龍江流域和興安嶺一帶。當地呼鹿爲鄂倫，又作奧倫，或作俄倫，都是「Oron buhū」的同音異譯，意即角鹿，喜食青苔。鄂倫春族的名稱就是來源於馴鹿，因爲他們飼養馴鹿，使用馴鹿，所以稱使用馴鹿的人爲鄂倫春。

關於鄂倫春族的族源問題，一說源於北室韋，一說源於女眞。根據文獻記載，鄂倫春族源於北室韋的說法，當較爲可信。明末清初，鄂倫春族分布的地區，北依外興安嶺，南臨黑龍江及其支流，主要聚居於貝加爾湖以東，黑龍江、精奇里江、石勒喀河、牛滿河、恒滾河，以及庫頁島等地，以狩獵爲生，同時也進行捕魚和採集。

鄂倫春族由於人數較少，居住分散，因此在不同的地區，有不同的稱呼，除鄂倫春這一名稱外，還有瑪涅克爾、畢拉爾、滿琿、奇勒爾等。大致而言，從石勒喀河直到黑龍江上游的涅威爾河是鄂倫春人活動的地區；從涅威爾河以下沿黑龍江直至呼瑪爾河口是瑪涅克爾人活動的地區；沿黑龍江而下精奇里江和牛滿河是畢拉爾人活動的地區；黑龍江下游和松花江沿岸是滿琿人活動的地區；恒滾河是奇勒爾人活動的地區⑧。由此可知瑪涅克爾、畢拉爾、滿琿、奇勒爾等，都只是鄂倫春民族中的一部分，並不是族稱⑧。對鄂倫春族的稱謂所以如此歧異，是由於鄂倫春人散居於黑龍江流域，內外興安嶺的廣袤地區，而原始的狩獵生活方式又使他們很難形成一個統一的共同體，彼此之間也缺少經濟的聯繫，所以在稱謂上也就隨著歷史的發展和地理位置的變遷而不

斷變化⑧。

　　鄂倫春族驍勇善射，清廷曾調遣鄂倫春人參戰數十次，對中國的統一和鞏固起一定的作用。為鞏固邊防，清廷曾推行「棄獵歸農」和「寓兵於農」政策，給鄂倫春人生計地、建屋費和耕牛種籽，進行建屯興墾。根據光緒二十一年（一八九五）清廷所編戶口清冊以及當時旅行報告推算，全國鄂倫春族人口共約一萬八千人，內含瑪涅克爾人八千名。民國四年至六年，據調查，鄂倫春族人口共為四千一百一十一人。其中分布在興安嶺一帶九百五十人，墨爾根地方四百三十人，庫瑪爾路一千八百三十二人，畢拉爾路八百九十九人。據二十七年之調查，鄂倫春人口共為二千八百六十七人。其中分布在綽爾河上游一百八十人，諾敏河流域一百六十六人，格尼河上游四十四人，多布庫爾河上游一百六十五人，甘河上游九十四人，奎勒河上游六十七人，海拉爾河上游一百零三人，根河上游一百三十六人，喀爾通屯一百四十三人，旁烏河上游七十八人，呼瑪爾河流域四百六十八人，羊關河一百五十八人，南寬河一百一十九人，寬河宏戶圖屯一百七十二人，法別拉河七十六人，三岔河八十一人，遜別拉河十一人，沾河一百九十六人，烏底河九十人，車陸二十八人，科爾芬河九十三人，烏雲河及其附近河流一百一十人，佛山十九人。四十二年，根據人口普查，全國鄂倫春族人口共為二千二百五十六人。其中分布在黑龍江呼瑪縣六百七十一人，遜克縣二百六十一人，璦琿縣二百二十九人，嘉蔭縣六十七人，樺川縣二十二人，伊春縣十七人，嫩江縣十五人，龍江縣六人，鐵力縣五人，慶安縣三人，德都縣二人，木蘭縣二人，齊齊哈爾市二人，孫吳縣一人，內蒙古鄂倫春自治旗七百九十七人，布特哈旗八十人，莫力達瓦旗四十四人，阿榮旗十六人，索倫旗九人，喜桂圖旗四人，此外，海

拉爾市、通遼市、呼和浩特市各一人。從民國四年至四十二年的三十八年間，鄂倫春族人口由四千一百一十一人下降至二千二百五十六人，減少近一半㉘。

　　根據民國七十一年人口普查統計，全國鄂倫春族共爲四千一百零三人，主要分布在內蒙古的鄂倫春族自治旗、莫力達瓦旗、布特哈旗和黑龍江省的遜克、呼瑪、塔河、嘉蔭等縣㉟。其中分布在內蒙古的鄂倫春族占百分之四十九點七；黑龍江省境內占百分之四十八點七九㊱。遜克縣鄂倫春民族鄉共有六個自然村，鄂倫春族集中在新鄂村，共計二百八十七人。塔河縣十八站鄂倫春民族鄉共二千八百五十二人。嘉蔭縣烏拉嘎鎮勝利村鄂倫春族共二十四戶，計九十六人。遜克縣的鄂倫春族主要經營農業，塔河縣的鄂倫春族農獵並重。七十一年，制定以林業爲主，將林場劃給鄂倫春族清林場地。嘉蔭縣的鄂倫春族主要是以狩獵爲主，七十三年，制定以牧爲主全面發展的方針㊲。

　　鄂倫春族是通古斯系統中較原始的少數民族之一，清末民初以來，鄂倫春族雖已進入父系氏族社會的階段，但是由於他們長年累月的在廣闊的大小興安嶺過著原始的遊獵生活，與外界接觸較少，所以仍然可窺見母系氏族社會的輪廓。其中妻姐妹婚和夫兄弟婚的習俗，正是母系氏族社會族外群婚制的遺痕。妻死，可以娶妻子的未婚妹妹；夫死，弟弟可以娶其嫂。弟娶兄嫂，兄納弟媳，就是一種轉房的習俗。

　　鄂倫春族由母系氏族社會向父系族社會的過渡，只是狩獵業由低級向高級階段發展的過渡。由於弓箭的廣泛使用，馴鹿、馬匹的飼養，使狩獵業迅速發展起來，成爲鄂倫春族的主要經濟部門。伴隨著這種過渡，新的婚姻和家庭形式也開始出現，母系氏族晚期的對偶婚制向父系一夫一妻制過渡，家屬從母系計算也改

變為從父系計算⑧。父系氏族社會的氏族長，稱為穆昆達，由氏族會議推舉，以處理本氏族中的重大事情。其家庭血緣組織，稱為烏力楞，即子孫們的意思，由同一父系祖先的子孫所組成，一個烏力楞就是一個父系大家族⑧。由於鄂倫春族遷徙的頻繁，烏力楞也由原來的血緣組織，轉變為一種地緣性的家庭組織，氏族組織的作用便日漸削弱，穆昆達和穆昆會議最後也消失了。

鄂倫春族長期以狩獵為主，採集和捕魚為輔。近數十年以來，開始建屋定居，並興建養鹿、養豬、養牛、養蜂場。同時，農田耕作也已使用多種農業機械，農業也有發展。

鄂倫春族穿的衣服，多數是狍子皮做成的，並以狍頭皮做成帽子。在鄂倫春族的經濟生活中，採集仍然占有重要地位。在社會分工中，採集主要倚靠婦孺老人，其採集範圍很廣，包括野菜、野果、藥材和植物塊莖等。

鄂倫春族的語言屬於阿爾泰語系通古斯滿洲語族北語支語言，有十五個元音和十八個輔音。輔音比較簡單，元音分長短，有十四個格。十七世紀以後，隨著與外界接觸的頻繁，而傳入滿文⑨。據調查指出，住在黑龍江邊的十八站、白銀納、疙疸干的鄂倫春人，和下漁子的鄂倫春人，以鄂倫春語言進行會話，其他各地的鄂倫春人都能聽懂。這是因為這裏的鄂倫春人還保留原始鄂倫春的語言原形特點，比較純真的緣故。如果以其他地區的方言進行會話，彼此之間不一定全部聽懂，其原因是由於他們之間長時期的分離和所處地域的不同，以及受附近其他民族的影響，使自己的民族語言中融合一些其他民族語言而形成的特有方言的結果，例如靠近俄羅斯邊境的鄂倫春語言中便夾雜著一些俄羅斯語⑨。

達呼爾，又作達斡爾或達古爾，是我國人口較少的一個民

族。中外學者根據不同的文獻記載，對達呼爾族的族源，提出各種不同的看法：一說達呼爾族是隋唐時期黑水國的後人，一說達呼爾族是唐代室韋部的後人，一說達呼爾族是宋元時期塔塔兒部的後人，一說達呼爾族是遼代契丹族的後人，一說達呼爾族是早期蒙古族的後人。其中流行最廣、影響最大的是契丹後裔說和蒙古同源說兩種。

學者根據有關文獻記載，以及達呼爾族的地理分布、語言、生活習俗等方面的異同，進行綜合研究後指出達呼爾族可能起源於遼代契丹族。這一說的學者認爲達呼爾族和契丹大賀氏對音，遼以後，一部分達呼爾人逃往黑龍江、鄂嫩河的傳說，符合契丹遺人庫烈兒等北遷的記載；達呼爾語言中，有的詞彙和契丹語相同，卻不同於蒙古語；遼代契丹的基本地區內有達魯河、他虎城等地名，而達呼爾和達魯、他虎等發音的近似，暗示著達呼爾和契丹的關係；達呼爾族潑水乞雨等習俗，在遼代契丹人社會中曾普遍流行(92)，通過這些方面的比較，認爲達呼爾族是契丹後裔的論據，是比較全面和充分的。

學者也根據達呼爾語與蒙古語相互之間有著相同或相近的成分，尤其是《蒙古秘史》中記載的十三世紀早期蒙古語的某些詞彙，在現代蒙古語中已經消失，但卻保留在達呼爾語中的一些事實，而認爲達呼爾族的祖先是成吉思汗統一蒙古各部以前的古代蒙古各部落的一支，因而與現在的蒙古族有共同的族源(93)。

十七世紀後半期，世居黑龍江流域的達呼爾族爲躲避戰禍，相繼渡過黑龍江，南遷到嫩江流域及其支流甘河、諾敏河、訥爾河兩岸，建立村落，依山傍水，星羅棋布，長期以來，從事各種漁獵活動，被稱爲布特哈達呼爾人（Buthai dahūr），意即打牲達呼爾人。居住在嫩江中下游的達呼爾人，以齊齊哈爾城爲中

心，分布在嫩江兩岸，被稱爲齊齊哈爾達呼爾人，或霍通達呼爾人。隨著歷史的變遷，一部分達呼爾人陸續遷居璦琿、呼倫貝爾等地，被稱爲璦琿達呼爾人，分布在黑龍江南岸河谷地帶，從事農耕，兼營漁業。分布在呼倫貝爾草原東部邊緣的達呼爾人，因臨近海拉爾城的東面和南面，被稱爲海拉爾達呼爾人，從事牧業活動。此外，還有一部分達呼爾人遷移到新疆，駐守邊境，他們分布在伊犁、塔城等地區，從事農業，兼營畜牧業。

　　清初以來，吉林、黑龍江等省，禁止漢族移墾。光緒中葉以後，爲抵禦外患，緩和內地的人口壓力，清廷開始採取免稅放荒、資助移民等項措施，鼓勵關內漢族農民遷入東北各地。隨著移民招墾，黑龍江地區人口劇增。光緒十四年（一八八八），黑龍江人口共計二十五萬人，至民國三年，全省人口已達二百四十萬人，在二十六年之間，人口增長將近十倍。達呼爾族聚居地區的人口也同時急劇增加，例如璦琿由一萬八千人增至二萬五千人，嫩江由七千五百人增至一萬六千人，訥河由一萬三千人增至四萬八千人，龍江由二萬人增至十三萬四千人。隨著中東鐵路的通車，黑龍江地區的城鎮人口也急劇增加，例如齊齊哈爾的人口，在民國三年共有三萬五千人，至五年，三年之間，增加至七萬人㉞。四十一年，在黑龍江省齊齊哈爾市郊建立臥牛吐、新疆塔城縣建立瓜爾本設爾等七個達呼爾民族鄉。四十七年八月十五日，在「蒙古自治區」建立「莫力達瓦達呼爾族自治旗」。據七十一年統計，全國達呼爾族人口共計九萬四千零十四人，分布在內蒙自治區的有五萬八千餘人，約占百分之六二，分布在黑龍江省的有三萬餘人，約占百分之三二，分布在新疆塔城縣的有四千餘人，約占百分之四㉟。七十九年，人口普查統計，全國達呼爾族人口共計十二萬一千三百五十七人，主要分布在內蒙古、黑龍

江和新疆等三個省區。其中內蒙古莫力達瓦達呼爾族自治旗、鄂溫克族自治旗、黑龍江省齊齊哈爾市梅里斯達呼爾族區，是達呼爾族的主要聚居區。此外，吉林、遼寧等省，也有少數達呼爾人⑯。

在許多世紀以前，達呼爾族的原始社會已經開始解體，但其氏族制度並未立即退出歷史舞台，一直到本世紀中葉，仍在其社會生活中發揮著作用。達呼爾族的哈拉和穆昆，是以血緣紐帶爲基礎的父系氏族組織。所謂哈拉，意即姓，每個哈拉都有自己的男性祖先，各哈拉都有自己聚居的共同地域，哈拉名稱和地名多一致，每個哈拉的各分支形成自然村落，彼此相鄰而居。哈拉內部，禁止通婚。每個哈拉都有自己的族譜，每隔二十年左右召開一次繕修族譜的集會。達呼爾的穆昆，是具有父系氏族特徵的血緣共同體。每個哈拉都分爲若干個穆昆，由於穆昆內部的血緣關係較哈拉更近，故其內部的凝聚力比哈拉更強固。達呼爾人的穆昆具有共同的地域，他們以穆昆爲單位形成屯落，聚族而居。穆昆地域內的山林、河流、草場等，其成員均可自由利用，穆昆內部嚴禁通婚，其強制性勝過內部通婚的禁例。每個穆昆都有它的首領，稱爲穆昆達，以維護傳統習俗，調解內部糾紛，管理共同財產，主持召開穆昆會議。隨著社會的變遷，以及時間的推移，哈拉組織日益鬆弛，其職能也逐漸被新分化出來的穆昆所取而代之。哈拉的概念在齊齊哈爾達呼爾人的心目中已經很淡漠，他們注重穆昆，互不相識的達呼爾人見面時不問對方的哈拉，只問他的穆昆。在穆昆下面還有貝功（boigon），意即父系大家庭，是承擔經濟等職能的血緣組織，在達呼爾人的父系族社會中，父系大家庭就是基本經濟單位。在行政組織不夠嚴密的情況下，哈拉、穆昆、貝功確實產生組織其成員的歷史作用⑰。

　　達呼爾族聚居的村莊，多依山旁水，房屋多成「介」字形，院墻多用紅柳條編織各種花紋的籬笆。婚姻方面，行一夫一妻制，其婚姻多由父母包辦，一般在春暖花開時舉行婚禮，按傳統的習俗，男方要迎著初升的太陽去接新娘，預祝新的家庭如旭日東升。儀式結束後，男女雙方的青年男子舉行賽馬，然後以手扒狍肉等宴請賓客。達呼爾族的婦女善用狍皮做成各種狍皮被、大衣、狗坎肩、手套、靴子等。男人夏天穿布衣、白布包頭，戴草帽，冬天戴狍頭皮或狐狸頭皮帽。婦女穿長袍，不束腰帶，不穿短衣，顏色以藍爲主。中年以上的婦女，部分還保留著滿族式的髮髻㊈。

　　學者認爲達呼爾語應是蒙古語的一種方言，布特哈爾族所用的日常交際用語，在語音、語彙及語法等方面，是與一般蒙古語一脈相傳綿延而來的同一類型。據統計，在達呼爾的日常用語二千四百六十四個語彙中，與滿洲語相同的語彙，有四百四十六個，與滿洲語協和的語彙有二十八個，借用的漢語有四十九個，與滿洲語、漢語、蒙古語全然不同的達呼爾語有四百九十二個，與一般蒙古語相同的語彙則有一千七百三十二個。由此可以看出達呼爾語與蒙古語相同的占有絕大多數，這就足以說明達呼爾語與蒙古語關係最爲深切㊉。

【註　釋】

① 　滿都爾圖：《達斡爾族》，頁 98。

② 　《鄂溫克族簡史》，頁 159。

③ 　徐杰舜編著：《中國民族史新編》（南寧，廣西教育出版社，一九八九年），頁 220。

④ 　秋浦：《鄂倫春社會的發展》，頁 170。

⑤ 《察布查爾錫伯自治縣概況》（烏魯木齊，新疆人民出版社，一九八○年一月），頁 94。

⑥ 《松花江下游的赫哲族》，上冊，頁 113。

⑦ 嵇南等：《錫伯族》（北京，民族出版社，一九九○年二月），頁 57。

⑧ 《鄂倫春社會的發展》，頁 176。

⑨ 《松花江下游的赫哲族》，上冊，頁 102。

⑩ 莊吉發：〈薩滿信仰的社會功能〉，《國際中國邊疆學術會議論文集》（臺北，國立政治大學邊政研究所，民國七十四年四月），頁 243。

⑪ 鄭士純修：《樺川縣志》，卷六（臺北，國立故宮博物院典藏，民國十七年鉛印本），頁 2。

⑫ 《樺川縣志》，卷六，頁 7。

⑬ 《滿族簡史》（北京，中華書局，一九七九年八月），頁 2。

⑭ 趙展：〈論滿族的源流與形成〉，《滿族文化》，第十三期（臺北，滿族協會，民國七十九年二月），頁 11。

⑮ 申忠一：《建州紀程圖錄》（臺北，臺聯國風出版社，民國五十七年），頁 6。

⑯ 《滿族簡史》，頁 181。

⑰ 同前書，頁 193。

⑱ 張其卓：《滿族在岫岩》（瀋陽，遼寧人民出版社，一九八四年七月），頁 170。

⑲ 楊一星等：《中國少數民族人口研究》（北京，民族出版社，一九八八年十月），頁 50。

⑳ 《雙城市滿族錫伯族志》（雙城市，一九九二年），頁 7。

㉑ 《瀋陽滿族誌》（瀋陽，遼寧民族出版社，一九九一年八月），頁

47。

㉒　余岩輯：〈新賓滿族自治縣〉，《滿學研究》，第一輯（北京，社會科學院滿學研究所，一九九二年七月），頁 457。

㉓　趙展：〈慶祝第一個滿族自治縣的誕生〉，《滿族文化》，第十五期（一九九一年六月），頁 21。

㉔　《滿學研究》，第一輯，頁 458。

㉕　和風：〈岫玉之鄉成立了滿族自治縣〉，《滿族文化》，第十六期（一九九二年二月），頁 6。

㉖　張其卓：《滿族在岫岩》，頁 170。

㉗　《滿族文化》，第十六期，頁 8。

㉘　細雨：〈在鳳凰山下建立了滿族自治縣〉，《滿族文化》，第十七期（一九九二年十二月），頁 7。

㉙　〈本溪滿族自治縣〉，《滿學研究》，第一輯，頁 463。

㉚　《北鎮滿族史》（瀋陽，遼瀋書社，一九九〇年六月），頁 64。

㉛　《我國少數民族概況研究》（臺北，國立政治大學民族研究所，民國八十一年元月），頁 20。

㉜　《青龍滿族自治縣概況》（河北，河北人民出版社，一九八九年十月），頁 20。

㉝　《豐寧滿族史料》（遼寧，一九八六年十二月），頁 16。

㉞　《我國少數民族概況研究》，頁 20。

㉟　《圍場滿族蒙古族自治縣概況》（河北，一九九〇年），頁 18。

㊱　《雙城市滿族錫伯族志》（雙城市，一九九二年），頁 46。

㊲　《呼和浩特滿族簡史》（呼和浩特，內蒙古大學出版社，一九九二年八月），頁 319。

㊳　《雙城市滿族錫伯族志》，頁 7。

㊴　《瀋陽滿族誌》，頁 48。

㊵ 《清代全史》，第一卷，（瀋陽，遼寧人民出版社，一九九一年七月），頁 77。

㊶ 《瀋陽滿族誌》，頁 49。

㊷ 徐杰舜編著：《中國民族史新編》，頁 172。

㊸ 季永海、劉景憲、屈六生：《滿語語法》（北京，民族出版社，一九八六年五月），頁 1。

㊹ 趙杰：〈錫伯語滿語語音演變的比較〉，《錫伯族研究》（烏魯木齊，新疆人民出版社，一九九〇年十月），頁 130。

㊺ 李樹蘭編：《錫伯語簡志》（北京，民族出版社，一九八六年二月），頁 2。

㊻ 《我國少數民族概況研究》，頁 10。

㊼ 范曄：《後漢書》，百衲本，列傳八十，〈鮮卑傳〉（臺北，臺灣商務印書館，民國五十六年七月），頁 8。

㊽ 島田好：〈錫伯卦爾察部族考〉，《滿洲學報》（一九四一年），頁六；《錫伯族簡史》（北京，民族出版社，一九八六年六月），頁 8。

㊾ 趙展：〈錫伯族源考〉，《社會科學輯刊》，第三期（一九八〇年）；《錫伯族簡史》，頁 8。

㊿ 何秋濤：《朔方備乘》，卷三一：《筆記小說大觀》，第十三編，第九冊（臺北，新興書局，民國六十五年七月），頁 3。

51 《黑龍江外紀》（臺北，臺聯國風出版社，民國五十六年十二月），卷一，頁 1。

52 賀靈：〈族源〉，《錫伯族歷史與文化》（烏魯木齊，新疆人民出版社，一九八九年九月），頁 29。

53 白友寒編：《錫伯族源流史綱》（瀋陽，遼寧民族出版社，一九八六年五月），頁 110。

54 佟克力：〈古今人口〉，《錫伯族歷史與文化》，頁92。

55 《錫伯族簡史》，頁2。

56 《瀋陽錫伯族志》（瀋陽，遼寧民族出版社，一九八八年四月），頁49。

57 佟克力：〈社會組織〉，《錫伯族歷史與文化》，頁97-107。

58 《瀋陽錫伯族志》，頁99-106。

59 《錫伯族簡史》，頁98。

60 《錫伯族源流史綱》，頁114-117。

61 《金史》，百衲本，卷二四（臺北，臺灣商務印書館，民國五十六年七月），頁1。

62 《清聖祖實錄》，卷八，頁21，康熙二年三月壬辰，諭旨。

63 莊吉發校注：《謝遂〈職貢圖〉滿文圖說校注》（臺北，國立故宮博物院，民國七十八年六月），頁185。

64 徐杰舜編著：《中國民族史新編》，頁184。

65 凌純聲：《松花江下游的赫哲族》（南京，國立中央研究院歷史語言研究所，民國二十三年），上冊，頁60。

66 劉忠波：《赫哲人》（北京，民族出版社，一九八一年九月），頁9。

67 安俊編著：《赫哲語簡志》（北京，民族出版社，一九八六年八月），頁1。

68 《松花江下游的赫哲族》，上冊，頁229。

69 《松花江下游的赫哲族》，上冊，頁231。

70 《赫哲語簡志》，頁79。

71 呂光天：《鄂溫克族》（北京，民族出版社、一九八三年十月），頁5。

72 《鄂溫克族簡史》（呼和浩特，內蒙古人民出版社，一九八三年六

月），頁 29。

⑬ 《鄂溫克族》，頁 9。

⑭ 王曉銘等撰：〈鄂倫春與鄂溫克族同源考〉，《東北地方史研究》，第三期（一九八七年），頁 76。

⑮ 博雅克力：〈索倫與錫伯索倫〉，《錫伯族研究》（烏魯木齊：新疆人民出版社，一九九〇年十月），頁 66。

⑯ 《鄂溫克族簡史》，頁 1。

⑰ 《鄂溫克族簡史》，頁 94。

⑱ 《鄂溫克族》，頁 13。

⑲ 徐杰舜編著：《中國民族史新編》，頁 217。

⑳ 〈鄂倫春與鄂溫克族同源考〉，《東北地方史研究》，第三期（一九八七年），頁 78。

㉑ 趙復興：《鄂倫春族研究》（呼和浩特，內蒙古人民出版社，一九八七年十一月），頁 38。

㉒ 王曉銘等：〈鄂倫春與鄂溫克族同源考〉，《東北地方史研究》，第三期，頁 76。

㉓ 《鄂倫春族簡史》（呼和浩特，內蒙古人民出版社，一九八三年一月），頁 12。

㉔ 《鄂倫春族簡史》，頁 4-5。

㉕ 《東北地方史研究》，第三期，一九八七年，頁 76。

㉖ 楊一星等：《中國少數民族人口研究》（北京，民族出版社，一九八八年十月），頁 52。

㉗ 《鄂倫春族研究》，頁 172-176。

㉘ 《鄂倫春族研究》，頁 33。

㉙ 《鄂倫春族簡史》，頁 71。

㉚ 《鄂倫春族簡史》，頁 161。

㉛　《東北地方史研究》，第三期，一九八七年，頁78。

㉜　徐杰舜編著：《中國民族史新編》，頁202。

㉝　滿都爾圖：《達斡爾族》（北京，民族出版社，一九九一年十月），頁5。

㉞　《達呼爾族》，頁55。

㉟　《中國民族史新編》，頁206。

㊱　《達呼爾族》，頁1。

㊲　《達呼爾族》，頁79。

㊳　《中國民族史新編》，頁207。

㊴　哈勘楚倫、胡格金台：《達呼爾方言與滿蒙語之異同比較》（臺北，學海出版社，民國六十八年二月），頁9-6。

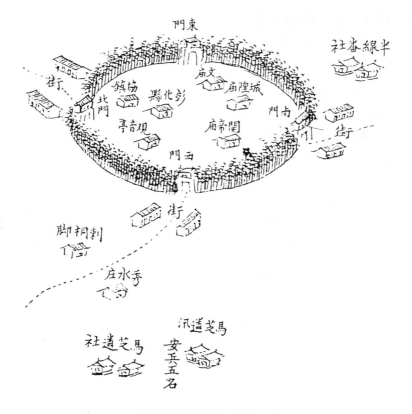

乾隆年間彰化縣城示意圖

結盟拜會——從社會變遷看清代
臺灣秘密會黨的發展

一、前　言

　　秘密社會是指下層社會中各種未經官方認可的秘密組織，因其生態環境、組織形態、思想信仰及社會功能，彼此不同，各有其特殊條件，爲了研究上的方便，將其分爲秘密宗教和秘密會黨兩個範疇，是有其必要的。前者是指釋道以外的各種教派，起源於民間的各種信仰，並雜揉儒釋道的思想或教義，是屬於多元性的信仰結構或社會制度。各教派的共同宗旨，主要在勸人燒香誦經，導人行善，消災祈福，解脫沉淪，求生淨土，其思想觀念，與佛教的教義最相切近，一般民衆皈依秘密教派，與崇信佛教，具有同樣的誠意。各教派也傳授盤膝坐功，學習運氣，爲村民療治時疾，其修眞養性的方式，與道教頗爲相近。各教派也具有宗教福利的性質，養生送死各種儀式，多由各教派主持，各教派在地方上扮演了重要的角色，具有生存、整合與認知的功能，但因各教派未經立法，並未得到官方的認可，其組織與活動都是不合法的，對官方而言，各教派都是一種秘密性質的不合法宗教團體，而遭到官方的取締。至於秘密會黨則爲下層社會的異姓結拜團體，是屬於多元性的互助團體，學者或稱其爲秘密結社，或習稱爲秘密幫會，亦有稱爲秘密會社者，頗不一致。「結社」一詞，易與文人集會相混，明天啓後，張溥等人初結應社，崇禎時又集合南北文社中人於吳縣，繼東林講學，稱爲復社，以取興復

絕學之義，此外尙有詩社等，使用秘密結社時，易與文人結社相
提並論，以致對下層社會的異姓結拜組織容易產生誤解。「會
社」一詞，與「社會」的含義，區別不大，顯不出其差異，秘密
社會與秘密會社的區分實欠明晰。至於「幫會」一詞中的
「幫」，則是指地緣性結合的行業組織，浙江紹興幫、寧波幫的
成功，就是將社會性的組合有效地應用於商業上的結果。青幫、
紅幫都是以漕運糧船水手爲主體的組織，青幫、紅幫的「幫」就
是由漕運糧船幫而得名，「幫」與「會」不可混爲一談。「會」
是指會黨，在清代官書及地方大吏奏摺中常見「結會樹黨」字
樣，因此，使用秘密會黨，的確較爲妥當。秘密會黨的起源及發
展，與福建、臺灣、兩廣、雲貴等地區的社會經濟及地理背景有
密切的關係，秘密會黨名目繁多，並非起於一地，也不是始於一
時，更非創自一人，而是中國南方人口密集的聚族而居的核心地
區及邊遠移墾社會裡常見的現象，各會黨的成員，主要是迫於生
計的一般貧苦大衆。各會黨的宗旨主要是患難相助，並未含有濃
厚的種族意識或反滿的政治意味。但因各會黨的組織，並未得到
官方的認可，其組織與活動都是不合法的，所以遭到官方的取
締，清廷制訂刑律，以查禁異姓結拜組織，地方官查辦會黨，往
往因處理不善，兵役肆虐，以致釀成巨案，擴大成爲含有政治意
味的群衆運動。本文撰寫的旨趣即在就現存檔案，並借助於區域
研究成果，以探討清代閩粵先民移墾臺灣後秘密會黨的發展，俾
有助於秘密社會信史的重建。

二、臺灣移墾社會的形成

　　在漢人大量移殖臺灣以前，島上已住有土著民族，當時的臺
灣是屬於未開發地要，農業技術落後，旣無耕畜，又不用犁耜，

收割也不用鐮刀。其習俗是男子狩獵，女子耕稼，生產力很低，又缺乏進取心和儲蓄的觀念，不願開墾超過生活需要的土地，以生產多餘的糧食①。

臺灣與閩、粵兩省，一衣帶水，宋、元以來，內地漢人已入居臺灣，明代嘉靖、萬曆年間（1522-1619），渡臺者愈衆。顏思齊、鄭芝龍入臺後，福建泉州、漳州民人東渡者，與日俱增。鄭芝龍獎勵拓殖，招徠閩南饑民入臺開墾，受撫以後，曾稟請福建巡撫熊文燦招集饑民數萬人，每人給銀三兩，三人給牛一頭，用海舶載至臺灣墾荒，這種有規模的移民，具有重大的意義②。荷蘭人佔據臺灣後，爲增加蔗糖的生產，亟需勞力，於是積極獎勵漢人的移殖。閩粵地區，人口的壓力頗大，不僅人口密度極高，而且非生產的倚賴性人口比例亦大。臺灣則爲地曠人稀的移墾區，勞力不足，可以容納內地過剩的人口。此時適值滿洲入關，由於抗清戰事的蔓延，生靈塗炭，閩粵民人遂紛紛渡海來臺，以謀求生路。據統計在荷蘭人佔據末期，臺灣漢人總數已有二萬五千戶，約有十萬人。

漢人在臺灣從事有規模的拓殖，雖然在荷蘭人佔據臺灣以前已經開始，但眞正奠定漢人移殖臺灣之基礎的是在鄭成功驅逐荷蘭人以後。鄭成功實施寓兵於農的政策，重視開墾，漢人來臺者更多。據統計鄭氏時代，在臺灣的漢人增至二十萬人，開墾的地區，分佈很廣。前臺北帝大農學部農業經濟研究室曾繪圖表示鄭氏時代的開墾區域，其拓墾分佈圖如下：

鄭氏時期臺灣拓墾分佈示意圖

資料來源：臺北帝大農業經濟研究室

■ 荷蘭據台以前（～1623）

▦ 荷蘭據台時期（1624-1661）

▤ 鄭氏時代（1662-1683）

　　如前圖所示，鄭氏時代的拓墾區域，雖南至恒春，北及雞籠、淡水，惟其拓墾重心依然是承荷蘭人的餘緒，是在以臺南為中心一帶地方③。由於鄭氏時代的大量開墾，正好提供了內地漢人一個適宜安居和落地生根的理想地方。清代治臺期間，人口成長更快。雍正十年（1732）五月，據廣東巡撫鄂彌達奏稱，閩粵民人在臺灣立業者多達數十萬人④。乾隆年間，臺灣府各縣廳的戶口，已經編定保甲，其民番實數亦另款具報。乾隆二十八年（1763）十二月，巡察臺灣給事中永慶指出「臺地自開臺以來，多係閩廣人民寄居，迄今百餘年，生息蕃衍，占籍陸拾餘萬，番民歸化者柒拾餘社。」⑤是年據福建巡撫定長奏報臺灣府屬實在土著流寓及社番男婦大小丁口共六十六萬六千零四十名口⑥。乾隆末年以降，臺灣人口因偷渡盛行而成長更快，至 1893 年甲午戰前，臺灣人口增至二百五十五萬人⑦。清代臺灣人口的變遷，可作曲線圖於下：

臺灣人口成長曲線圖

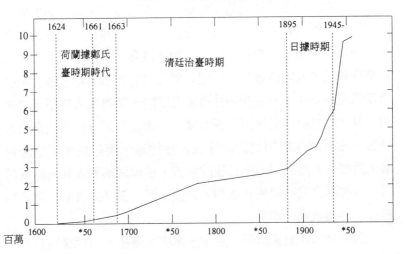

　　從 1683 年清廷領有臺灣起至 1895 年日本接管臺灣止，在這二百一十二年間，臺灣人口從二十萬人增加至二百五十五萬人，平均增加了十一倍強⑧。

　　中國的傳統社會問題，主要是在於人口、財富分配、權力結構及社會流動方向⑨。漢人社會，越是歷史悠久而社會穩定，越傾向於以本地的地緣和宗族關係爲社會群體的構成法則；越是不穩定的移民社會或邊疆社會，越傾向於以祖籍地緣或移殖性的宗族爲人群認同標準⑩。

　　清廷領有臺灣後，臺灣在社會經濟方面，發生了極大的變化。臺灣社會是屬於移墾型的結構，故其所引起的社會問題，與內地頗不相同。閩粵地區是聚族而居的社會，其村落的地緣社會和宗族的血緣社會幾乎是完全一致的⑪。在十九世紀以前，臺灣社會中，男女的比例十分懸殊，男多於女，精壯者多於倚賴性者，而且單身男丁、流民或游離分子的比例亦高，動輒走險輕生，這正是移墾地區的共同特徵，也是臺灣地區早期動亂頻仍的主要原因之一。基於祖籍的不同地緣，加上習俗、語系的差異，早期移殖臺灣的漢人，大致可以分爲泉州人、漳州人及廣東客家人三個人群。泉州人來臺最早，人數也最多，漳州人次之，客家人來臺最晚，人數也最少。三個人群都具有強烈的鄉土觀念。血緣關係是最基本、最直接的社會整合準則，閩粵民人來臺入墾之初，缺乏以血緣作爲聚落組成的條件，通常是同一條船渡臺的人聚居一處，或採取祖籍的同姓或異姓村落，而形成所謂地緣村落，同鄉的人遷到同鄉所居住的地方，並與同鄉的人共同組成村落，各村落之間則以集資建廟，並經由鄉土祭神的供奉和儀式的舉行，連結成爲一體⑫。

　　閩粵漢人移殖臺灣後，泉庄、漳庄、粵庄，以地緣爲分界，

生態環境改變，益以生存利害的衝突，同鄉的意識更爲強化，地緣性的結合強於血緣性的結合。地緣村落的優點是視同鄉如骨肉，疾病相扶，患難相助，而缺點則在於移墾不同人群各有畛域，偏狹的地域觀念異常濃厚，各分氣類。移墾集團之間，時常呈現尖銳的對立，分類械鬥案件，層出不窮，結盟拜會的風氣，尤其盛行。

社會變遷是指社會的結構與功能的變化，社會結構是指社會行動與互動的模式，社會功能是指此一社會行動與互動關係如何適應新的環境及如何與新環境整合⑬。臺灣人口的急劇增加，是由內地人口壓力及社會、政治變動所引起，亦即內地人口變遷的派生現南。臺灣地區高度的人口壓力常引起社會失調，接著由社會失調而引起民變動亂⑭。明末清初以來，臺灣富於移墾社會的特徵，社會的流動性和不穩定性十分明顯，移墾社會的長期不安，社會組織的不夠健全，社會問題逐相對增加，臺灣分類械鬥案件的層出疊見及結盟拜會風氣的方興未艾，便是早期移墾社會中常見的現象。

三、區域拓殖與秘密會黨的發展

明清時期的經濟發展，主要是外延性的成長，即以人口的增加和耕地面積的擴充成爲國民生產總額的增加。臺灣是屬於開發中的區域，土曠人稀，可以容納內地過剩的人口。閩粵先民迫於生計，相繼渡海入臺，披荊斬棘，墾殖荒陬，使臺灣逐漸形成一個移墾社會，同時建立了複雜的經濟關係。康熙二十三年（1684），清廷領有臺灣後，臺灣已由一個海外的邊疆成爲中國本土的延伸。臺灣南部，因其地理位置恰與福建泉、漳二府相當，所以當漢人移殖臺灣之初，即先在南部立足，然後由南部逐

漸向南北延伸。由於土地氣候的差異，臺灣與內地之間，形成了
密切的區域分工關係，臺灣南部因適宜種植米糖而成爲早期的經
濟重心。其後由於南部本身人口的自然增殖，以及內地移民的不
斷湧進，戶口頻增，南部開發殆盡，拓墾方向逐漸北移⑮。

　　臺灣人口的增加與耕地面積的擴充，是齊頭並進的，康熙二
十四年（1685），諸羅一帶，已有頗多的漢人移墾，雍正年間，
諸羅一帶已成爲拓墾重心，而同一時期的彰化則爲開發較緩地
區，不僅因人口相對稀少，而且耕地單位面積產量也較有限。然
而從十八世紀四十年代以後，移殖到臺灣的內地人口，則增加非
常迅速⑯。彰化平原在鄭氏時代已由泉人開始移墾，鄭成功是福
建南安人，屬於泉州府，當劉國軒率師平定北路諸番時，隨軍入
墾的大多是泉州人。清廷領有臺灣後，最早入墾彰化平原的主要
墾首如施長齡、楊志申、吳溶等人亦均爲泉州人，其招佃入墾的
對象，也是泉州人，後來彰化平原就是在泉州人群的勢力籠罩
下，泉州人在彰化平原佔了絕對的優勢⑰。從雍正年間開始，臺
灣區域性的發展，其拓墾方向已逐漸往中部以北推展，雍正元年
（1723），彰化縣的增設，就是表示彰化地區在整個臺灣開拓史
上已顯出其區域性發展的重要性及歷史意義。自此以後，清廷治
台政策，在社會文教方面，是以內地化爲主，在經濟方面，則實
行勸農及墾荒政策⑱。乾隆初年，彰化平原已成爲拓墾重心，人
口迅速成長，耕地面積日益擴充。同時，北部平原可種植稻米，
山區可生產茶和樟腦，天津條約簽訂後，臺灣對外開放通商口岸
後，茶和樟腦的出口量與日俱增，促成臺灣經濟重心的北移。

　　泉人、漳人、粵人因渡臺時間先後不同，彼此之間常有互相
壓迫或凌壓衝突的現象。當時的社會幾乎處於無政府狀態，地方
上的巨室豪族勢力強大，往往有以大吃小的事件。泉庄、漳庄、

粵庄同籍聚居，其地域觀念異常濃厚，各庄常因細故時起衝突，
分類械鬥就是地緣意識尖銳化的結果，臺灣秘密會黨就是出現於
移墾社會的各種異姓結拜組織，分類械鬥與秘密會黨都是早期移
墾社會的產物，當地緣意識更加濃厚，利害衝突益趨嚴重時，分
類械鬥團體往往就發展成爲組織嚴密的秘密會黨。排比清代閩省
查辦臺灣結盟拜會案件，可以發現臺灣秘密會黨的出現，與臺灣
拓墾方向大致是齊頭並進的。茲就現存檔案及官書所見臺灣秘密
會黨列表於下：

清代臺灣秘密會黨一覽表

	會名	起會時間	結會地點	人數	倡立者	資料來源	備考
1	父母會	雍正六年（1728）	諸羅縣	23	湯完	宮中檔	
2	子龍會	雍正七年（1729）	臺灣	不詳	不詳	宮中檔	
3	小刀會	乾隆三十七年（1772）	彰化縣	18	林達	軍機處月摺包	
4	小刀會	乾隆三十八年（1773）	彰化縣	6	林阿騫	軍機處月摺包	
5	小刀會	乾隆三十八年（1773）	彰化縣	5	林六	軍機處月摺包	
6	小刀會	乾隆三十八年（1773）	彰化縣	4	林文韜	軍機處月摺包	
7	小刀會	乾隆三十九年（1774）	彰化縣	6	陳纏	軍機處月摺包	
8	小刀會	乾隆四十年（1775）	彰化縣	10	林達	軍機處月摺包	
9	小刀會	乾隆四十年（1775）	彰化縣	4	盧佛	軍機處月摺包	
10	小刀會	乾隆四十四年（1779）	彰化縣	不詳	盧講	軍機處月摺包	
11	小刀會	乾隆四十五年（1780）	彰化縣	4	林水	宮中檔	
12	添弟會	乾隆五十一年（1786）	諸羅縣	70	楊光勳	內閣大庫	
13	雷公會	乾隆五十一年（1786）	諸羅縣	20	楊媽世	內閣大庫	
14	天地會	乾隆五十一年（1786）	彰化縣	10	林爽文	宮中檔	
15	天地會	乾隆五十五年（1790）	諸羅縣	10	張標	內閣大庫	哈當阿奏摺錄副
16	天地會	乾隆五十七年（1792）	彰化縣	9	吳光彩	內閣大庫	
17	小刀會	乾隆五十九年（1794）	鳳山縣	54	鄭光彩	清實錄	
18	天地會	乾隆六十年（1795）	鳳山縣	109	陳光愛	宮中檔	

19	小刀會	嘉慶二年（1797）	淡大廳	不詳	楊肇	軍機處錄副	清史研究集
20	小刀會	嘉慶三年（1798）	嘉義縣	不詳	徐章	軍機處錄副	清史研究集
21	小刀會	嘉慶五年（1800）	嘉義縣	不詳	楊錫宗	軍機處錄副	第一歷史檔案館
22	小刀會	嘉慶六年（1801）	嘉義縣	8	白啓	宮中檔	乾隆五十二年改諸羅爲嘉義
23	兄弟會	道光六年（1826）	貓裏	420	巫巧三	軍機處月摺包	又名同年會
24	小刀會	道光三十年（1850）	彰化縣	不詳	林連招	軍機處月摺包	
25	小刀會	咸豐三年（1853）	臺灣縣	不詳	不詳	月摺檔	廈門小刀會
26	小刀會	咸豐三年（1853）	鳳山縣	不詳	不詳	月摺檔	廈門小刀會
27	小刀會	咸豐四年（1854）	淡水廳	不詳	黃位	月摺檔	
28	太子會	同治六年（1867）	彰化縣	不詳	何萬機	月摺檔	
29	銃會	同治六年（1867）	嘉義縣	4	陳清水	月摺檔	
30	白旂會	同治六年（1867）	彰化縣	9	林海瑞	月摺檔	

　　如前表所列三十個秘密會黨案件，雍正朝（1723-1735）二個，乾隆（1736-1795）十六個，嘉慶朝（1796-1820）四個，道光朝（1821-1850）二個，咸豐朝（1851-1861）三個，同治朝（1862-1874）三個。結會地點的分佈，雍正朝的會黨出現於諸羅縣，乾隆朝分佈於彰化、諸羅、鳳山等縣，嘉慶朝分佈於嘉義即諸羅縣、淡水廳，道光朝分佈於貓裏即苗栗、彰化縣，咸豐朝分佈於臺灣、鳳山縣、淡水廳，同治朝分佈於彰化、嘉義縣。據《臺灣省通志》、《鳳山縣志》、《彰化縣志》、《淡水廳志》等書的記載，在清代治臺的二百一十三年期間，臺灣發生大規模的分類械鬥事件共三十八次，其中康熙朝一次，發生地區在鳳山縣，雍正朝一次，在鳳山縣，乾隆朝三次，在彰化縣、淡水廳，嘉慶朝八次，其中二次在彰化縣，六次在淡水廳，道光朝十一次，二次在彰化縣，鳳山縣、噶瑪蘭廳各一次，七次在淡水廳，

咸豐朝七次，都在淡水廳，同治朝五次，二次在淡水廳，三次在噶瑪蘭廳，光緒朝二次，在新竹縣苗栗、安平縣學甲各一次⑲。茲將秘密會黨與分類械鬥案件作曲線圖於下：

秘密會黨與分類械鬥案件曲線圖

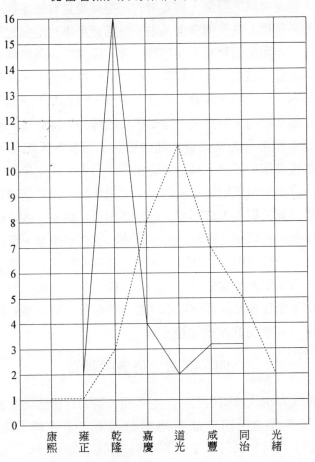

―― 表示秘密會黨次數

‥‥‥ 表示分類械鬥次數

　　以上曲線圖內虛線部分是分類械鬥案件，由於資料的限制，疏漏之處，勢所難免，而且秘密會黨與分類械鬥兩條曲線並非完全相合，但仍有助於了解清代秘密會黨及分類械鬥的演變或發展趨勢，大致而言，就各案件發生的次數及分佈區地點，可以了解械鬥、秘密會黨的發展，與臺灣的拓墾移殖是齊頭並進的。康熙年間的拓墾重心在臺灣南部，朱一貴結盟起事的地點也是南部鳳山。雍正年間的拓墾重心在諸羅一帶，湯完等人所結拜的父母會就是在諸羅縣境內。乾隆年間，彰化成為拓墾重心，林達、林阿騫、林六、林文韜、陳纏、盧佛、盧講、林水等人所結拜的小刀會都在彰化境內，林爽文、吳光彩所結拜的天地會也在彰化，此外諸羅有添弟會、雷公會、鳳山縣有小刀會、天地會。嘉慶年間，嘉義破獲小刀會，淡水廳也出現小刀會。道光年間，屬於淡水廳的貓裏即苗栗出現了兄弟會。同光年間，由於經濟重心的北移，對外貿易緩和人口壓力，行政區劃重新調整，教育或文教工作使褊狹的地域觀念逐漸消失，社會治安亦漸改善，臺灣社會漸趨整合，分類械鬥事件亦漸減少，結盟拜會的風氣並不盛行。質言之，發掘檔案，掌握直接史料，以探討閩粵先民渡海入臺後如何形成移墾社會及如何與新環境整合就是分析清代臺灣秘密會黨的起源及其發展的重要途徑。

四、臺灣父母會的性質

　　就現存清代檔案而言，雍正年間，臺灣查獲的秘密會黨有父母會和子龍會。國立故宮博物院現藏《宮中檔》雍正七年（1729）八月初二日署理福建總督史貽直奏摺中說：「臣又訪得泉漳一帶及臺灣府屬地方，民間向有結盟拜把之風，內地則有桃園會名色，臺灣則有子龍會名色，皆專尚勇力，以角逐鬥勝為

能，少年無知，最易習染，此等惡俗，在內地固宜亟懲，在臺灣尤當禁戢。」⑳子龍會是因趙雲字子龍而得名，在《三國志通俗演義》中單騎救主的趙子龍渾身是膽，重禮明義，心如鐵石，非富貴所能動搖，以趙雲的字號作爲異姓結拜組織的名稱，充分顯示了義氣千秋的忠義精神。

　　閩省大吏首先正式查辦的臺灣秘密會黨，叫做父母會。雍正四年（1726）五月初五日，諸羅縣蓮池潭地方，有蔡蔭與陳卯等十三人拜把結盟，以蔡蔭爲大哥，惟未曾歃血。雍正六年（1728）三月十八日，是注生娘娘生日，蔡蔭等二十人又在蕭養家飲酒拜盟，結拜父母會，仍然推舉蔡蔭爲大哥，以石意爲尾弟。蔡蔭給與石意布袍一件，涼帽一頂，鞋襪一雙。

　　諸羅縣民湯完，外號猴完，住在相離縣城八十里的茇仔林地方。雍正六年（1728）正月十二日，縣民陳斌在湯完家起意招人結拜父母會。次日，陳斌等二十三人齊集湯完家歃血拜把結盟，各人以針刺血滴酒設誓，共推湯完爲大哥，以朱寶爲尾弟，蔡祖爲尾二。三月二十九日，是湯完的生日，約定於是日聚集寫立盟書，但在前一天即三月二十八日即被查獲。四月二十一日，據臺灣鎮總兵官王郡等報獲湯完、朱寶、陳岳、陳斌、蘇亮、賴妹、魏祖生、魏迎共八名，俱經逐名嚴訊。其中除蘇亮相約未允入會外，其餘七人俱已盟誓入會，每人入會時，各出銀一兩。七月初十日，總兵官王郡又報獲蔡祖、黃富、方結、吳灶、張壽、吳科、王馬四、黃贊、許亮、林二等十人，反覆嚴訊，所供相同。據蔡祖等供稱：

> 雍正六年正月十二日，陳斌在湯完家起意招人結父母會，每人出銀一兩拜盟，如有父母老了，彼此幫助，共約賴妹、王義、王馬四、陳岳、魏迎、魏祖生、方結、吳灶、

張壽、吳科、黃富、許亮、黃贊、蔡祖、朱寶、林生、林二、阿抱、里長蘇老興二十三人，拜把結盟，以湯完爲大哥，朱寶爲尾弟，蔡祖爲尾二。與朱寶、蔡祖各緞袍一件、帽一頂、鞋襪一雙，銀班指一個，餘人沒給甚麼物件㉑。

　　在早期移墾社會裡，同鄉觀念很濃厚，村鄰中的婚喪喜慶，彼此熱心參加，互相幫助，成爲當地的共同習俗。《諸羅縣志》記載早期移墾社會的風俗云：

　　　　「土著既鮮，流寓者無期功強近之親，同鄉如骨肉矣。疾病相扶，死喪相助，棺斂埋葬，鄰里皆躬親之。貧無歸，則集眾捐囊裹事，雖慳者亦畏譏議。詩云：『凡民有喪，匍匐救之。』此風較内地猶厚㉒。

　　早期移殖諸羅一帶的内地漢人，疾病相扶，死喪相助，猶不失古風。在早期移墾社會的鄉村生活當中，常常有互助合作的需要，爲了滿足各種社會需要，於是就有許多民間團體的產生。基於社會需要而產生的社會團體組織，在下層社會裡歷歷可見，這種爲滿足社會需要而成立的團體，即所謂民間互助團體，雍正年間諸羅縣所查禁的父母會，就是一種民間互助團體。父母會中某一成員的父母去世時，彼此互助喪葬費用的組織，具有保險的性質㉓。《臺灣舊慣習俗信仰》一書已指出父母會的性質，原書云：

　　　　所謂父母會，就是各會員父母去世時，以父母資助喪葬費用爲目的而組成。他們雖説祭祀神佛，其實等於利用神佛，和現在的人壽保險相差無幾。類似父母會的還有孝子會、孝友會、長生會、兄弟會等，名稱雖然不同，但組織幾乎相同。就是當幾十個人創立父母會時，先各自捐出一

定的金額，用其利息作爲祭祀神佛之用。又各會員分別指
定其尊族中的一人，當此人死亡時，各會員再捐款作爲喪
葬費，如此其會員資格就算消滅，一直到所指定的尊族全
部死亡才解散，不過這種父母會現在已經很少㉔。

父母會的會員蔡祖等在供詞中所稱「如有父母老了」，即指
會內成員父母身故，各會員資助喪葬費用，可以滿足社會的需
要。因此，清初雍正年間臺灣諸羅縣查辦的父母會，在性質上而
言，是屬於異姓結拜組織，結會時舉行歃血拜盟的儀式，各人以
針刺血，滴酒設誓，並寫立盟書，這種拜把結盟的組織就是所謂
的秘密會黨。由於成立父母會的宗旨主要是爲父母身故，以資助
喪費，這種爲籌措互助費而成立的異姓結拜組織在分類上則是屬
於地方性的民間互助團體。

五、臺灣小刀會倡立的背景

清代小刀會的起源相當早，從現存檔案可以發現在乾隆七年
（1742）已有小刀會滋事案件。是年，福建漳浦縣小刀會殺死知
縣一案，營兵竟在內指使牽連。閩浙總督那蘇圖具摺指出福建
漳、泉二府，地介海濱，民習俗悍，每好盟神拜會，各立名色，
爭強角勝，生事地方，偶有微嫌夙釁，即傳佈匿名揭帖，希圖陷
害於人，或糾黨械鬥。據汀漳道陳樹萲稟報漳浦縣雲霄地方有小
刀會滋事，其起因是由於是年三、四月間雨澤愆期，傳佈訛言，
驚擾民衆，漳浦縣知縣朱以誠查拏雲霄地方張姓、平和縣張姓各
一人，同時起獲小刀，查明兩面有鋒㉕。六月初三日，朱以誠在
縣堂審事時，被公廨內居民賴石刺傷，即於當日身故㉖。是年十
二月，兵部箚付內所奉諭旨指出「閩省向來武備廢弛，兵丁久染
惡習，而武弁又復袒護姑容。」㉗漳浦縣知縣朱以誠就是在營兵

指使下被小刀會的會員賴石所殺。

　　乾隆中葉以降，臺灣彰化縣連年發生小刀會案件。福建水師
提督黃仕簡抵臺查辦械鬥案件後，翻閱臺灣府舊存案卷，查出乾
隆三十七年（1772），已有小刀會滋事案件。是年正月間，大墩
（臺中市）街民林達因賣檳榔，被汛兵強買毆辱。林達乃起意邀
同林六等十八人，結爲一會，相約遇有營兵欺侮，各帶小刀幫護
㉘。後來林達等人又與賴飲爭買牛肉起釁，彼此角毆。彰化縣知
縣張可傳差拘林達等人到案，因無小刀會確據，而將林達等十八
人分別枷責釋放。乾隆三十八年（1773），彰化縣民林阿騫，邀
約黃添等五人結拜小刀會，續有黃江等人入會，相約各備小刀防
身，如遇營兵及外人欺侮時，則各執小刀幫護。後來林達所領導
的小刀會，由於內部成員林水等人先後死亡，而自行散去，而由
會中的林六另邀林媽等五人，另結一小刀會。彰化縣民林文韜又
邀得林踏等四人另結一小刀會，其他經濟小民，紛紛效尤，各結
小刀會。

　　從乾隆三十九年（1774）至四十七年（1782）之間，又有彰
化縣民八十餘人先後結拜小刀會，或三、四人，或五、六人各自
結爲一會，其中黃尾是彰化縣衙役，陳遠生是縣書，林柏、陳尙
都是理番廳衙役。會員彼此相約如遇營兵欺侮，彼此即攜刀互相
幫護。乾隆四十年（1775）十月內，臺灣府知府蔣元樞訪拏小刀
會林達等十餘人，解赴彰化縣城審究。彰化縣知縣陞任淡訪同知
馬鳴鑣訪拏另一小刀會盧佛等四人到案，雖俱供認結拜小刀會不
諱，但別無逞兇焚庄等不法情事，經知府蔣元樞批示枷責完案，
並責成鄉保嚴加管束。乾隆四十四年（1779），彰化縣民盧講等
先後結拜小刀會。次年七月二十九日，興化營兵丁洪標等七名，
齊抵彰化溪田地方，公祭遠年平番陣亡兵丁，因舊時設祭之處，

被縣民楊振文新蓋房屋，兵丁洪標等照例在原處擺列祭物，其設
祭之處適在楊振文門首，楊振文率眾攔阻，將祭品搶散，兵丁陳
玉麟首先與楊振文毆鬥，各兵也同時上前抵拒。兵丁鄭高先被楊
振文毆傷，即回營攜取鳥鎗施放，誤傷販賣果物的街民林水左腿
肚，林水到縣城控告。彰化縣知縣焦長發差拘兵丁陳玉麟、鄭高
等犯到案，杖責發落，旋經黃文侯調處，令楊振文出番銀一百五
十圓給兵丁陳玉麟等買地起造祠屋，兩絕爭端㉙。兵丁陳玉麟、
鄭高被革糧逐伍後，挾林水赴縣控驗之嫌，屢次騷擾百姓，以致
百姓怨恨兵丁，起意報復。乾隆四十五年（1780）九月間，林水
邀同民人孫番、楊報、林葵等共四人，復結小刀會，亦相約如遇
營兵欺凌，彼此即帶刀幫護㉚。

　　福建漳州府龍溪縣人吳成，充當漳州鎮左營兵丁，乾隆四十
四年（1779），吳成赴臺換班，派撥彰化縣城守汛，即與同伍兵
丁張文貴夥開故衣店。乾隆四十六年（1781）十一月十五日，兵
丁黃文水向吳成索欠爭鬧，民人林文韜是小刀會的會首，林文韜
與堂叔林庇出勸，因袒護黃文水，吳成忿恨，將林庇推跌，林文
韜趕往幫助林庇，欲毆吳成，吳成跑脫。是晚，吳成攜鳥鎗，糾
約同伍兵丁楊祐、曾篤、蔡江等前往林庇店鋪尋釁，還毆報復。
林文韜走避，吳成等用石塊擲毀林庇店鋪。此時適有理番廳衙役
陳尚即陳才經過，吳成疑其幫護林庇，即施放鳥鎗，打傷陳尚頷
顏左臂膊手背，林文韜不甘，次日即於十一月十六日邀民人王洪
等七人前往兵丁吳成所開故衣店報復，適吳成外出，店夥兵丁張
文貴出而爭罵，被王洪持刀砍傷腦後右太陽穴，林文韜等隨又毀
壞店內桌椅等物，並搶去衣服十餘件。張文貴報請彰化縣知縣焦
長發驗傷，焦長發差拘林文韜等到案，訊明兵民互相打架屬實，
知縣焦長發乃將林文韜等分別枷責，惟應究兵丁吳成卻未拘解到

案。同年十二月，臺灣府知府蘇泰提解林文韜到案時，林文韜因患病取保就醫，病癒後潛回彰化。乾隆四十七年（1782）六月十五日晚，兵丁吳成等撞遇林文韜，因挾前嫌，將林文韜擒入營盤，兵丁吳成揪住林文韜髮辮，兵丁曾篤騎壓林文韜身上，兵丁楊祐用刀戳傷林文韜右眼成瞽。兵營員弁並未查明具報解究，竟置之不問。其後經攝理彰化縣理番同知王雋訪拏書役林柏、陳尚，並飭營員將新舊案犯林六、林文韜等到案，逐一加以嚴究，林文韜等將抵制營兵及歷次打架經過，俱供認不諱，兵丁曾篤、楊祐等亦供認幫同騎壓剜瞎林文韜右眼不諱，俱由臺灣府審擬解勘。

小刀會不僅因抵制營兵而時有兵民械鬥案件，其籍隸漳州的小刀會，亦與泉人時有分類械鬥。彰化莿桐腳庄地方，有漳州民人在此開設寶場。乾隆四十七年（1782）八月二十三日，莿桐腳庄演戲，有三塊厝小刀會內漳州人黃添與泉州人賭博，泉州人賭輸，因泉州人所出番錢銀色低潮，黃添與泉州人彼此爭鬥。有居住秀水庄的泉人廖老，本係在旁無涉，被黃添之子黃璇等糾眾誤毆身死，報經彰化縣相驗。因兇犯未拘，泉州人以廖老無辜被害，心懷不甘，於八月二十六日糾眾往莿桐腳庄黃添家毆搶尋仇，同時漳州人亦攔奪泉州人什物，彼此成仇。八月二十八日，三塊厝漳州人欲糾大里杙漳州人搶殺番仔溝泉州人各庄，聲言若遇見泉州人，盡欲殺死。有泉州人吳成因慮被搶殺，預籌防禦，告知素識的泉州人謝笑，略謂小刀會黃添等人欲糾眾攻庄，謝笑聞言氣忿，倡議傳帖，與吳成等知會附近番仔溝泉州人各庄，糾約各泉庄彼此幫助抵敵，漳、泉勢不兩立，終於導致大規模的分類械鬥，四鄉羅漢腳從而附和，人心惶惑，後來竟有把總林審被誤殺事件。

當彰化縣漳、泉分類械鬥事態日趨嚴重後，泉庄滋事主謀之一的謝笑見已釀大禍，畏罪潛回原籍福建晉江縣青蓮地方，至於小刀會要犯黃添等人先後被拏獲外，其餘要犯亦自臺灣潛回內地，此外有民人黃再等因病由臺灣返回原籍晉江縣，地方員弁在黃再隨帶行李內搜出張標托寄家信一封，信中述及彰化縣分類械鬥情由，其中有大里村林姓倡首攻打番仔溝及彰化縣。乾隆四十八年（1783）正月，閩浙總督富勒渾提解張標在籍長子張攀到案，再四嚴訊。據張攀供稱：

> 父親張標生小的兄弟兩人，小的居長，弟名張源記，年紀尚幼。父親向在臺灣鹿仔港賣米生理。小的上年去過臺灣一次，聽見父親說，彰化地方向來有一班人，身帶小刀，叫做小刀會，遇有人家打架，他們會齊拏了小刀去相幫，眾人都怕他，說像王爺一般的話，小的不久就回來了。至什麼人爲首？起自何時？共有多少黨羽？小的實在供不出來，只求行文去問小的父親就是③。

張攀不能供出小刀會起自何時？確屬實情。但張攀已經指出臺灣小刀會的成立原因，小刀會的會員身帶小刀，以便打架時相幫。當福建水師提督黃仕簡提訊小刀會各犯時，據供並無歃血焚表飲酒立簿等情，惟據張攀供稱「前在臺灣聞父親張標說，漳、泉匪類，名爲羅漢腳，還有三五成群，結盟拜把，遇事和人打架，大家就拏了小刀相幫，因此叫做小刀會，人皆怕他，都說他們是王爺一般，不敢輕惹，想來父親信內說王爺小刀會就是這話。」㉜由此可知臺灣小刀會確有其組織，且相當普遍，會中也有結盟拜把的儀式。福建水師提督黃仕簡奏摺內亦云：

> 彰化縣城西南門外有王爺小刀會名目，查係匪徒藉名父母會，三五成群，遇有會內人父母身故，各助銀一員，米一

斗,以資喪費。該匪徒又各置小刀一把,隨帶防身,凡會內與人爭鬧,即持刀群相幫護,鄉愚畏威驚避,是以指小刀會人爲王爺,謂其大如王爺,不敢相犯。非小刀會之外另有王爺會,此等棍徒即係流匪,俗呼羅漢腳,多係遇事持刀逞兇,亟應嚴拏究辦盡絕㉝。

父母會是民間的一種互助團體,姑不論小刀會是否藉名父母會,但小刀會與父母會都是屬於秘密會黨,則是事實。

乾隆年間,彰化小刀會盛行的原因很多,其中營兵的擾累百姓,則爲主要原因之一。清初,臺灣一府四縣,既無堅城可恃,而汎地遼闊。彰化地方,番漢雜處,又多僻徑荒山,犯罪易於藏匿,全縣以一守備帶原防把總駐防,所統兵丁僅二百八十名,兵勢單薄㉞。兵丁之中又有漳、泉之分,往往多事。雍正年間,福建總督高其倬具摺時已指出福建水師之中十分之七八都是泉、漳之人,而臺灣地方,泉、漳之民最多,兵丁稍多事者也是泉、漳之人,總兵官以泉、漳之人管泉、漳之人,寬則人人以有鄉情恃之,嚴則人人以無鄉情恨之㉟。由於本地人充當本地武官,多膽顧鄉情,討好兵丁,不能嚴加管束,甚或庇護兵丁,不能勤加操演,營伍廢弛,以致驕縱擾民,貪黷牟利。兵丁與彰化居民多屬同籍,言語相同,員弁竟聽其經營生理。各兵原無資本,多在街市售賣檳榔、糕餅,或編織草鞋,或在皮貨鋪中幫做皮箱等手藝。又因臺灣賭風甚盛,羅漢腳游手好閒,多以聚賭爲事,兵丁從中分潤。漳、泉兵丁與民爭利,兵強民悍,糾紛時起。設立汎兵的目的,原在緝暴衛民,但兵丁驕縱,殘民以逞。雍正十二年(1734)七月,巡視臺灣禮科給事中圖爾泰等查明臺灣府城守營右軍守備劉灝於六月二十八日正當時享太廟齋戒之日,竟敢酗酒,無故將民人林錦、朱六等執鞭責打,又以民人魏任引路走錯

觸怒，連打五、六十鞭，被打負傷之人紛紛奔竄，各躲入民婦盧氏、潘氏家中暫避，守備劉灝竟馳馬擁門遍處跟尋，盧氏驚慌，跪求馬前，劉灝仍然不歇，任意喧鬧地方㊱。乾隆初年，閩浙總督喀爾吉善等具奏時亦指出臺灣戍兵，素稱驕悍不法。由於兵丁肆虐於民，臺灣小刀會的倡立就是爲了抵制營兵的欺侮凌壓。福建水師提督黃仕簡查辦彰化小刀會案件後指出「彰邑城內，兵民雜處，兵悍民強，各不相下，由來已久，而小本經紀之人，歷被營兵短價勒買，遂各聯同類，藉以抵制。」㊲兵民雜處，彼此爭利，小本經紀之人，爲求自保，遂結拜小刀會，藉以抵制營兵。多羅質郡王永瑢等議覆小刀會滋事原因一摺內亦云：

> 查臺灣一府，地居海中，番民雜處，是以多設兵丁，以資彈壓，乃兵丁等反結夥肆橫，凌辱民人，強買強賣，打毀房屋，甚至放鎗兇鬥，以致該處居民，畏其強暴，相約結會，各持小刀，計圖抵制，是十餘年來，小刀會之舉，皆係兵丁激成㊳。

　　臺灣多設兵丁，原本是爲了彈壓番民，但兵丁卻結夥肆虐，欺壓百姓，居民爲了抵制營兵，遂相約結拜小刀會。從悍兵強民的兵民糾紛經過，可以解釋臺灣小刀會的起源與發展。彰化小刀會盛行，三五成群，各自結會，身帶小刀，遇有兵丁欺凌，即持刀相助，不必一定藉名父母會，小刀會是多元性的秘密會黨，其倡立的宗旨與父母會不同，彼此固然不相統屬，就是彰化縣各小刀會彼此之間亦不相統屬，林達、陳纏、林阿騫、林文韜、盧佛、盧讚、林水都是乾隆年間彰化縣各小刀會的倡立者，當林達所領導的小刀會散去以後，會員之一的林天另立小刀會，自爲會首。

六、添弟會與雷公會的械鬥案件

乾隆年間，在諸羅縣出現的添弟會與雷公會，就其性質而言，是屬於一種同姓同籍而鬥的械鬥團體。諸羅縣九芎林山地方有捐職州同楊文麟收養的長子捐貢生楊功懋即楊光勳，「好事游蕩」。楊文麟親生子監生楊功寬即楊媽世，「不安本分」，兄弟二人因爭奪家產而彼此不睦。楊文麟溺愛親生子楊媽世，而將養子楊光勳析居相隔數里外的石溜班地方，每年分給定數的銀穀。但楊光勳不敷花用，時常與楊媽世爭財吵鬧。乾隆五十一年（1786）六月間，楊光勳糾人至養父楊文麟臥室搬取財物，被楊媽世率眾逐散，楊光勳更懷忿恨，乃起意結會樹黨，俟秋成搶割在田稻穀，於是邀約素好的何慶爲主謀，糾眾結拜添弟會，意欲弟兄日添，則爭鬥必勝，所以取名添弟會，會中設立會簿一本，登記入會姓名及地址。從乾隆五十一年（1786）七月初一日起陸續糾集會員七十五人，每人給與番銀二圓，並允諾於搶割事成之後另行分潤。據添弟會要犯陳輝等供稱：

> 楊光勳因被伊義父楊文麟析居，心懷不忿。楊文麟田園較廣，冀圖糾眾搶割，兼備鬥毆，遂起意立會，每人先給番銀二圓，藉其幫助，並許搶割之後，再爲分潤米穀，惟恐會內之人不肯出力，是以立簿登名，倘有臨時退諉者，仍向討還番銀。伊等貪圖微利，聽從入會㊴。

楊光勳倡立添弟會的宗旨是冀圖搶割養父楊文麟田園米穀，並預備與其弟楊媽世鬥毆，純屬家庭中的財務糾紛。從第一歷史檔案館現藏臺灣鎮總兵官柴大紀所呈《添弟會會簿》的記載，可以了解楊光勳糾眾立會的情形，以及各會員的地緣關係。乾隆五十一年（1786）七月初一日正式立簿，是日有何慶等五人入會；

初二日，有李鴻等三人入會；初三日，有胡再等二人入會；初四
日，有林陳等三人入會；初五日，有陳郡等五人入會；初六日，
有吳三元等四人入會；初七日，有黃鍾等二人入會；初八日，有
葉東等二人入會；初九日，有劉信等三人入會；初十日，有張烈
等三人入會；十一日，有張光輝等二人入會；十二日，有高杭一
人入會；十四日，有林日等二人入會；十五日，有羅來等二人入
會；十六日，有賴軍等二人入會；十七日，有張泮一人入會；二
十日，有賴茂等四人入會；二十一日，有鄒旺等三人入會；二十
二日，有吳遠等二人入會；二十三日，有何夜等二人入會；二十
四日，有涂華等三人入會；二十五日，有盧桓等二人入會；二十
六日，有王青等四人入會；二十七日，有蔡綢等三人入會；二十
八日，有張燕等三人入會；二十九日，有吳朝等二人入會；閏七
月初一日，有張散等三人入會；初二日，有賴振等二人入會⑩。
自七月初一日起至閏七月初二日止，合計邀得七十五人入會，平
均每日邀得 2-4 人入會。在所有添弟會的會員中，王姓三人，林
姓二人，何姓八人，吳姓三人，沈姓二人，柯姓三人，陳姓五
人，張姓十二人，許姓二人，葉姓二人，黃姓四人，蔡姓五人，
賴姓八人，盧姓二人，其餘李姓、姚姓、邱姓、高姓、楊姓、胡
姓、涂姓、周姓、簡姓、郭姓、鄒姓、劉姓、羅姓、魏姓各一
人。在七十五人當中的分佈地點，居住九芎林者二十六人，居住
石溜班者十八人，居住打貓庄者十六人，居住他里霧者九人，其
餘居住保長廍、石仔坑、馬稠庄、林仔庄、山仔頂、牛稠溪者各
一人。由此可知添弟會和雷公會是同姓同籍的械鬥團體，惟就添
弟會本身而言，則爲一種異姓結拜組織。

　　楊媽世聞知楊光勳結拜添弟會後，亦起意結會樹黨，於是商
同素好的潘吉爲主謀，糾衆結拜雷公會，以防楊光勳搶鬥。楊媽

世以楊光勳兇惡不肖，違背倫常，忤逆不孝，必被雷擊斃，所以
取名雷公會。潘吉陸續糾邀何稽等二十四人，每人各給錢五百文
㊶。據楊媽世供稱「聞知楊光勳結會之事，因離城較遠，且田穀
將熟，告官禁阻，恐致無及，隨亦就近結會，以備抵禦。」質言
之，雷公會倡立的宗旨是爲了抵禦添弟會，都是械鬥團體，惟就
雷公會本身而言，就是一種異姓結拜組織。

　　由於田穀將熟，楊文麟恐添弟會與雷公會爭鬥，釀成慘案，
乃首告楊光勳結拜添弟會，楊光勳亦訐告楊媽世糾合潘吉等倡立
雷公會。原任諸羅縣唐鎰未即查辦，後來經同知董啓埏接署諸羅
知縣印務。乾隆五十一年（1786）閏七月初四日，署諸羅縣知縣
董啓埏與北路協左營守備郝輝龍查拏會黨，先後拏獲雷公會楊媽
世等十四名，不久又拏獲楊文麟及楊光勳之子楊狗押解回縣審
辦，楊狗旋以賄釋去。閏七月初七日未刻，石溜班汛把總陳和奉
文拏獲添弟會要犯張烈一名。把總陳和帶兵四名，即於當日酉刻
起程，欲將張烈解往諸羅縣城，亥刻，行至斗六門地方，在倪二
飯店歇息。楊光勳等起意劫囚，邀集添弟會會員盧桓等四十七
人，各持刀棍，趕至倪二店前，圍店劫囚，救出張烈，把總陳和
等被殺。從閏七月初八日起，官兵陸續馳援，在諸羅、彰化兩縣
境內先後拏獲添弟會及雷公會的會員八十九名。由於小刀會、添
弟會及雷公會各逸犯紛紛潛匿彰化大里杙，地方兵役緝捕逸犯，
操之過激，終於導致天地會的重大案件。

七、分類械鬥與天地會的發展

　　福建漳、泉二府，聚族而居，人口壓力日趨嚴重，民俗強
悍，每因戶婚地土糾紛而聚眾械鬥，大姓欺凌小姓，各小姓則結
連相抗，以求自保。雍正五年（1727）十一月，福建總督高其倬

具摺時已指出「福建泉、漳二府民間大姓欺凌小族，小族亦結連相抗，持械聚衆，彼此相殺，最爲惡俗。」⑫泉、漳二府向來因防海寇，每家置有刀鎗器械，自行防守，沿爲積習，更助長各大小族姓之間的械鬥風氣。雍正七年（1729）十月，福建觀風整俗使劉師恕具摺時亦指出大姓恃強凌弱的情形，其原摺略謂「查泉屬七縣，晉江、南安、同安最爲難治，安溪、惠安次之，永春、德化又次之。其初，大姓欺壓小姓，小姓又連合衆姓爲一姓以抗之。從前以包爲姓，以齊爲姓。近日又有以同爲姓，以海爲姓，以萬爲姓者。」⑬乾隆十八年（1753）四月，福建巡撫陳弘謀於「請嚴糾衆械鬥之惡習以靖海疆」一摺亦云：

> 閩省山海交錯，風俗慓悍，尚氣好爭，大姓恃其族衆，欺凌小姓，小姓聯合數姓抵敵大姓，凡遇地土告爭，口語微嫌，動輒號召多人列械相毆，雖云鬥毆，儼同廝殺，更有預爲議定抵命之人然後出鬥者，通省命案起於械鬥者居多，漳、泉二府尤甚⑭。

漳、泉二府民間往往因械鬥而結會樹黨。乾隆二十九年（1764）十月，福建巡撫定長具摺時言之尤詳，其原摺云：

> 閩省山海交錯，民俗素稱強悍，凡抗官拒捕械鬥逞兇之案，歷所不免，近經嚴立科條，有犯必懲，此風已稍爲歛戢。惟臣自抵任來，留心訪察，知閩省各屬向有結會樹黨之惡習，凡里巷無賴匪徒，逞強好鬥，恐孤立無助，輒陰結黨與，輾轉招引，創立會名，或陽托奉神，或陰記物色，多則數十人，少亦不下一二十人。有以年次而結爲兄弟者，亦有恐干例禁而並無兄弟名色者，要其本意，皆圖遇事互相幫助，以強凌弱，以衆暴寡，而被侮之人，計圖報復，亦即邀結匪人，另立會名，彼此樹敵，城鄉效尤。

更間有不肖兵役潛行入夥，倚藉衙門聲勢，里鄰保甲，莫
敢舉首，小則魚肉鄉民，大則逞兇械鬥，抗官拒捕，因此
而起，是結會樹黨之惡習，誠爲一切奸宄不法之根源㊺。

福建巡撫定長原摺奏報甚詳，從前引一段內容，已可了解
泉、漳二府結會樹黨風氣之盛，在乾隆二十九年（1764）以前，
閩省會黨，已極普遍，天地會就是由異姓結拜組織發展而來的一
種秘密會黨。

臺灣天地會是漳、泉分類械鬥的產物。彰化漳、泉移民分庄
而居，其中過溝仔、三塊厝、大里杙即大里村，俱係漳庄，而番
仔溝、鹿仔港、快官庄則爲泉庄。在快官庄中泉人張姓爲大族，
大里杙內漳人林姓族大丁多，鄉里側目。乾隆四十七年（1782）
八月間，彰、泉分類械鬥，規模日益擴大，大里杙林姓亦加入械
鬥的行列。據臺灣府蘇泰稟稱：

此案因八月二十三日彰化西門外莿桐腳庄演戲，漳、泉民
人口角互毆，有泉民廖老，本係在旁無涉，被漳民誤毆身
死，經縣詣驗之後，泉人以廖老無辜被害，心懷不甘，即
糾眾往莿桐腳庄尋釁，該處庄民亦邀過溝仔、三塊厝等庄
人抵敵，泉人復糾番仔溝、鹿仔港等庄出而互鬥，該縣會
同署北協副將隋光德前往喝散。嗣過溝仔漳民復邀大里村
林姓出庄倡合至番仔溝泉庄互相鬥殺，又經營縣前赴諭
止，仍復旋聚旋散，彼此械鬥，均有殺傷，死者私自收
埋，傷者避匿不出，俱未報官請驗，不肯示人以弱，自此
無賴棍徒藉端生事，遂於附近各庄揚言煽惑，在泉庄則稱
漳人欲來殺害，在漳庄則稱泉人即去行兇，因而人心惶
惑，大庄居民尚能防守，其庄外零居小戶各有戒心，逃避
者不一而足，棍徒乘機放火搶奪，民心益復驚惶。至把總

林審，係漳州人，於九月初九日帶兵十名將赴南北投防
汛，路由快官庄經過。該庄泉人張姓聚族而居，攔留保
護，該把總始則應允入庄，繼則不辭而逸，庄民慮生外
心，率眾赶留，該把總恃弁逞強，因眾寡不敵，反被殺傷
身死，隨兵等逃回⑯。

據福建水師提督黃仕簡查明漳、泉民人因賭口角，泉民廖老
被漳人黃添之子黃璇等毆斃，泉民報復，於莿桐腳庄就地搶鬧。
黃添因泉人眾多，恐難抵禦，於是私約漳庄大里杙林姓，於八月
二十九日出庄連攻番仔溝、新庄仔、鹿仔港等庄，俱被阻回，黃
添等又私約大里杙庄民守護保庄。大里杙庄民林慊即林士謙於九
月初六日又糾眾出庄，四鄉羅漢腳從而附和。番仔溝庄在逃泉人
謝竿藉詞幫護鹿仔港等庄，鄉親亦黨眾互鬥，乘機搶殺，延及貓
霧捒的犁頭店、葫蘆墩、沙轆、大肚街、牛罵頭、大武郡、燕
霧、東西螺、海豐港等處，歷時月餘，其中彰化縣境內被擾大小
村庄約二百餘處，遇害民人數百名。在大規模的分類械鬥期間，
大里杙林姓扮演了非常重要的角色，也成爲官方懲治的主要對
象。福建水師提督黃仕簡於乾隆四十七年（1782）十二月二十一
日抵達彰化縣城後，先後搜捕滋事要犯三百六十五名，其首要被
正法者共一百十一名。黃仕簡具摺時指出大里杙漳庄林姓，族大
丁多，素屬強悍，鄉里側目。其中小刀會的首領林阿騫就是大里
杙林爽文的同族，且居住於其鄰村⑰。林阿騫因率領小刀會攻庄
殺人，於十二月二十七日由黃仕簡恭請王命正法梟示。黃仕簡又
以大里杙漳人林姓首先聽邀攻庄，尤爲起事首惡，而奏請大加懲
創，以儆兇惡而安良善⑱。

林爽文結拜天地會以及後來的起事，都是由械鬥而起。林爽
文是福建省漳州府平和縣人，生於乾隆二十二年（1757），乾隆

三十八年（1773），林爽文隨其父林勸等移居臺灣彰化大里杙，
趕車度日，素喜交結，曾充縣署捕役。漳浦人楊振國渡臺後，在
彰化居住，乾隆三十四年（1769），楊振國充當彰化縣快役，林
爽文因行竊犯案，被楊振國拏獲，林爽文賄以二十元賣放，彼此
熟識㊾。嚴煙即嚴若海，是福建平和縣人，向來賣布為生。乾隆
四十七年（1782），在同村行醫的廣東人陳彪勸嚴煙加入天地
會。乾隆四十八年（1783），嚴煙渡海到臺灣，在彰化開張布
鋪。乾隆四十九年（1784），嚴煙現年二十三歲，是年，嚴煙在
溪底阿密里庄傳授天地會，會中的宗旨，主要還是在於內部的互
助問題。據嚴煙供稱：

> 天地會名目，因人生以天地為本，不過是敬天地的意思。
> 要入這會的緣故，原為有婚姻喪葬事情，可以資助錢財；
> 與人打架，可以相幫出力；若遇搶劫，一聞同教暗號，便
> 不相犯；將來傳教與人，又可得人酬謝，所以願入這會者
> 甚多㊿。

　　加入天地會後，弟兄互相照顧，視同骨肉，在家可免偷竊，
出外無人搶奪，路遇強人，但須三指關會，便可無事，大樹可以
遮蔭，享有很多現實利益，在移墾社會中治安欠佳，且公權力薄
弱的生態環境中，成立會黨也是企圖自我解決困難的一條途徑。
乾隆四十九年（1784）三月二十五日，林爽文聞知天地會人多勢
盛，便於糾搶，即要求入會，嚴煙即應允其入會，設立香案，在
刀劍下鳴誓，遇有事情，大家出力，公同幫助。因恐人數太多，
不能認識，又相約見人伸三指，並有「洪」字暗號，口稱「五點
二十一」。

　　林爽文與林泮等人，平日意氣相投，乾隆五十一年（1786）
八月十五日，林爽文與林泮、林領、林水返、張回、何有志、王

芬、陳奉先、林里生等人在大里杙山內車輪埔歃血飲酒，結拜天地會，互相約誓，有難相救，有事相助。是時，諸羅縣添弟會與雷公會因爭產械鬥殺害把總陳和，地方兵役嚴緝會員，張烈、葉省、蔡福、張員等逸犯紛紛逃匿大里杙庄內，添弟會、雷公會與天地會遂合而爲一，更助長了天地會的聲勢。欽差大臣大學士福康安具摺時曾云：

> 五十一年秋間，諸羅會匪楊光勳與伊弟楊媽世爭產不和，楊媽世邀同張烈、蔡福等另結雷公會，互相爭鬥。伊父楊文麟偏愛幼子，首告楊光勳入天地會，楊光勳復訐告楊媽世糾合蔡福等倡爲雷公會。諸羅縣知縣唐鎰未即查辦，旋經同知董啓埏接署，藉稱訪聞差拿會匪到案，外委陳和帶兵護解匪犯張烈一名，行至斗六門，楊媽世糾約會匪攻庄劫犯，將陳和等殺害，董啓埏並未嚴究羽黨，而在斗六門攻庄受傷之犯，潛匿彰化境內。署彰化縣知縣同知劉亨基以楊光勳業被拏獲，希圖即邀議敘，逃逸匪犯又係諸羅之人，心存推諉，不復嚴行查緝，雷公會遂與天地會合爲一會，蔡福等逸犯即逃至大里杙藏匿(51)。

引文中所稱「天地會」，實即「添弟會」；張烈於七月初十日加入添弟會，閏七月初七日，張烈被拏獲，解往諸羅縣城途中在斗六門地方被會首楊光勳率衆劫囚救出，當添弟會及雷公會逸犯逃匿大里杙時，添弟會、雷公會始與天地會合而爲一。由於地方官處理不善，查辦過激，兵役肆虐，凡有拏獲，立行杖斃，又藉端索詐，焚燬民房，牽連天地會，人心不服，大里杙的天地會爲求自保，遂招集各漳庄共同抗拒兵役，於是小刀會、添弟會、雷公會與天地會形成了聯合陣線，在林爽文的領導下擴大成爲大規模的群衆運動。

八、林爽文起事以後的秘密會黨

　　林爽文起事失敗以後，天地會的逸犯潛匿各地，企圖復興天地會。乾隆五十三年（1788），天地會逸犯陳信逃至南投，借住於素識的廣東人謝志家中。陳信的衣包內藏有天地會誓章一紙，內載「有福同享，有禍同當，一人有難，大家幫助，若是不救，及走漏消息，全家滅亡，刀下亡身」等字樣，陳信又傳授天地會的盟誓儀式及隱語、暗號。福建漳州人張標移居南投後，因與當地泉州人不睦，仇家甚多，欲糾人結會，以防備泉州人㊄。乾隆五十五年（1790）七月二十八日，張標遇見素識的謝志，二人閒談，述及糾人結會的問題。謝志對張標說：「既要糾人結會，何不復興天地會？」張標問以如何結法？謝志答以：「要排設香案，在神前宰雞歃血鑽刀，對天立誓：一人有難，大家幫助，如若負盟，刀下亡身。誓畢，將誓章在神前焚化。會內相見，用左手伸三指朝天做暗號。」二人遂商議先邀幾個同心的人，各去分頭邀人。謝志思及入會之人，應給與憑據，又想：大家若肯忠心興會，多多招人，便有福氣，於是會人刻了圖記一個㊤，上刻「福忠興萬合和」六字，凡入會者，即將圖書印給紙片，以為憑據。入會者共計十人，於九月初二日在南投虎仔坑訂盟結會，公推張標為大哥，排設香案，在神前宰雞歃血鑽刀。謝志取出天地會舊誓章，與張標等在神前跪讀，然後將誓章在神前焚化，與眾弟兄分飲血酒。謝志又將天地會用左手伸三指朝天的舊記號傳授給眾人㊥。嗣後謝志等人又陸續邀人入會，此外，吳祖生聞知張標等復興天地會之事，亦邀人結會，往投張標入夥。旋因事洩，張標、謝志等三十六人被拏獲。福建省泉州府同安縣人吳光彩於乾隆五十四年（1789）七月內渡海入臺，在彰化縣埔心庄居住，

與當地人張阿秀交好。乾隆五十五年（1790）九月，張標復興天地會，張阿秀聽邀入夥，被拏正法，吳光彩欲爲張阿秀報仇，屢圖多邀人結會。乾隆五十七年（1792）三月，吳光彩與素來交好的吳基同至陳潭的屋寮內閒談，吳光彩一聞陳潭提及糾人結會，即引爲同心，遂與吳基留心打聽。同年四月初九日，吳光彩與吳基同張標案內逸犯王都、張英、吳刊會齊至陳潭寮內，由王都傳授天地會的結會方法，吳光彩與陳潭等分頭邀人，後來邀得陳僭等九人入會，未幾，被查獲，吳光彩逃入內山，九月十五日，吳光彩被捕㊋。

林爽文起事以後，加速了天地會在臺灣及內地的傳播與發展，除天地會本支外，其餘各種會黨也模仿天地會的儀式及隱語暗號。鄭光彩（1752-1794），原籍福建漳州府龍溪縣，自幼生長在臺灣鳳山地方，向來與陳旺、魏東、楊骨等人交好，四人俱無恒業，起初靠替人看守田園度日，後來竟勒令附近各庄歲給工錢，代其保護田園，如不依從，即強割偷竊。附近居民皆畏懼允從，惟廣東庄客家人不服，聲言欲行告究。鄭光彩慮及結仇甚多，恐被告發查拏，無人幫助，因而思及從前天地會內之人，遇事互相幫助，眾皆畏懼，於是起意結會。乾隆五十九年（1794）五月，鄭光彩與陳旺等相商結會，因「天地會名目易於招搖」，必須改換會名，以掩人耳目，由於每人各置小刀一把，隨身攜帶，遂「變名小刀會」㊌。各人分頭邀人入會，鄭光彩糾得侯旋等十二人，又逼脅蔡侯等七人，陳旺、魏東糾得洪贊等三十二人，首夥共五十四人，於五月二十三日同至楊骨家中會齊，備辦牲醴香燭，到庄外僻靜荒埔擺設香案，排列牲醴，公推鄭光彩爲大哥，陳旺第二，魏東第三，楊骨第四，拜天立誓，口稱會內之人都要齊心，如一人有事，眾人協力相幫，背盟之人，死於刀

下。又由鄭光彩爲首，挨次用刀將左手食指割破，滴血入酒中，各人分飲。約定每人各置備小刀一把，用牛角作柄，隨身攜帶，作爲同夥暗號及防身之用。後來因爲楊骨家內房屋窄小，恐怕被人識破，又不能聚集多人，遂另於近山偏僻的柳仔林無人之處，搭蓋草寮數間，以便聚集會員。不久，兵役拏獲鄭光彩、魏東等犯，總兵官哈當阿、臺灣道楊廷理先後拏獲小刀會要犯計四十九名，審訊後俱被正法，其沈連等六人則逃逸未獲。沈連原籍福建永定縣，隻身渡臺，寄居鳳山縣番薯寮庄傭趁度日，因與魏東交好，被邀入會，當鄭光彩等被拏獲時，沈連易名逃逸，求乞度日，後於嘉慶五年（1800）九月，沈連回庄查探，被鳳山縣知縣吳兆麟等飭委弁丁緝獲，經審明後奏請王命先行正法(57)。

嘉慶二年（1797）十二月，臺灣淡水港人楊肇等糾人結會，仿照天地會儀式結拜小刀會。嘉慶三年（1798）七月，臺灣嘉義縣民徐章，與胡杜猴相遇，各道貧難，商謀糾伙搶劫，又恐兵役查拏，遂邀人結拜小刀會，相幫拒捕(58)。嘉慶五年（1800）三月，嘉義縣人陳錫宗、王恩謙等人結拜小刀會，相約於五月早稻收成時舉事，後因夥黨被捕事泄，遂於四月初提前舉事，陳錫宗率衆攻打鹽水港，擊斃巡檢姜文炳。嘉慶六年（1801）十一月初五日，嘉義縣人郭定因陳錫宗案從內山逃出，潛匿嘉義縣屬許秀才庄白啓家內，郭定自知罪重難逃，懇求設法救援。十一月初七日夜間，白啓起意結拜小刀會，商同林烏番等八人備辦酒醴香燭，在秀才庄荒埔排列，公推白啓爲首，林烏番爲頭目，王譜爲軍師，拜天地立誓，歃血訂盟，言明各自招人，擇於十一月十一日夜間赴州仔地方會齊，先攻鹽水港汛防，奪取鎗刀砲械備用。白啓等人先後共糾得蔡光嬰等二十六人，因人數尚少，不敢起事，僅搶劫了蔡廷光家的馬匹。十一月十五日，臺灣鎮道訪聞小

刀會結盟信息後，即選派兵役查拏，計拏獲首夥三十六名，被凌遲斬梟，另有王四湖等四人逃逸未獲⑲。

　　道光三十年（1850），彰化縣民林連招等倡立小刀會，是年八月，林連招被拏獲解辦後，小刀會尋仇報復，率夥攻庄，焚搶擄殺，爲害地方。據彰化縣人林媽盛呈詞云：

　　竊盛蒙縣諭舉團練局總理，守法奉公，緣有著匪林連招等倡立小刀會，糾黨強派，焚搶擄勒，閭閻受害，嗟莫勝言。道光三十年八月，縣主訪聞飭拏，當獲會首林連招一名解辦。適有督憲劉訪拏要犯林開泰黨搶拒捕，泰被鄉勇當場格斃，稟驗欲梟示眾，該匪家長求懇領埋，詎料泰子林有理、林有田、弟林天和不知斂跡，膽糾會首林顏仙、林老成、林海瑞等率夥攻莊，焚搶擄殺，報復前釁，稟縣彈壓，諭令暫移避禍。上年二月間，盛雇工耔眷，匪等偵知，招集會匪林傑、林尫、林希等百餘猛，預伏瑞等巢穴，突出亂銃齊發，挑工林彥、林概、劉尫、黃天來四人逃走不及，均被擄，在理父墓前斬首分形，令黃江水等堆柴燒屍滅跡。盛聞報飛稟縣主勤辦，理等如虎負嵎，兵役畏威，莫之敢攖，疊稟府道鎮各憲暨沐協臺委巡捕黃、北投汛沈，於五月二十四日帶同兵役鄉勇馳往下南勢莊圍拏，林連招等抗拒，黨林象等殺傷兵丁陳玉成，搶去軍械，橫將鄉勇張慈、洪明、沈和三人擄割耳鼻，捆抛落水溺斃，屍親生員張飛騰等叩驗在案。嗣蒙道憲委員張，會同文武帶兵赴阿罩霧莊圍獲林有理等，遭林二埠等把持包庇騙限捆送，致文武空回，僅獲燒屍之黃江水等，訊認起出林彥、林概碎骨交領確據，其劉尫、黃天來二屍，未蒙起驗，兇要杳無一獲。匪藉埠等包庇，愍不畏法，猖獗日

甚，製造火藥砲臺，遍插禾稻，稱作糧食，攻莊搶擄，男
女驚逃，田屋盡遭遷占，節叩各上憲，均批嚴緝，無如縣
主畏威縮首，兇匪欺控莫何，愈肆荼毒，復行攻搶局勇謝
山等店屋財物，叩縣勘追未追，可憐盛及局中鄉勇有田莫
耕，棲身無地，生死街冤，不得已萬里上叩⑩。

林連招倡立小刀會，被獲後釋放，小刀會為害閭閻，是地方
上的一股惡勢力，團練局鄉勇亦成為小刀會報復的對象。咸豐元
年（1851）二月初十日，團練局總理林媽盛雇倩挑工林彥等人扛
挑家器，途經阿罩務即霧峰柳樹湳庄時，林彥等四人被擄分屍，
小刀會荼毒地方，地方官莫之敢攖，林媽盛在臺灣府控告一次，
臺灣道控告六次，按察司、巡撫、總督衙門各控告二次，總兵衙
門控告一次，均未親提審理，不得已入京向都察院呈控。

咸豐三年（1853），廈門小刀會經官兵擊敗後，下海潛逃。
咸豐四年（1854）五月，廈門小刀會船九隻在香山港口游奕，此
外又有小刀會船十餘隻在淡水廳屬雞籠洋面窺伺，六、七月間又
有小刀會船三、五隻或十餘隻在噶瑪蘭廳屬蘇澳、龜山等處游
奕，脅迫商船或漁船入夥，並勾結土匪登岸滋擾，經義民首領林
文察、范義庭等率領壯勇攻勦，至是年十月二十二日，臺灣洋面
小刀會始一律肅清⑪。

同治初年，臺灣彰化有戴潮春案件。《臺灣通史》曾為戴潮
春立傳，據〈戴潮春列傳〉云：

> 戴潮春，字萬生，彰化四張犁莊人，籍龍溪。祖神保樂善
> 好義，有名鄉黨中，生四子，長松江；松江有子七人，潮
> 春其季也。家素裕，世為北路協署稿識。兄萬桂與阿罩霧
> 人爭田，不勝，集殷戶為八卦會，約有事相援，潮春未與
> 也。咸豐十一年，知縣高廷鏡下鄉辦事，潮春執土棍以

獻。北路協副將夏汝賢以其貳於己，索賄不從，革其籍。
時萬桂已死，潮春家居，乃集舊黨，立八卦會，辦團練，
自備鄉勇三百，隨官捕盜。廷鏡大喜，給戳重用。彰屬固
不靖，殺人越貨，時見於塗。而潮春善約束，豪強斂手，
行旅便安，至有捐巨款始得入會者，以是黨勢日盛。八卦
會者，祀五祖，事在宗教志。不數月，多至數萬人。同治
元年春，廷鏡免，以雷以鎮接之，乃用潮春。而會眾滋
蔓，漸不能制（下略）⑫。

　　引文中「八卦會」，清代《月摺檔》作「添弟會」。據閩浙
總督慶端奏稱，同治元年（1862）三月間，彰化縣戴萬生倡立添
弟會，糾集夥黨多人，肆行搶掠。臺灣兵備道孔昭慈督帶兵勇，
馳赴彰化勦捕，並由紳士林鳳成等募勇助戰。三月十七日，雙方
在犁頭店交戰，因林鳳成所率兵勇內變，官兵均被殺害。三月二
十日，彰化縣城失守，孔昭慈不知下落，署北部協副將夏汝賢、
淡水同知秋曰覲及在城文武均遇害，添弟會黨分擾嘉義、鹿港等
地，全臺震動⑬。署理臺灣鎮總兵官曾元福具摺時指出臺灣地方
兩姓因怨糾鬥，多有藉端搶劫之事，其大姓向於多收刈割之時，
往往有霸租強收之事⑭，添弟會起事，就是地方械鬥規模的擴
大。

　　秘密會黨在性質上而言，本為一種異姓結拜組織，會中俱以
弟兄相稱，因此，就會黨名稱而言，兄弟會或同年會就是最能代
表秘密會黨的異姓結拜組織。道光六年（1826）四月，臺灣彰化
縣粵庄被閩人造謠焚搶，淡水廳所屬各粵庄憤圖報復，遂與閩人
發生分類械鬥，銅鑼灣粵庄巫巧三起意結拜兄弟會，在貓裏（苗
栗鎮）、中港（竹南鎮）等處漳、泉各庄被害甚烈，多人被害，
後來兄弟會巫巧三等四百二十餘名被官兵拏獲。閩浙總督孫爾準

奏摺對兄弟會滋事報導頗詳盡，其原摺略謂：

> 據巫巧三、嚴阿奉二犯供認平日賭博游蕩，不安本分，因
> 屢受閩人欺侮，各自糾邀羅弗生等結拜兄弟會，又名同年
> 會，議明日後與人鬥爭，同心協力，互相幫助，羅弗生等
> 允從，推舉該二犯爲首，並非依齒序列，堅供委無歃血焚
> 表謀爲不軌情事，提訊現獲之羅弗生等四十六犯，僉供聽
> 從結拜屬實，委員密赴各犯家中，查無違悖字跡。此次械
> 鬥，該犯巫巧三爲首糾眾疊次攻打蘆竹濫、南港、中港、
> 後壠等處大小各莊，據供在中港街用刀殺斃男婦三命，又
> 在後壠商同吳阿生、傅祥淋、巫巧文共擄獲素有嫌隙之泉
> 人朱雄、趙紅二名綑縛樹上起意一併支解，用刀斷其手
> 足，砍下頭顱，並剖開肚腹，挖取心肝，撩棄滅跡，該犯
> 嚴阿奉與未經入會之劉萬盛、謝磐恩、溫杏柏、陳和尚
> 貴、鄭潑賴、林忝保、葉忝生，均各起意糾眾出鬥，肆行
> 焚殺，該犯等或首先放火，或殺斃人命，其聽糾幫鬥之羅
> 弗生等七十五犯，據各供認或執鏢鎗，或放竹銃，致斃一
> 二命、三四命不等，又在各莊幫同放火，順搶財物，內吳
> 阿生、傅祥淋、巫巧文三犯，又聽從巫巧三殘害朱雄等二
> 犯⑥。

由於閩粵分類械鬥蔓延甚廣，中港等地大小各庄受害尤烈。因客籍勢孤力單，爲強化組織，於是結拜兄弟會，又名同年會，同時牽連內山生番。三灣在中港溪上游，爲廣東惠州府海豐縣、陸豐縣及嘉應州即梅縣移民所聚居的村落，閩粵分類械鬥蔓延至三灣後，三灣客家竟引帶內山生番至中港等地助鬥。兄弟會倡立的原因是由於粵庄屢受閩人欺侮，故結會樹黨，同心協力，冀圖報復。質言之，兄弟會就是道光初年臺灣閩粵分類械鬥的產物。

　　咸、同年間，由於社會的動盪不安，秘密會黨仍相當活躍，戴萬生起事失敗以後，添弟會的勢力遭受重大的挫折，但其他會黨卻相繼倡立。同治六年（1867）二月，彰化縣民何萬機倡立太子會，希圖聚眾歛錢，福建臺灣鎮總兵官劉明燈飛飭代理彰化縣知縣李時英等速為捕拏，未及一月，何萬機被擒，太子會隨即瓦解。嘉義縣所屬斗六門，其地緊連番界，移民侵佔番界，地方不靖，縣民陳清水糾邀沈相等人結拜銃會，嘉義縣知縣鄧宗堯密調義民首領陳澄清等率領鄉勇前往會勦，陳清水等被殺，銃會因此解散。此外，又有林海瑞等人結拜白旂會。林海瑞是彰化縣人，原為林連招所倡小刀會的會員，因小刀會攻庄擄殺，經兵役鄉勇勦辦，小刀會勢力受挫，同治年間，林海瑞等糾人另立白旂會，亦經兵役鄉勇勦滅⑥⑥。光緒年間，清廷對臺灣的態度，日趨積極，先後舉辦多項措施，社會治安亦見改善，分類械鬥已屬罕見，結會樹黨的風氣，並不盛行。

九、結　論

　　有清一代，臺灣結盟拜會的風氣非常盛行，會黨林立，到處創生，屢禁不絕，此仆彼此，芟而復生，正是所謂野火燒不盡，春風吹又生，這是早期移墾社會中常見的現象，臺灣秘密會黨的發展，與臺灣的移墾方向大致是齊頭並進的，在械鬥頻率較高的地區，秘密會黨亦較活躍。就現存清代檔案及官書所見臺灣秘密會黨的名稱，可按其特徵加以分類：雍正年間，在諸羅縣所查禁的父母會是屬於地方性的民間互助團體，是為父母老年身故籌措喪葬費用而倡立的異姓結拜組織；乾隆年間，在彰化縣破獲的九件小刀會案件，是屬於移墾社會中的兵民糾紛事件，由於兵悍民強，營兵肆虐，荼毒閭閻，小刀會就是民人為抵制營兵的欺凌而

倡立的一種械鬥組織。在諸羅境內破獲的添弟會與雷公會，是楊
姓兄弟爲爭奪家產而倡立的同姓同籍械鬥組織。自從福建平和縣
人嚴煙渡海入台後，內地天地會始傳佈於彰化等地，由於漳、泉
分類械鬥規模的擴大，地方兵役緝拏小刀會、添弟會及雷公會要
犯查辦過激，騷擾閭閻，民心惶惑，天地會就是彰化漳州爲求自
衛而倡立的異籍分類械鬥團體，天地會起事，則因地方官處理不
善，官逼民反，終於釀成巨案；兄弟會，又名同年會，是屬於閩
粵分類械鬥期間由粵庄客家所倡立的異姓結拜組織，粵庄客家屢
受閩人欺侮，粵庄客家共謀抵制，兄弟會就是粵庄客家抵拒閩人
的一種分類械鬥組織。林爽文起事以後，由於清廷極力嚴查天地
會，各省民人對天地會已經耳熟能詳，天地會的隱語暗號傳佈益
廣，各會黨入會時，多模仿天地會的儀式，傳授天地會的隱語暗
號。各會黨本爲一種異姓結拜組織，名稱雖異，性質卻相近。而
且由於入會儀式及隱語暗號的互相模仿，彼此影響，各會黨的差
異性日益減少，最後只要識得暗號，就是同會之人，此即秘密會
黨棄小異取大同逐漸消除矛盾的發展過程㊿。

　　秘密會黨名稱的演變，中外史家提出各種不同的看法。蕭一
山先生撰〈天地會起源考〉一文認爲天地會的名稱不一，普通所
稱三合會、三點會都是它的別名，後來的清水會、匕首會、雙刀
會、缽子會、告化會，小紅旗會、小刀會、劍仔會、致公堂，以
及哥老會、青紅幫等都是它的分派，其原來總名，對外則稱天地
會，對內則自稱洪門㊽。陶成章先生撰〈教會源流考〉一文認爲
三合會、三點會、哥老會以及種種諸會，無一非天地會的支派，
因明太祖年號洪武，所以叫做洪門，因指天爲父，指地爲母，故
又名天地會。康熙年間，張念一失敗後，天地會黨徒遂絕跡於浙
江、江蘇、江西，福建的洪門，則改其方向，流入於廣東，隱其

天地會的名稱，以避滿人之忌，取「洪」字邊旁，叫做三點會，
又嫌其偏而不全，非吉祥之端，乃又取共合之義而連稱之，故改
稱三合會。至於福建小刀會，則為三點會、三合會之慕小刀會名
而改稱之⑥。王爾敏教授撰〈秘密宗教與秘密會社之生態環境及
社會功能〉一文認為添弟會為天地會化名，拜父母會、小刀會等
為天地會轉化⑦。但依據現存檔案，考察清代臺灣各會黨名稱的
由來，仍難支持蕭一山先生等人的說法。排此會黨名稱出現的次
第，可以看出康熙末年朱一貴等人雖有拜把結盟的事實，但尚未
立有會黨名稱，會黨名稱的正式出現是始於雍正年間的父母會。
在後世天地會祭五祖詩八拜儀式中的前二拜是「一拜天為父，二
拜地為母」，史家多認為父母會即因父天母地而得名，天地會又
名父母會，這種傳統說法，仍待商榷。福建總督高其倬認為「福
建風氣，向日有鐵鞭等會，拜把結盟，奸棍相黨，生事害人，後
因在嚴禁，且鐵鞭等名駭人耳目，遂改而為父母會，乃其奸巧之
處。」⑦高其倬以父母會由鐵鞭會改名而來的說法，亦待商榷。
臺灣父母會與閩省內地鐵鞭會，各不相統屬，其得名的由來，實
因入會的會員，每人各出銀一兩，倘遇會中弟兄的父母年老身
故，即資助喪葬互助費，並非因結拜儀式而得名，而是一種民間
互助團體。乾隆年間，彰化小刀會的名稱，是因會中弟兄各持小
刀，彼此幫護，以抵制營兵的欺壓而得名，並非由三點會、三合
會改名而來。福建水師提督黃仕簡認為臺灣小刀會是「藉名父母
會，三五成群，遇有會內人父母身故，各助銀一員，米一斗，以
資喪費。」⑦乾隆五十九年（1794）五月，鳳山縣鄭光彩結會樹
黨，因「天地會名目易于招搖，必須改換會名，掩人耳目」，所
以變名小刀會。但鄭光彩供詞中「天地會」字樣，似乎是地方官
欲加重小刀會的罪名而構陷之詞。林爽文起事前後，小刀會已與

天地會互相結合，小刀會入會時，亦模仿天地會的結拜儀式，但小刀會的特徵，仍然與天地會不完全一樣，若由兩者儀式的近似，而認為鄭光彩所結拜的小刀會是由天地會變名而來，進而推斷鄭光彩所倡立的小刀會是「迄今為止史料上所見天地會系統內最早的小刀會，應作為小刀會創立之治」的說法⑦，是有待商榷的，忽視乾隆初年早期的小刀會，而將鄭光彩所倡立的小刀會作為小刀會創立之始，實在很難了解整個小刀會的源流。小刀會不必藉名父母會，亦不必由天地會變名而來。小刀會與天地會固不相統屬，各小刀會之間同樣也不相統屬，無論是天地會系統以內的小刀會，或天地會系統以外的小刀會，都是屬於秘密會黨，天地會系統內外的小刀會，是從早期到後期的發展。

　　在林爽文領導天地會起事以前，添弟會與雷公會的械鬥已極激烈。蕭一山先生於〈天地會源流〉文中謂「添弟會即天地會及天帝會之轉音，有曰，先入會為兄，後入會為弟，故名。」⑭「添弟」與「天地」讀音相同，但從而推斷添弟會是天地會的轉音，是值得商榷的。當林爽文起事以後，清廷嚴查天地會，清高宗以楊光勳案內所稱添弟會，明係天地會名目，署彰化縣知縣事同知劉亨基等將「天地」二字改為「添弟」字樣，換以同音的字意，欲化大為小，實屬有心取巧，希圖規避處分⑮。清高宗諭令軍機大臣寄信閩浙總督李侍堯查明地方官將天地會改作添弟會，究竟是何人的主見？李侍堯遵旨細查楊光勳械鬥案件，原卷內有臺灣鎮總兵官柴大紀、臺灣道永福奏稿一件，及臺灣府知府孫景燧稟文一扣，俱書作「添弟」字樣。永福被革職拏交刑部治罪時，亦供稱原案文稟，俱係「添弟」字樣，並非擅改。楊光勳結會樹黨，「意欲弟兄日添，則爭鬥必勝」，故名添弟會。添弟會與天地會讀音相同，當屬巧合。過去以添弟會為天地會的轉音，

以及先入會爲兄，後入會者爲弟，故取名添弟會的說法，固不可信。至於認爲乾隆年間天地會除使用本名外，還使用「添弟會」等名稱⑯，而把乾隆年間的臺灣添弟會列入天地會系統，是由天地會轉化而來的說法，並不符合歷史事實。張菼先生撰「臺灣反清事件的不同性質及其分類問題」一文中認爲「楊光勳、楊媽世兄弟械鬥事件中已經有天地會組織的官方記載，清室官書將之改爲『添弟會』，所以改稱，是爲了避重就輕，則天地會不但在閩臺地區活動已久，並且深爲當局所忌。」⑰文中所稱清室官書將天地會改爲「添弟會」，恰與歷史事實相反。其實楊光勳所倡立的會黨原來就叫做添弟會，後來欽差大臣福康安奉命進勦林爽文，並詳查起事緣由，於奏摺中將楊光勳所倡立的添弟會改作「天地會」⑱，以致清高宗亦誤以爲地方官有心取巧，將「天地」二字改爲「添弟」字樣，換以同音字意，化大爲小，希圖規避處分。因此，就雍乾年間臺灣秘密會黨而言，所謂天地會是各秘密會黨原來的總名，父母會、小刀會、添弟會等都是天地會的別名，爲了避人耳目而改易會名的看法，似乎是應該拋棄的陳說。

　　秘密會黨的成員，其經濟地位都較低下，除了少數耕田種地的墾戶外，其餘多爲家無恒產的各行業的人，在早期移墾社會裡，離鄉背井的游離分子較多，如羅漢腳等爲數頗多。臺灣父母會的成員，主要爲移墾諸羅的流寓之人，小刀會的會員多爲小本經濟之人，或開張店鋪，或售賣檳榔，或賣米生理。添弟會、雷公會的會首是「好事游蕩」或「不安本分」的耕田小農。廣東人陳彪，至福建平和縣行醫，乾隆四十七年（1782），平和縣賣布爲生的嚴煙加入天地會。次年，嚴煙渡海入臺，在彰化開設布鋪。平和縣人林爽文自幼隨父林勸移民彰化大里杙，趕車度日，

曾充縣衙門捕役。其餘會員主要爲肩挑負販、擺地攤、傭工、唱戲、算命、差役等爲生計所迫的下層社會的一般民衆。由於生活陷於困境，大家解囊相助，有難相救⑦，天地會就是在這種社會經濟背景下產生的一個下層社會互助性質的秘密團體，其初並未含有濃厚的種族意識，不應過分強調反清復明的政治意味⑧。嚴煙所供加入天地會的緣故，原爲婚喪喜慶可以資助錢財，與人打架，可以相幫出力，若遇搶劫，一聞隱語暗號，便不相犯等語，是可以採信的，「反清復明」並非在天地會初創時就存在的，陶成章先生等人所說天地會是明遺臣爲了反清復明而創立的說法是難以成立的。從現存大量檔案證明，天地會從其開始活動的階段裡，確實不曾提出過反清復明的口號，過去認爲反清復明是天地會自始至終所用的一個政治口號，的確是不符合歷史事實的⑧。

後人曾依據天地會文件《西魯敍事》、《西魯序》等所述清帝焚燒少林寺，劫餘五僧結拜天地會的故事，以討論天地會的起源。溫雄飛先生著《南洋華僑通史》一書認爲天地會起源於臺灣，是輔佐鄭成功的陳永華所創立的，天地會的香主就是影射陳永華，萬雲龍則影射鄭成功⑧。連橫先生著《臺灣通史》內〈朱一貴列傳〉謂「延平郡王入臺之後，深慮部曲之忘宗國也，自唱天地會而爲之首，其義以光復爲歸。延平既沒，會章猶存。數傳之後，遍及南北，且橫渡大陸，浸淫於禹域人心，今之閩粤尤昌大焉。」⑧黃玉齋先生撰〈洪門天地會發源於臺灣〉一文中認爲洪門天地會誕生於三百多年前，是一個反清復明的秘密結社，原文中指出「朱一貴也是以結天地會起兵的，官書所記載，而小說野史所記，如彭公案、施公案的江湖黑語，都和天地會的隱語相同，可見天地會在康熙年間就已成立了。」⑧學者甚至根據《漢留史》一書中所述鄭成功於順治十八年（1661）在臺灣開金台

山，命陳近南往四川雅州，於康熙九年（1670）開精忠山的故事，結合嚴煙供詞中「天地會起于川省，年已久遠」的話，以斷定天地會「起源于清初鄭成功的經營福建臺灣，再由福建臺灣而轉入廣東、四川。」⑧後世所見天地會內部文件，屢經輾轉傳抄，其敘述天地會起會的時間、地點及人物，彼此歧異，相互牴牾，近人考證所得結論，並不一致。戴玄之教授撰〈天地會的源流〉一文中已指出關於天地會起於康熙十三年（1674），起會地點在臺灣，萬雲龍即鄭成功，陳近南即陳永華的說法是「神話中的神話」，並無史實根據。所謂西魯犯邊，衆僧退敵，火焚少林寺，五祖興會，只能當作神話，不能視爲信史⑧。根據神話故事，使用影射索隱法，以推論天地會的起源，是亟待商榷的方法。因爲「少林寺僧征西魯的傳說是模仿史書記載與民間傳說而成的虛構故事，並不反映天地會創立的眞實歷史，用它作爲研究天地會起源的根據，顯然是不妥的。」就使用「天地」字樣的天地會本支而言，亦非臺灣鄭成功或陳永華所創。學者已指出「至於鄭成功爲天地會創始人之說則更難令人折服，無論檔案史料，還是天地會秘密文件內有關天地會創立的傳說中，皆無鄭成功創立天地會的內容，在有關鄭成功本人的大量文獻資料中，也無一處提到他曾創立天地會一事。」⑧天地會本身流傳的秘密文件，其所述結會緣起是拼湊的故事，杜撰人物，後人使用影射演繹法，牽引史實，捕風捉影，穿鑿附會，缺乏直接證據，其結論不足採信。

　　歷史學雖然是以人物作爲研究對象，惟其注意力不應僅集中在少數故事人物身上，而忽略下層社會的廣大群衆。史學研究的主要目的是在經由史事的分析和闡釋，找出歷史演進的法則，作爲將來的借鑑。天地會起源問題，絕非僅僅是一個時間問題，它

直接涉及這一秘密會黨產生的時代背景、宗旨、性質諸方面的問題⑧。有清一代，秘密會黨的活動，相當頻繁，結會樹黨案件，層見疊出，直省文武大吏歷次查辦地方事件，其奏報朝廷的文書，仍多保存，舉凡國立故宮博物院宮中檔、軍機處檔月摺包奏摺錄副、供詞單及上諭檔，內閣大庫明清史料，第一歷史檔案館各種文書，英國倫敦公共文書館（Public Record Office）及大英博物館（British Museum）中英文檔案，俱藏有相當珍貴的資料。因此，發掘檔案，掌握直接史料，排比史實，從事有系統的分析與敍述，纔是重建秘密會黨信史的正確途徑。

秘密會黨是下層社會的異姓結拜組織，是屬於多元性的結構。有清一代，會黨林立，名目繁多，天地會是其中耳熟能詳的一個會黨，除使用「天地」字樣的天地會本支以外，其餘會黨為數甚多，指不勝屈，探討秘密會黨的問題，既不能忽略天地會本支以外的其餘各種會黨，同樣也不能忽視區域研究。秘密會黨的起源及發展，與福建、臺灣、兩廣、雲貴地區的社會經濟及地理背景有極密切的關係。秘密會黨較活躍的地區，多見於中國南方人口稠密聚族而居及移墾社會地緣意識較濃厚的地區。福建地狹人稠，人口壓力相當嚴重，當地聚族而居，各族姓之間，容易發生衝突，鄉紳肆虐，大姓欺壓小姓，小姓連合抵抗大姓，或以海為姓，或以同為姓，或以齊為姓，或以萬為姓，或以洪為姓，異姓結拜，化異姓為同姓，發揚四海皆兄弟的精神，強調義氣千秋，破除各異姓彼此之間的內部矛盾。在臺灣等處移墾地區，是處於邊遠地帶，政治控制力量比較薄弱，法治基礎尚未建立。泉州、漳州、廣東移民渡台先後不同，各分氣類，互相凌壓，褊狹的地域觀念異常濃厚，彼此利害衝突，爭奪生存空間，輒因戶婚地土引水灌溉或雀角微嫌而時起紛爭，或異籍而鬥，或異鄉而

鬥，或異姓而鬥，或同姓而鬥，出現了各類型的械鬥團體。出外
人爲了想立足異域，於是歃血盟誓，結會樹黨。加入會黨，使貧
苦無依的出外人有大樹可以遮蔭，往來行走時，可免於搶奪，有
事相求時，都來幫助，不受欺侮，患難相救，慷慨赴義，各會黨
具備狹窄、片面的社會功能，可以稱爲反面的社會功能，各有其
自己的私刑，不受政府法律的約束，忽視社會整體的利益，無視
於公權力，其私刑與國家法律相抵觸，各會黨的組織與活動都是
不合法的，各會黨的倡立俱未得到官方的認可，因此，遭受官方
的取締，由於地方官處理會黨不善，查辦過激，各會黨往往形成
聯合陣線，而擴大成爲含有政治意味的群衆運動。

【註　釋】

① 黃富三：〈清代臺灣的土地問題〉，《食貨月刊》，復刊第四卷，
第三期（臺北，食貨月刊社，1964 年 6 月），頁 77。

② 郭廷以：《臺灣史事概說》（臺北，正中書局，1980 年 7 月），
頁 16。

③ 曹永和：《臺灣早期歷史研究》（臺北，聯經出版公司，1980 年
7 月），頁 285。本文中鄭氏拓墾圖，係轉錄自此書頁 284。

④ 《明清史料》（臺北，中央研究院，1958 年 4 月），戊編，第二
本，頁 107。

⑤ 《宮中檔乾隆朝奏摺》，第二十輯（臺北，國立故宮博物院，1983
年 12 月），頁 63，乾隆二十八年十二月十五日，巡察臺灣給事中
永慶奏摺。

⑥ 《宮中檔乾隆朝奏摺》，第十九輯（1983 年 11 月），頁 488，乾
隆二十八年十一月初三日，福建巡撫定長奏摺。

⑦ 伊能嘉矩：《臺灣文化志》（日本東京，刀江書院，昭和四十年八

月），中卷，頁 241。

⑧　陳紹馨：《臺灣人口變遷與社會變遷》（臺北，聯經出版公司，1981 年），頁 380。

⑨　李國祁：《中國現代化的區域研究：閩浙地區，1860-1916》（臺北，中央研究院近代史研究所，1982 年 5 月），頁 60。

⑩　陳其南：〈清代臺灣社會的結構變遷〉，《中央研究院民族學研究所集刊》，第四十九期，（臺北，中央研究院民族學研究所，1981 年 1 月），頁 140。

⑪　林衡道：〈臺灣世居住民的祖籍與神明〉（臺北，聯合報文化基金會國學文獻館主辦臺灣地區開闢史料學術座談會，1985 年 9 月），頁 8。

⑫　許嘉明：〈彰化平原福佬客的地域組織〉，《中央研究院民族學研究所集刊》，第三十六期（臺北，中央研究院民族學研究所，1975 年 2 月），頁 187。

⑬　文崇一：〈社會文化變遷與歷史研究〉，《食貨月刊》，復刊第二卷，第十期（臺北，食貨月刊社，1973 年 1 月），頁 511。

⑭　王人英：〈宗族發展與社會變遷－臺灣小新營李姓宗族的個案研究－〉，《中央研究院民族學研究所集刊》，第三十五期（臺北，中央研究院民族學研究所，1973 年春季），頁 100。

⑮　林滿紅：〈貿易與清末臺灣的經濟社會變遷〉，《食貨月刊》，復刊第九卷，第四期（臺北，食貨月刊社，1979 年 7 月），頁 20。

⑯　陳秋坤：〈清初臺灣地區的開發（1700-1756）－由米價的變動趨勢做若干觀察〉，《食貨月刊》，復刊第八卷，第五期（臺北，食貨月刊社，1978 年 8 月），頁 226。

⑰　許嘉明：〈彰化平原福佬客的地域組織〉，《中央研究院民族學研究所集刊》，第三十六期，頁 168。

⑱　李國祁：《中國現代化的區域研究：閩浙臺地區，1860-1916》，頁49。

⑲　黃秀政：〈清代臺灣的分類械鬥事件〉，《臺北文獻》，直字第四十九、五十期合刊（臺北，臺北文獻會，1979年12月），頁365。

⑳　《宮中檔雍正朝奏摺》，第十四輯（臺北，國立故宮博物院，1978年12月），頁77。

㉑　《宮中檔雍正朝奏摺》，第十一輯（1978年9月），頁67，雍正六年八月初十日，福建總督高其倬奏摺。

㉒　周鍾瑄：《諸羅縣志》，《臺灣叢書》，第一輯，第二冊（臺北，國防研究院，1968年10月），卷八，「風俗志」，頁141。

㉓　陳紹馨：《臺灣的人口變遷與社會變遷》，頁505。

㉔　高賢治、馮作民編譯《臺灣舊慣習俗信仰》（臺北，衆文圖書公司，1984年1月），頁55。

㉕　秦寶琦：〈臺灣學者對天地會小刀會源流研究述評〉，《清史研究集》，第二輯（北京，中國人民大學清史研究所，1982年6月），頁310。

㉖　秦寶琦：〈乾嘉年間天地會在臺灣的傳播與發展〉，《臺灣研究國際研討會論文》（美國芝加哥，1985年7月），頁22。

㉗　《明清史料》（臺北，中央研究院歷史語言研究所，1972年3月），戊編，第一本，頁74，乾隆八年十二月十九日，臺灣鎮總兵官張天駿揭帖。

㉘　《軍機處檔・月摺包》（臺北，國立故宮博物院），第二七七六箱，一四〇包，三三二〇六號，乾隆四十八年六月二十六日，福建水師提督黃仕簡等奏摺錄副。

㉙　《宮中檔》，第二七四一箱，一八八包，四六四一三號，乾隆四十八年十一月十二日，福建巡撫雅德奏摺。

㉚ 《宮中檔》，第二七四一箱，一八九包，四六八七六號，乾隆四十八年十二月十八日，按察使銜福建臺灣道楊廷樺奏摺鈔錄孫番供詞。

㉛ 《宮中檔》，第二七四一箱，一七九包，四三七六六號，乾隆四十八年正月初十日，閩浙總督富勒渾奏摺。

㉜ 《宮中檔》，第二七四一箱，一七七包，四三五一一號，乾隆四十七年十二月初九日，福建巡撫雅德奏摺。

㉝ 《宮中檔》，第二七四一箱，一七八包，四三六九八號，乾隆四十七年十二月二十八日，福建水師提督黃仕簡奏摺。

㉞ 《宮中檔雍正朝奏摺》，第三輯（1978年1月），頁121，雍正二年九月初三日，福建水師提督藍廷珍奏摺。

㉟ 《宮中檔雍正朝奏摺》，第九輯（1978年7月），頁188，雍正五年十月二十六日，福建總督高其倬奏摺。

㊱ 《宮中檔雍正朝奏摺》，第二十三輯（1979年9月），頁266，雍正十二年初三日，巡視臺灣禮科給事中圖爾泰奏摺。

㊲ 《宮中檔》，第二七四一箱，一八一包，四四七二二號，乾隆四十八年四月二十九日，福建水師提督黃仕簡奏摺。

㊳ 《軍機處檔·月摺包》，第二七七六箱，一四〇包，三三三二〇號，乾隆四十八年七月初一日，多羅質郡王永瑢奏摺錄副。

㊴ 《宮中檔》，第二七七四箱，一九八包，四八八八一號，乾隆五十一年九月十八日，李永祺奏摺。

㊵ 《天地會》，（一）（北京，中國第一歷史檔案館，1980年11月），頁80。

㊶ 《明清史料》，戊編，第三本，頁228，刑部「為內閣抄出福建水師提督黃仕簡奏」移會，乾隆五十一年九月二十二日，楊光勳一案。

㊷ 《宮中檔》，第七十九箱，三二〇包，六四五〇號，雍正五年十一月十七日，福建總督高其倬奏摺。

㊸ 《宮中檔》，第七十六箱，三〇包，二二六八號，雍正七年十月十六日，福建觀風整俗使劉師恕奏摺。

㊹ 《宮中檔乾隆朝奏摺》，第五輯（臺北，國立故宮博物院，1982年9月），頁一六三，乾隆十八年四月二十四日，福建巡撫陳弘謀奏摺。

㊺ 《宮中檔乾隆朝奏摺》，第二十二輯（1984年2月），頁804，乾隆二十九年十月初八日，福建巡撫定長奏摺。

㊻ 《宮中檔》，第二七四一箱，一七五包，四二七二〇號，乾隆四十七年十月初十日，福建巡撫雅德奏摺。

㊼ 佐佐木正哉：《清末之秘密結社》，前編，〈天地會之成立〉，（東京，巖南堂書店，昭和四十五年十二月），頁242。

㊽ 《宮中檔》，第二七四一箱，一七七包，四三六九八號，乾隆四十七年十二月二十八日，福建水師提督黃仕簡奏摺。

㊾ 《天地會》，（一），頁408，楊振國供詞。

㊿ 《天地會》，（一），頁111，乾隆五十三年六月十六日，審訊嚴煙供詞筆錄。

(51) 《宮中檔》，第二七七四箱，二一五包，五三五六五號，乾隆五十三年三月二十二日，福康安奏摺。

(52) 赫治清：〈論天地會的起源〉，《清史論叢》，第五輯（北京，中華書局，一九八四），頁251。

(53) 秦寶琦：〈乾嘉年間天地會在臺灣的傳播與發展〉，《臺灣研究國際研討會論文》，頁15。

(54) 《明清史料》，戊編，第四本，頁395，乾隆五十六年三月十二日，臺灣鎮總兵奎林等奏摺移會抄件。

(55) 《明清史料》，戊編，第五本，頁445，乾隆五十八年十二月十一日，福建水師提督兼臺灣鎮總兵官哈當阿等奏摺。

(56) 秦寶琦：〈乾嘉年間天地會在臺灣的傳播與發展〉，《臺灣研究國際研討會論文》，頁22，乾隆五十九年十月十四日，福建水師提督哈當阿奏摺。

(57) 《明清史料》，戊編，第二本，頁158，嘉慶五年十一月二十三日，刑部「為內閣抄出臺灣總兵愛等奏」移會。

(58) 秦寶琦：〈臺灣學者對天地會小刀會源流研究述評〉，〔清史研究集〕，第二集（北京，中國人民大學，一九八二年六月），頁312。

(59) 《宮中檔》，第二七一二箱，五五包，七三九六號，嘉慶七年二月十三日，閩浙總督玉德等奏摺。

(60) 《軍機處檔・月摺包》，第二七八〇箱，二二包，八七四九〇號，咸豐二年十一月十三日，都察院左都御史花沙納奏摺附〈林媽盛呈詞〉。

(61) 《月摺檔》（臺北，國立故宮博物院），咸豐八年六月初六日，福建臺灣鎮總兵官邵連科奏摺抄件。

(62) 連橫：《臺灣通史》（臺北，臺灣銀行經濟研究室，1962年2月），卷三十三，戴潮春列傳，頁883。

(63) 《月摺檔》，同治元年四月二十四日，閩浙總督慶端奏摺抄件。

(64) 《月摺檔》，同治四年正月十五日，署臺灣鎮總兵官曾元福奏摺抄件。

(65) 《軍機處檔・月摺包》，第二七四七箱，二五包，五七五一六號，道光六年十一月二十五日，閩浙總督孫爾準奏摺錄副。

(66) 《月摺檔》，同治六年六月十二日，福建臺灣鎮總兵官劉明燈奏摺。

(67) 莊吉發：〈清代秘密會黨的探討〉，《中國歷史學會史學集刊》，第十六期（臺北，中國歷史學會，1984 年 6 月），頁 172。

(68) 蕭一山：〈天地會起源考〉，《近代秘密社會史料》（臺北，文海出版社，1975 年 9 月），卷首，頁 4。

(69) 陶成章：〈教會源流考〉，《近代秘密社會史料》，卷二，頁 1-8。

(70) 王爾敏：〈秘密宗教與秘密會社之生態環境及社會功能〉，《中央研究院近代史研究所集刊》，第十期（臺北，中央研究院，1981 年 7 月），頁 44。

(71) 《宮中檔》，第七十九箱，三二〇包，六四七〇號，雍正六年八月初十日，福建總督高其倬奏摺。

(72) 《宮中檔》，第二七四一箱，一七七包，四三六九八號，乾隆四十七年十二月二十八日，福建水師提督黃仕簡奏摺。

(73) 秦寶琦：〈乾隆年間天地會在臺灣的傳播與發展〉，《臺灣研究國際研討會論文》，頁 23。

(74) 蕭一山：〈天地會源流〉，《近代秘密社會史料》，卷二，頁 15。

(75) 《清高宗純皇帝實錄》（臺北，華聯出版社，1964 年 10 月），卷一二七四，頁 19。

(76) 秦寶琦：〈天地會檔案史料概述〉，《歷史檔案》，一九八一年，第一冊（北京，歷史檔案雜誌社，一九八一年二月），頁 117。

(77) 張菼：〈臺灣反清事件的不同性質及其分類問題〉，《臺灣文獻》，第二十六卷，第二期（臺灣，臺灣文獻會，1975 年 6 月），頁 95。

(78) 《宮中檔》，第二七七四箱，二一五包，五三五六五號，乾隆五十三年三月二十二日，欽差大臣福康安奏摺。

(79) 莊吉發：〈四海之內皆兄弟－歷代的秘密社會〉，《中國文化新

論》（臺北，聯經出版公司，1982 年 10 月），頁 329。

⑧⓪　莊吉發：《清代天地會源流考》（臺北，國立故宮博物院，民國七十年一月），頁 4。

⑧①　秦寶琦、劉美珍：〈試論天地會〉，《清史研究集》，第一輯，頁 159。

⑧②　溫雄飛：《南洋華僑通史》，《近代秘密社會史料》，卷首，頁 10。

⑧③　連橫：《臺灣通史》，卷三十，朱一貴列傳，頁 784。

⑧④　黃玉齋：〈洪門天地會發源於臺灣〉，《臺灣文獻》，第二十一卷，第四期（臺灣，臺灣文獻會，民國五十九年十二月），頁 18。

⑧⑤　胡珠生：〈天地會起源初探－兼評蔡少卿同志關於天地會的起源問題〉，《歷史學》，第四期（一九七九年），頁 72。

⑧⑥　戴玄之：〈天地會的源流〉，《大陸雜誌史學叢書》，第三輯（臺北，大陸雜誌社，1970 年 9 月），頁 79。

⑧⑦　秦寶琦：〈從檔案史料看天地會的起源〉，《歷史檔案》，一九八二年，第二期（北京，歷史檔案雜誌社，一九八二年五月），頁 95。

⑧⑧　赫治清：〈論天地會的起源〉，《清史論叢》，第五輯（北京，中華書局，一九八四），頁 241。

評介宋恩常著《雲南少數民族社會調查研究》

　　雲南地處我國西南邊疆，面積三十九萬四千餘平方公里，在全國五十六個民族中，雲南是民族最多的一個省分，除漢族外，還居住著彝、白、哈尼、壯、傣、苗、傈僳、回、拉祜、佤、納西、瑤、藏、景頗、布朗、普米、怒、阿昌、崩龍、基諾、水、蒙古、布依、獨龍、滿等二十五個民族，此外還有苦聰、克木等尚未識別民族。根據一九八二年統計，雲南全省人口約三千二百五十五萬三千餘人，各少數民族共約一千零三十一萬九千餘人，約佔全省總人口百分之三十二。各民族都有悠久的歷史，對於促進雲南的歷史發展和經濟繁榮，都有重要的貢獻。

　　雲南各少數民族保存異常豐富的社會形態資料，有許多重大的課題值得探討。近數十年來，中共中央和雲南省有關單位，對雲南省境內少數民族的社會歷史從事相當大量的調查研究，積累了頗多具有珍貴價值的資料。雲南當局計畫出版一套專書，介紹和探討雲南各少數民族的生產技術、社會經濟、氏族殘餘、家庭制度、婚姻、宗教等問題，希望透過這些工作而為研究民族政策和在少數民族地區快速發展社會經濟及民族文化，提供豐富生動的資料。宋恩常先生著《雲南少數民族社會調查研究》就是出版計畫的專書之一。

　　宋恩常先生從一九五六年參加雲南少數民族調查工作以來，陸續對不同民族，不同問題，進行了調查，在不同時期，綜合對不同民族的調查，撰寫了數十篇調查研究文稿，其中有的文稿曾

在期刊上發表過。《雲南少數民族社會調查研究》共彙集了三十篇論文，上、下集各十五篇。上集金要內容是介紹和探討獨龍、怒、崩龍、傈僳、佤、景頗、傣、苗和彝等九個民族及苦聰人的社會經濟、政治概況和特點；下集主要內容是介紹和探討納西、拉祜、佤、布朗、景頗、哈尼、傣和壯族等八個民族殘存的原始家庭婚姻制度、宗教、藝術和道德等問題。

在雲南少數民族社會中，獨龍族保存不少家長制家庭形態的特點，在獨龍族的家長制社會裏，舅表婚是普遍的通婚原則。作者在〈從母權制過渡到父權制家庭〉一文中指出「獨龍族在實行舅表婚的過程，男子卻利用原來的群婚習慣實行多妻。比如外甥有權將舅父的數個女兒娶來爲妻，形成了妻姊妹的多妻制，稱爲迪瑪制」①。獨龍族盛行的氏族外婚制，獨龍語稱爲「伯惹」，意即「弟兄和姊妹的婚配」。這種婚姻的特點，是在固定的婚姻環狀連鎖集團中，甲氏族的每一個成年男子都可以成爲乙氏族每一個姊妹的丈夫，但這個男子在諸姊妹中只能有一個是主妻。與此同時，乙氏族的每一個姊妹在甲氏族的諸弟兄中也只能有一個是主夫②。

在西雙版納傣族社會中，存在著等級內婚的婚姻制度，其婚姻範圍極爲狹窄。作者在〈西雙版納傣族的封建婚姻〉一文中指出：「封建主爲了維持封建統治，保證封建地租收入，要求農民或農奴在本等級內部通婚。傣勐等級只能與傣勐等級通婚，滾很召等級只能與滾很召等級通婚。封建主限制甚至禁止不同等級的農民或農奴互相通婚。」③探討傣族等級內婚的存在，不能忽視傣族社會中以血緣爲紐帶的社會等級制，不宜過於強調封建主個人的統治利益。孟馬等級的曼董男子雖然不能與曼費女子結婚，但曼費男子卻有權娶曼董女子爲妻。曼扭是傣勐，曼令是窮寨，

租種曼扭的水田，曼令的姑娘多願意嫁給曼扭男子，過從夫居生活④。

　　作者從親屬稱謂說明歷史上傣族曾經存在過母系的家庭形態，在西雙版納傣族社會中母系家庭的痕跡，還表現在男女成員命名的習慣上，在一些子女的名字中，有最後一個字與母親名字中的一個字相同，表示該子女為她所生，甚至當女子嫁到別的村莊，有的還在她的子女名字上冠上母親所出生的村社名⑤。探討傣族社會母親與子女聯名的問題，首先必須對當地命名的習俗有所認識。在西雙版納社會中的名字，可隨一個人的生活階段不斷改變。傣族嬰兒出生的乳名是按推算表推出的固定名字分別男女排列，男的冠以「艾」，如艾香、艾罕等。女的則冠以「依」，如依香、依章等。男子長大進入佛寺當和尚，即由大佛爺取僧名。男子娶妻生子後，丈夫名字冠以「波」，意即「父」，例如所生子乳名艾香，其父即為波艾香，就是艾香之父。女子婚前用乳名，婚後生子，其名字冠以「咩」，意即「母」，例如所生子乳名艾香，其母即改為咩艾香，就是艾香之母。由於母親與子女或父親與子女的乳名相聯繫的普遍，一個寨內常有許多雷同的名字，為便於區別，其辦法就是將本名加上本人的特徵或居住地方的特徵來區別。例如艾拉名字，多見於傣族社會，為避免雷同，有的按各自身體的特徵叫做「胖艾拉」或「長腳艾拉」，有的則按所居村寨在艾拉的名字前面冠以村寨名稱⑥。作者所稱母親與子女聯名，是指子女的乳名而言，至於乳名前所冠村寨名稱，主要是因很多名字雷同，為了將他們區別而按所居村寨冠以地名，因此，從乳名前冠以村寨名稱而說明傣族社會中母系家庭的痕跡，似乎不很妥當。

　　從妻居的習俗，在西雙版納傣族社會裏普遍存在，作者指出

「從妻居本是原始社會母系氏族公社階段的婚姻形式，當西雙版納傣族社會進入封建社會後，原始的母系大家庭解體爲個體家庭，仍保留男子到妻家從妻居的婚姻形式。不過從妻居後來已變成男子向妻家交付娶妻身價的形式」⑦。從妻居是原始母系社會的一種婚姻形式，與近代所謂公社的含義不同，作者認爲這種婚姻形式是原始社會母系氏族公社階段的產物，是值得商榷的⑧。原書指出在西雙版納傣族社會裏，由於實行從妻居，新婚丈夫在妻家勞動若干年，婦女繼續享有財產的繼承權。男方到女家上門的時間，的確沒有統一的規定，但作者並未說明從妻居時間長短的各種因素，不能反映各種社會現象。刀永明先生等人於一九六四年八月間在景洪調查後指出男方到女家上門的時間，完全由雙方協商，這種協商，與男女雙方家庭的勞力狀況有密切關係，也和現實社會的政治經濟制度相適應。在景洪地區，一般從妻居的時間爲三年，但把妻子接回夫家居住三年後，又要和妻子到岳家居住三年，如此往返，直到另立門戶，或繼承了一方的財產時爲止。在勐海等地，從妻居有長達十四年至十八年的。這種情況，多發生在男方家庭勞動力的充足，而女家無男勞力者。總之，從妻居的時間，多視雙方勞動力的情況而定⑨。

景頗族主要居住在雲南省德宏傣景族頗族自治州各縣的山區及怒江傈傈族自治州瀘水縣的片古崗，少數散居於保山地區的騰沖、臨滄地區的耿馬、思茅地區的瀾滄等縣。此外，緬甸克欽邦有較多的景頗族聚居⑩。作者指出景頗族禁止本氏族內男女成員互相通婚，實行氏族外婚，甲氏族的男子世代固定娶乙氏族的女子爲妻，乙氏族男子娶丙氏族女子，丙氏族男子固定娶甲氏族女子。甲氏族的男子都是乙氏族的姑爺種，而乙氏族的男子都是甲氏族的丈人種，兩個互相通婚的氏族，形成一種丈人種和姑爺種

的固定關係⑪。景頗族的氏族外婚制的特點，就是以三個氏族爲基礎，而以其他幾個氏族爲補充的婚姻集團。作者對景頗族的氏族外婚作了詳盡的說明，但作者對景頗族世襲部落酋長的等級內婚現象的存在，及從妻居那種婚姻形式的現實經濟意義，並未作進一步的說明。景頗族的婚姻，通行一夫一妻制，但同時也存在群婚制殘餘的一夫多妻現象。作者認爲景頗族的一夫多妻現象，同轉房制度等因素有關，普遍流行的轉房制度是夫兄弟婚，哥哥可以娶亡弟之妻，弟弟也可以納寡嫂。男方認爲在娶妻時已交付了大量的聘金，亦即已付出了一定數量的財富，並且在舉行結婚儀式時，已經過董薩念鬼，妻子的身上已經附上了男家的鬼魂，女子已成男家的一員了，所以丈夫雖然死了也不能隨意外嫁⑫。與夫兄弟婚現象相反的，最典型的多妻形式是妻姊妹婚，姊妹共嫁一夫。據一九五三年十二月間中共瑞麗縣工委會在瑞麗縣山區調查報告指出當地一般家庭是一夫一妻，爲數極少的有錢人家才是一夫多妻。一個男子要娶個妻子並不容易，因爲女子只消穿上她最好的衣服去男家，而男家卻要準備三、四頭水牛，三、四面以至十數面鑼、一把銀包頭的大刀、十幾把大刀，送給女家。山官家有時用八至十幾頭牛，還要象牙，由於出不起這一大筆錢，一般個體家庭多實行一夫一妻的婚姻⑬。由此可以說明在景頗族現實經濟環境的限制下，群婚制殘餘的一夫多妻現象，並不普遍。

　　雲南傈僳族主要聚居在怒江傈僳族自治州的碧江、瀘水、福貢、貢山、蘭坪等縣，此外，還分布在麗江、保山兩地區和迪慶、德宏、楚雅、大理等自治州。作者在〈碧江縣色得鄉傈僳族社會概貌〉一文中指出：「傈僳族已經建立了相當嚴格的一夫一妻制，男子一結婚，便在父母近旁另建房屋，父母分給一份土

地，過獨立生活，由撫養父母的兒子繼承父母的房屋和財產。」
⑭傈僳族的婚姻形式，基本上是一夫一妻制，但從其結婚的過程
及男女群送群接的形式看來，仍保持有群婚的原始殘餘。傈僳族
傳統的習慣，父母隨幼子居住，房屋及留給父母的田地，均由幼
子繼承⑮。

　　佤族主要分佈在雲南省西部和西南部的滄源、西盟、耿馬、
雙江、鎮康、永德、瀾滄、孟連等自治縣和西雙版納傣族自治
州、德宏傣族景頗族自治州。作者在〈西盟佤族氏族制度的解體
與階級的產生〉一文中指出，一個氏族的男子娶另一個氏族的女
子為妻，最初是一個氏族的同一等級的兄弟和另一氏族的同一等
級的姊妹互為夫妻。這種亞血緣家庭伴隨著氏族公社的解體和父
系對偶和單獨家庭的建立，而原來的妻妹妹和夫兄弟便以變態的
形式繼續存在於個體家庭條件下。另一種形式便是轉房，如妻
死，丈夫可以再娶妻的妹妹為妻；夫死，妻則轉嫁給丈夫的兄弟
⑯。轉房制在佤族社會裏普遍盛行，但轉房的範圍，主要是限於
丈夫的同輩，在受拉祜族影響的佤族個別村寨，也有轉房給丈夫
的叔輩⑰，如妻死，丈夫再娶妻的妹妹為妻，與轉房制的意義不
同。

　　彝族是我國西南地區人口最多的一個少數民族，他們絕大部
分以大分散小聚居的狀況，與其他民族交錯而居。雲南小涼山也
是彝族的聚居地區，這裏的彝族原來是從四川大涼山遷入的，一
般人習慣稱這些彝族居住的山區為涼山，為了與四川大涼山區
別，又稱這一山區為小涼山，包括永勝、華坪等寧蒗彝族自治
縣。作者在〈雲南小涼山彝族社會性質初探〉一文中指出，在雲
南小涼山彝族社會裏存在著界線分明的黑彝、曲諾、阿加和呷西
四個等級，並無統一的政權組織，仍然保存按照血統關係組成的

內部互不通婚的父系氏族集團⑱。小涼山彝族雖然存在著四個等級，但這並不是表示小涼山彝族還沒有政權之類的統治工具，小涼山彝族以五姓黑彝爲中心的由父系氏族血緣聯繫而成的「家支」，就實際上一定程度地起著政權的作用⑲。家支對內起著互相幫助和排解糾紛等作用，對外起著保護家支成員生命財產安全的作用⑳。諾伙，又作諾合，意即黑彝。諾合家支雖具有父系血緣集團的形式，殘存著氏族組織的特徵，但早已蛻變爲適應諾合貴族統治需要的上層建築，履行其專政的職能，因此，諾合家支發揮著政權的作用㉑。也就是說諾合的統治，是通過家支組織實現的。

　　作者認爲小涼山彝族社會等級的高低，是以血統的形式表現出來的，世襲的黑彝統治者，長期以來，就利用以血緣關係爲基礎的氏族組織㉒。血緣因素對小涼山彝族社會的等級關係，無疑地起過重要的作用，血統論在維護彝族社會的政治、經濟利益方面也起過不可忽視的作用。但血緣因素決定論，或血統決定論，並不能解釋小涼山彝族歷史上各個等級的產生、發展和演變，而且也不能正確闡明所謂血緣等級階梯和血統尊卑之分產生的根源及其性質。周自強先生著《涼山彝族奴隸制研究》一書已指出「血緣因素」，或「血統論」，「決不是，也不可能是等級劃分的根源和基礎」㉓。小涼山彝族社會曾經有過一個孜目統治時期，孜目可以說是至高無上的貴族等級。孜和諾本來出自同一個祖先，有血緣關係，在彝族原始社會裏並沒有孜、諾、曲諾、阿加、呷西的劃分，也沒有血緣等級階梯和血統尊卑之分。明清以來，小涼山地區的諾逐步取代了孜目的統治，諾由孜目下的一個等級上升爲轄區內至高無上的等級，這一事實表明血緣因素並不是彝族社會裏等級差別的決定因素。

　　宗教是一種歷史現象，有其產生和發展的過程。由於各民族
的歷史條件和意識形態的傳統各異，因而在宗教信仰上也是多樣
的。傣族社會的宗教信仰，因其社會背景不同，而有差異。內地
傣族崇拜龍神、龍樹，在景谷等地區，也有信仰佛教的。在德
宏、西雙版納等地區的傣族，篤信小乘佛教，在教義上主張一切
都是空，宣傳人空、生空和我空，認爲人生所經歷的生老病死都
不外是苦。因而在社會實踐中主張自我解脫和自我拯救，並主張
一切眾生在苦界和達到解脫的權利方面的平等。小乘佛教的信
仰，對傣族社會中政治、經濟、文化思想等方面都有它深刻而巨
大的影響㉔。作者在〈西雙版納傣族的小乘佛教〉一文中，對小
乘佛教的教義經典、寺院及僧侶生活，作了簡要的介紹，在西雙
版納傣族農村裏，基本上每個農村都有一座寺院，據調查報告指
出，一九五五年景洪、勐海和勐臘三縣十一個勐二百三十村，共
一百八十三座寺院㉕。佛寺是傣族社會進行宗教活動的中心，從
佛寺的陳設，可以反映它與大乘佛教不同的特點，景洪等地佛塔
的多樣形式，也反映了它多方面的建築影響。但作者對傣族的佛
殿建築、佛寺陳設、造像及其裝飾藝術，並未進一步探討。小乘
佛教雖有一定的影響，但不如道教的源遠流長，從雲南少數民族
現有的原始宗教看，不論思想概念或宗教儀式，都或多或少的吸
收了道教的成分，作者對小乘佛教以外的其他教派，並未加以調
查研究。

　　雲南少數民族的原始宗教信仰，是多樣的。作者指出傈僳族
稱爲精靈爲「尼」，巫師中「尼扒」享有最高的威信，「尼扒」
能識「尼」，有治「尼」的能力。另一類是普通巫師，稱爲「必
扒」，雖能念咒語，執行巫術，但「必扒」的巫術比「尼扒」低
㉖。據一九五六年四月至九月間，中共人民代表大會民族委員會

調查研究組調查指出，傈僳族的巫師有「尼扒」和「尼古扒」兩種，每村都有一兩個，前者主持祭祀和卜卦念經，後者專門殺牲驅鬼㉗。各少數民族對巫師的稱呼，彼此不同，獨龍族叫做「隆木沙」，西盟佤族叫做「教氣艾」，景頗族叫做「董薩」，苦聰人叫做「比莫」。巫師自信能與鬼神接近，能知吉凶，能爲病人醫病，能爲死者送魂，能用咒語、法器等從事一般人所不能及的事情。作者在「雲南邊疆少數民族的原始宗教」一文中指出，巫師從事宗教活動，主要依據是占卜，各個民族都積累了許多占卜方法，例如佤族經常用的有牛膽卜、豬膽卜、雞骨卜和手卜，景頗族有竹卜，傈僳族有刀卜、貝殼卜和竹卜，苦聰人有草莖卜等。占卜是他們各種活動的指南，從農業生產、狩獵、訂婚到進行血親復仇，甚至連選舉軍事領袖、村落頭人和外出訪問，都要事先進行占卜㉘。作者以佤族的豬膽卜和景頗族的竹卜爲例，將占卜方法作了簡單的說明，但作者並未將古代的占卜方法作歷史性的探討，以便作比較，藉以觀察其改變情形。據清代謝遂《職貢圖》畫卷記載，雲南等府白儸儸占卜的方法是投麥於水，以驗其浮沉。楚雄等府扯蘇蠻的占卜方法是以牛毛占晴雨，臨安等府拇雞蠻用雞骨占卜，大理等府峨昌族用三十枝竹占卜，近似蓍莖㉙。由此可以說明除作者所指出的占卜方法外，在清代還存在麥卜和牛毛卜等方法。一九五七年二月，李仰松先生調查西盟縣宛不弄寨佤族的雞骨卜活動後指出占卜雞骨，俗稱看雞卦。魔巴是當地佤族從事宗教活動的主持者，人們在日常生活中，爲了祈求鬼神，以達到美滿的效果，往往凡事都先請魔巴看好雞卦而後行事。另外，寨人遇有疾病、婚姻、喪葬等等，也都必須先卜雞卦而後行事。在占卜時，不論大雞小雞，也不論是雌雄或其羽毛的色別，均可用作雞卦。宛不弄寨佤族占卜雞封的儀式大同小異，

例如疾病卜雞卦的第一步爲下卦前的準備工作，第二步念咒語揷卦，第三步雞卦釋兆。宛不弄寨佤族的雞骨卜，對我們了解雞卦的釋意和原始社會晚期巫師的產生，實有參考價值㉚。有待進一步深入探討。

由於我國少數民族的社會形態和經濟技術發展不平衡，所以在人口分佈方面，並不平衡。我國雲南少數民族的人口統計，其數字多寡，頗有出入。作者指出：「哈尼族有九萬餘人，分佈極廣，遍及雲南省三十餘縣，主要聚居區爲紅河哈尼族彝族自治州、思茅地區和西雙版納境內的半山區㉛。」但據一九五六年至一九五八年的調查報告指出哈尼族全國居住在雲南省境內，共九十二萬四千餘人。主要分佈於滇南紅河和瀾滄江的中間地帶，也就是哀牢山和無量山之間的廣闊山區。哀牢山區的元江、墨江、紅河、綠春、金平、江城等縣，是人口最集中的地區，有七十餘萬人，佔本族總數的百分之七十六。其餘分佈於瀾滄縣和西雙版納州，滇北及滇西南十餘個縣，也有零星分佈㉜。據一九八二年調查統計，雲南哈尼族人口共一、〇五八、四一六人㉝。由此可以看出作者所根據的數字相差懸殊。作者在〈西盟佤族氏制度的解體與階級的產生〉一文依據一九六四年統計數字指出：「西盟縣共有佤、拉祜、傣和漢等各族人口四一、三九九餘人，其中佤族人口約爲三一、七〇〇人，佔全縣總人口七六‧七％㉞。」西盟佤族自治縣是多民族地區，而以佤族爲主，據一九五七年調查，全縣共有九、三六九戶，四二、四五五人，其中佤族人口爲三六、五七〇人，佔全縣總人數百分之八六‧一四㉟。作者在〈滄源佤族社會封建因素的產生和發展〉一文中指出，滄源縣是佤族聚居縣，並依據一九六四年統計數字指出，滄源縣全縣有佤族七〇、四〇〇人，佔全縣總人口百分之八四‧七八。作者又據

一九七一年統計數字指出，滄源縣全縣佤族約有七三、〇〇〇人
㊱。惟據田繼周先生等人所作調查指出滄源縣全縣共九二、〇三
二人，其中佤族共八一、二五八人，佔全縣總人口百分之八八‧
三㊲。人口統計的不確實，對於人口的年均增長率等問題，俱無
從進行分析，作者所引用的數據，出入頗大。在滇西、滇南等少
數民族聚居地區，由於土曠人稀，內地過剩人口紛紛遷入移墾，
形成了大量的人口流動，也是值得重視的問題。

　　內地漢人移殖雲南少數民族聚居的地區，必然促進漢族和各
少數民族之間的聯繫，對改變山區的經濟面貌起著重大的作用，
並且在政治、文化方面都產生深遠的影響㊳。作者探討雲南少數
民族問題時，對各民族的歷史背景，及各少數民族與漢族接觸後
所產生的變化，很少討論。有關少數民族的文獻記載，與社會調
查互相對照後，可以說明各少數民族的變遷情形。例如白族很早
就已開始接受漢化，唐代南詔曾先後派遣數千人到成都學習詩
書，到了明代，白族的漢文化已提高到漢族的程度。明朝在雲南
腹地實行大規模的移民屯田，他們數代以後，盡是莊農，與當地
各少數民族朝夕相處，進一步傳播了先進的生產技術和文化，使
雲南腹地的社會經濟發展達到內地的水平。由於各族之間經濟、
文化生活上的密切關係，使差別性逐漸減少，而共同性逐漸增
多，多數民族不斷地融合於漢族人民之中㊴。清初以來實行改土
歸流的政治措施，在西南少數民族地區實行和內地一致的各項制
度，各民族之間，往來日益密切，改變了少數民族某些風俗習
慣，以往被束縛在土司領地上從事各種苦役的家奴，改土歸流以
後，變成了有一定自由的個體農民，對農業生產的發展和文化交
流產生了積極性的作用㊵。雲南少數民族接受漢文化以後，改變
了多少，保留了那些少數民族傳統的性質，作者並未先進行探

討。雲南各少數民族接受漢文化的程度，各不相同，社會經濟及文化發展較慢的少數民族，其階級分化並不明顯，保留較多的原始性及部落性，與內地的社會發展，並不平衡㊶。

　　總之，本書提供了頗多珍貴的調查資料，也提出了一些見解。但正如作者在本書〈後記〉所指出的，本書「多半屬於探索性質，許多問題還有待於同民族研究工作者繼續深入調查」㊷。誠如作者所說，關於少數民族的社會調查研究，從資料的使用到觀點的表述，仍須共同進行探討。

【註　釋】

① 　宋常恩：《雲南少數民族社會調查研究》，下集（雲南人民出版社，昆明，一九八〇年四月），頁 3。

② 　雲南省歷史研究所編著：《雲南少數民族》，（雲南人民出版社，昆明，一九八三年八月），頁 604。

③ 　《雲南少數民族社會調查研究》，下集，頁 90。

④ 　《西雙版納傣族婚姻調查‧西雙版納傣族社會綜合調查》（一），（雲南民族出版社，昆明，一九八三年十二月），頁 123。

⑤ 　《雲南少數民族社會調查研究》，下集，頁 93。

⑥ 　刀永明等：《西雙版納景洪地區傣族婚姻習俗調查‧西雙版納傣族社會綜合調查》（二），（雲南民族出版社，昆明，一九八四年十月），頁 133。

⑦ 　《雲南少數民族社會調查研究》，下集，頁 92。

⑧ 　同註七。

⑨ 　刀永明等：《西雙版納景洪地區傣族婚姻習俗調查‧西雙版納傣族社會綜合調查》（二），（雲南民族出版社，昆明，一九八四年十月），頁 129。

⑩　《雲南少數民族》，頁 375。

⑪　《雲南少數民族社會調查研究》，下集，頁 65。

⑫　《雲南少數民族社會調查研究》，下集，頁 69。

⑬　《瑞麗縣山區情況調查‧景頗族社會歷史調查》（一），（雲南人民出版社，昆明，一九八四年），頁 108。

⑭　《雲南少數民族社會調查研究》，上頁，頁 95。

⑮　《傈僳族社會歷史調查》，（雲南人民出版社，昆明，一九八一年十月），頁 9。

⑯　《雲南少數民族社會調查研究》，上集，頁 123。

⑰　《西盟佤族社會經濟調查報告‧佤族社會歷史調查》（一），（雲南人民出版社，昆明，一九八三年十月），頁 52。

⑱　《雲南少數民族社會調查研究》，上集，頁 211。

⑲　杜玉亭：〈雲南小涼山彝族的奴隸制度〉，《雲南小涼山彝族社會歷史調查》，（雲南人民出版社，昆明，一九八四年二月），頁 19。

⑳　王承權等：〈寧蒗彝族自治縣跑馬坪鄉彝族社會經濟調查〉，《雲南小涼山彝族社會歷史調查》，頁 50。

㉑　《涼山彝族奴隸社會》，（人民出版社，北京，一九八二年五月），頁 131。

㉒　《雲南少數民族社會調查研究》，上集，頁 214。

㉓　周自強：《涼山彝族奴隸制研究》，（人民出版社，北京，一九八三年三月），頁 30。

㉔　《雲南少數民族》，頁 159。

㉕　《雲南少數民族社會調查研究》，下集，頁 145。

㉖　《雲南少數民族社會調查研究》，上集，頁 98。

㉗　《傈僳族社會歷史調查》，頁 13。

㉘　《雲南少數民族社會調查研究》，下集，頁 119。

㉙　莊吉發校注：《謝遂職貢圖滿文圖說校注》，（國立故宮博物院，臺北，民國七十八年六月），頁 483-535。

㉚　李仰松：〈西盟縣宛不弄寨佤族的雞骨卜〉，《佤族社會歷史調查》（二），（雲南人民出版社，昆明，一九八三年十一月），頁 226。

㉛　《雲南少數民族社會調查研究》，下集，頁 75。

㉜　嚴汝嫻：〈哈尼族簡介〉，《哈尼族社會歷史調查》，（雲南民族出版社，昆明，一九八二年六月），頁 1。

㉝　雲南少數民族，頁 624。

㉞　《雲南少數民族社會調查研究》，上集，頁 109。

㉟　〈西盟佤族社會經濟調查報告〉，《佤族社會歷史調查》（一），（雲南人民出版社，昆明，一九八三年十月），頁 7。

㊱　《雲南少數民族社會調查研究》，上集，頁 160。

㊲　田繼周：〈滄源縣佤族補充調查材料匯集〉，《佤族社會歷史調查》（三），（雲南人民出版社，昆明，一九八三年十二月），頁 75。

㊳　郭松義：〈清代的人口增長和人口流遷〉，《清史論叢》，第五輯，（中華書局，北京，一九八四年四月），頁 126-135。

㊴　《西南民族研究》，（四川民族出版社，成都，一九八七年五月），頁 198。

㊵　張捷夫：〈論改土歸流的進步作用〉，《清史論叢》，第二輯（中華書局，北京，一九八〇年八月），頁 209。

㊶　楊中一：〈雲南省少數民族歷史檔案初探〉，《少數民族檔案史料評述學術討論會論文集選集》，（檔案出版社，北京，一九八八年十二月），頁 2。

㊷　《雲南少數民族社會調查研究》，下集，頁 183。

評介烏丙安著《中國民間信仰》

　　烏丙安，蒙古族，一九二九年十一月，生於內蒙古呼和浩特。一九五五年七月，北京師範大學民間文學專業研究生畢業，長期從事民間文藝學、民俗學的教學和研究，歷任助教、講師、副教授。一九六九年十二月至一九七九年冬十年中，曾被遣送至遼北一個小山村勞動長達九年的時間。在那裡接觸了十分豐富的薩滿文化素材，積累了第一手資料。一九八〇年春天以後，又多次對遼東滿族，遼西蒙古族及內蒙古等地的薩滿文化做了調查，積累了更多的素材。一九八三年二月，晉升為教授。曾任遼寧大學中文系教授，民俗研究中心主任、山東大學兼職教授、中國民俗學會副會長、中國故事學會副會長、遼寧省民俗學會理事長、內蒙古民俗學會名譽會長等職。著有《民間文學概論》、《民俗學叢話》、《中國民俗學》、《神秘的薩滿世界》、《日本家族和北方文化》等專書；主編《中國風俗辭典》、《中國民俗百科叢書》等書；先後發表學術論文四十餘篇。十餘年前，烏丙安撰寫《中國民俗學》一書後，曾利用寒暑假期間在東北各民族社區中進行民俗調查工作，獲得了不少珍貴的第一手資料。《中國民間信仰》一書，就是烏丙安充分利用這些資料撰寫完成的近著，被列為上海人民出版社周谷城主編中國文化研究叢書之一。原書除緒言及結語外，共分五章，計十六節，約二十一萬二千餘字，一九九六年十二月，由上海人民出版社出版，此書的問世，對中國民俗學及民族學的研究，提供了重要的實證資料。

　　原書緒言將自發的民間信仰和人為宗教信仰進行了簡單的比

較，然後指出民間信仰是屬於一種緩慢前移的冷文化狀態，它沒有像宗教教會、教團那樣固定的組織機構；沒有像宗教那樣特定的至高無上的崇拜對象；沒有像宗教那樣的創教祖師等最高權威；沒有像宗教那樣形成任何宗派；沒有形成完整的倫理的、哲學的體系；沒有像宗教那樣有專司神職教職的執事人員隊伍；沒有可遵守的像宗教那樣的規約或戒律；沒有像宗教那樣特定的法衣法器、儀仗儀禮；沒有像宗教那樣進行活動的固定場所；沒有像宗教信徒那樣的自覺的宗教意識①。姑且不論民間信仰是否為長久以來處於一貫制的自然狀態、自發狀態和世代因襲、緩慢前移的冷文化狀態，但將民間信仰和人為宗教信仰要素進行比較，確實是有其必要的。構成人為宗教的基本要素，至少必須包括教派名稱、寺廟建築、經卷教義、組織結構、規範化儀式、神職性質的師徒關係等項要素②。作者指出中國民間信仰並不具備所有成型宗教的組成要素，以及它將繼續沿著自發的多神信仰發展的本質，使讀者對民間信仰的特質有一個較清楚的認識，有助於考察和測視民間信仰在今後的新文化史歷程中的走向。

　　中國民間信仰是以多民族的信仰結構特點演進為自發的多神崇拜類型。原書第一章探討中國民間信仰的特徵，作者指出中國民間信仰的多民族的萬靈崇拜與多神崇拜，有它自身的特徵，即：多樣性、多功利性、多神秘性。其多樣性的特點，不僅表現在某一種神靈、鬼靈的多樣上，而且還表現在崇拜對象的多樣神格和多樣神性以及對不同宗教系譜的神靈的多重崇拜方面。所謂多功利性，就是民間信仰動機與行為目的之顯著特點，也是形成民間信仰萬靈崇拜、多神崇拜的重要原因之一。民間信仰始終以最實際的功利要求作為崇敬鬼神的一把度尺，來調節人們與眾鬼神之間的關係。中國民間信仰的多神秘性是信仰方式與手段的突

出特點，亦即濃厚的巫術特點，這種巫術特色，與多民族信仰的
遺留有密切關係。作者認為中國民間信仰的多樣性、多功利性、
多神秘性，注定了中國的民間信仰只能是萬靈崇拜和多神崇拜。

　　民間信仰的崇拜形式，主要是起源於人類生活對於超人的神
秘力量的倚賴。作者將中國民間信仰的崇拜儀式，歸納為四大
類：第一大類是對於自然物、自然力的崇拜；第二大類是對幻想
物的崇拜；第三大類是對附會以超自然力的人物的崇拜；第四大
類是對幻想的超自然力的崇拜③。根據中國民間信仰的特徵及崇
拜形式，加以歸納分類，頗便於分類討論。惟「幻想」（Fan-
tasy）一詞是心理學名詞，其定義並不適用於民間信仰，似可襲
用「幻化」一詞，以示神通力之幻現。原書中的「幻想物」，似
可作「幻化物」。中國民間信仰中的神幻體的靈物崇拜，就是幻
化物崇拜。

　　原書第二章探討對自然物、自然力的崇拜。對由感官直接感
覺到的自然力、自然現象及自然物的崇拜，通常簡稱為自然崇
拜。大凡自然界中的無生物和生物體的所有物種，都常以其特有
的自然屬性引起崇拜，它不僅包括對天體、天象的崇拜，還包括
對山石、水火、鳥獸、蟲魚、花草、樹木等的多項崇拜。在對天
的崇拜過程中，天靈崇拜是中國對天信仰從拜物向拜神靈發展的
重要環節。在中國的自然崇拜中，對大地的崇拜是與對天的崇拜
相對應的，把對天公的崇拜與對地母的崇拜等同起來。漢族古代
信奉的地祇、后土和社神也都是從崇拜地母發展而來。蒙古族把
大地人格化為母之後形成與漢族的地母近似的崇拜，逐步進入神
靈崇拜。中國各民族自古以來對太陽的崇拜始終沒有脫離太陽的
本體形象，即直接迎日、送日的拜日形式。民間的祭太陽生日的
崇日活動，則是將對實物天體太陽的崇拜轉化為對太陽神神格的

崇拜。許多少數民族對太陽的直觀崇拜形式也已向神靈崇拜發
展。月亮是和太陽相似的一個可以通過直接感官感受到的天體，
中國各民族拜祭滿月的習俗已經分別注入了月亮有神靈的信仰而
逐漸區別於月亮天體的直接崇拜。作者認為引起人們崇拜星辰的
直接原因卻是當人類把星辰和自身關係密切聯繫之後形成的星辰
具有神秘力量的星神觀念，又把天上眾星體的大小之分，亮度強
弱之別，與人間的生老病死、貧富貴賤、吉凶禍福對應相聯，從
整體上把人間的國富民強、天災人禍與星辰運行聯繫起來解釋；
從整體上把一個人的性情、生死、貧富、榮辱、貴賤也都與某些
星辰的變化聯繫起來說明。於是星命之說流行不僅久遠，而且影
響十分廣泛，幾乎形成民間信仰的主要內容。作者認為在中國各
民族的民間信仰中，對星辰崇拜的深刻影響和信奉程度都遠遠超
過了對日月的崇拜，這是因為人們把對星辰的崇拜和自身生活生
產貼得最近也最具體的緣故，人們隨時隨地關心自身的命運，於
是必然地關注有關眾星④。

　　天象變化直接影響著人們的生產與生活，民間崇拜的天象，
主要包括雷、電、風、雲、雨、虹等等。雷是中國民間信仰最直
接崇拜的天象，人們把雷和天結合起來，認為雷聲是上天發怒的
標誌。由雷崇拜發展而來的對閃電的崇拜是中國民間信仰天象的
一大特色，雷神與閃電神相依相伴，成為偶神。雷電為配偶神的
信仰，顯然已距離直接感觀的崇拜向人格化發展了。在各民族對
雨的崇拜發展過程中，最早應當是對降雨這種天象的直接崇拜，
以後才產生了操縱降雨的神靈觀念，許多民族的雨神崇拜在發展
中多向司雨、造雨的神靈轉化。風的方向和強弱在不同季節裡有
不同的變化，直接影響著人們的生產生活，因而人們產生了多種
風或善惡風的觀念。在獵民、漁民、船家的信仰中，風神信仰占

有重要位置。中國民間信仰的風神從直觀形象的吹氣向扇動翼翅的大鳥形象發展，以後才人格化爲司風之女神、男神。

原書所稱自然物崇拜，是指火、水、山、海、江、河、岩石等大自然存在物的崇拜。各民族的火神信仰，是把直觀崇拜的火，更加貼近了日常生活生產活動。對火及火神的崇拜，在中國民間主要表現在多種祭火儀禮和多種禁忌方面。火神崇拜，在發展過程中，由原始的自然大火、雷電火、山林野火逐漸轉向人類取火、用火、防火、滅火災，最後直至敬奉自家的火塘和灶火，以至出現了和火分離的司火的神偶神像，與原來的直接的崇拜形式產生距離，進入純神靈崇拜和偶像崇拜的階段。在民間的水神信仰中，也與直接對水的崇拜相聯繫，當水神崇拜逐漸在與龍王崇拜複合後，即向神靈偶像化發展了。民間的山神崇拜經過漫長的歷史發展，定居的農業民和山林民逐漸以偶像崇拜的形式把山神供奉在山神廟中，與局部地方的土地神並列。民間對岩石的崇拜往往和對山的崇拜相聯繫，首先是人們敬奉那些奇異的巨大山岩之石，以後隨著人們利用和製造石器或從石塊中取火，取金屬，對石的崇拜逐漸加深，以至於把巨大的岩石雕製成神佛偶像，加以膜拜，形成了對石神，石像崇拜的演化。

在民間信仰中，越是人們賴以生存的事物就越受到崇敬。特別是我國的狩獵民、游牧民、農耕民，在很長的歷史當中都分別和有關的禽類、獸類、魚類、蟲類結成了密切關係，對其中最有影響的動物，加以崇拜。動物崇拜中所說的獸類是指大大小小的與人類接近的陸上哺乳動物，對這些動物的直接崇拜幻想加工過的異獸、瑞獸、神獸的崇拜不同。後者不是把獸類形體狀貌改造成奇異古怪外，就是把特定的神靈或神格附會到某種動物身上，形成了與動物崇拜有了很大距離的神靈崇拜。原書指出神獸、神

禽是人們在信仰中幻想出來的神異靈獸、靈禽，他們雖然具有多種動物的特徵，但絕不是世界上實有過的動物，而是在人們的幻想中創造出來並爲人們所崇拜的神聖禽獸。作者指出在中國民間的動物崇拜中，衍生出上述幻想靈獸神禽，是一大特色，這種對超自然物的信奉，是脫離物神崇拜的一種發展。

　　民間對植物的崇拜也有著悠久的傳統，在植物中最直接的崇拜主要表現在對森林、樹木的崇拜方面最爲突出，其次是花草、穀物崇拜。作者指出各民族對山神崇拜的同時，也十分重視對森林神的供奉和信仰，普遍認爲沒有林木的山只有山神，有林木的山同時還有林神，森林神被崇拜爲密林靈，有的把山神和林神複合起來成爲山林神。在植物崇拜中，樹崇拜是最古老的崇拜對象，樹木崇拜往往形成了某些民族的世界樹觀念。村邊巨樹，宅邊大樹，視爲村寨家宅保護的信仰比較普遍。

　　中國民間信仰中對自然力、自然物的崇拜，是對於大自然界的一種直接崇拜形式。作者指出中國民間信仰的多民族性及地區分佈的特點，使各種自然崇拜形式多彩多姿，並且保持了更多的質樸鮮活的形態。許許多多動人的原始神話及相伴的古老祭儀，都眞切地反映出中國各民族的自然崇拜，至今還存活在人們的日常生活之中。尤其値得注意的是中國民間的大自然崇拜，較多地反映在周邊的少數民族信仰中，並有許多崇拜具有典型意義；相對說來，漢族的自然崇拜，在多數情況下已經離開了直接對自然的崇拜，而向神靈崇拜和神偶崇拜發展了。這種狀況表明各民族間的崇拜形式，其發展並不平衡，特別是漢族與其他信仰原始宗教民族之間的民間崇拜形式，有著很大的差異⑤。中國周邊少數民族由於社會經濟變遷較遲緩，而保存較豐富的自然崇拜的珍貴資料，漢族則因社會經濟變遷較劇烈，漢族信仰的發展過程較周

邊各族有優勢，但由於許多原始崇拜的消失，從文化史的角度來審視，確實可以說是某些文化遺產散失的一種遺憾。

原書第三章探討幻想物的崇拜。作者指出對幻想物的崇拜是來源於人類自身通過直接的感官接觸後所引起的多種聯想，亦即從原始思維發展下來的萬物有靈的神靈崇拜、精靈崇拜、神靈崇拜、鬼靈崇拜及圖騰崇拜等等。有的神靈附著於一定的事務，有的則專司一定的職責，有的卻凌駕於天地萬物之上，為眾神的家長神，有的卻被放置在冥想虛幻的世界中任統治神。有的性善，有的性惡，有的時善時惡，變化無常。有的是大神，有的是小神。他們中的大多數又彼此不相干，成為並無隸屬關係或互不聯繫的多神。神靈無處不有，無時不在。其中有的甚至是抽象神，幾乎與具體事物無直接關聯。原書對創世神崇拜、守護神崇拜、祖神崇拜、家神崇拜、俗神崇拜等等作了較詳盡的舉例說明。作者歸納各種神靈崇拜後指出中國的創世神，大體上可分為四種類型：一是獨自開天闢地的創世神；二是一對開闢天地的對偶神；三是一大神為主，諸神為輔開天闢地的群體神；四是幾代大神先後完成開創天地的世代神。這種形態在世界範圍內的創世神信仰中都較為完備多樣而且具有典型意義。雖然在民間信仰中所有的大小神靈的崇拜都有祈求保佑的功利目的，但是，人們還是對其中專司保護職能的大神給予更特殊的崇敬和信奉。這種專司保護職能的大神，就是守護神，通稱保護神。最典型的有地區保護神、村寨保護神、山林保護神、狩獵保護神、牲畜保護神、農耕田畝保護神，以及晚期形成的城鎮保護神等等。

以血緣世系為紐帶的氏族、家族的發展和家族生命週期的更迭、延續，使祖先觀念與靈魂觀念互相結合，使亡故的先人，一代一代以其祖宗在天之靈升入神位，成為氏族、家族延續的最可

靠的保護神。關於祖靈信仰最具普遍意義的是民間對亡故先人的
敬奉。作者認爲這種敬奉是從鬼靈崇拜中亡靈觀念冥想出來的祖
先神崇拜，普遍認爲祖輩代代離世，是他們的靈魂依然關注著後
代兒孫的一切。因此，追念祖靈，祈求祖先在天之靈庇佑本族子
孫後代興旺，便成爲祖靈崇拜的最重要的目的。在祖靈崇拜中，
祖神的位置是特殊的，祂往往與其他神靈保持極大的距離，即使
是在祭祀活動中與某些神靈同時享祭，其位置總因爲和在世子孫
的血緣聯繫而表現特殊。除了祖先神之外，還有家宅保護神靈，
其中最主要的神有灶神、火塘神、門神、井神、倉神、床神、廁
神等，這些神靈密切關聯著每家每戶的日常生活。俗神崇拜也屬
於神靈崇拜，原書所稱俗神，又稱世俗神，是和民間的群體性崇
拜方式相聯繫的神靈，不是小家小戶分散供奉的專司家事的神，
是屬於地方性民眾祀奉的有集群性風俗的神靈，佛道混雜。舉凡
送子觀音、廣生娘娘、泰山娘娘、王母娘娘、玉皇大帝、龍王、
福神、祿神、壽星、喜神、財神等等都是中國最爲廣泛的世俗神
崇拜。在俗神信仰中還包括較大一部分行業職能神的崇拜，如手
工業匠人等生產行業神或社會不同階層、不同年齡、不同性別的
集團職業者崇拜的神，如梨園神、娼妓神等等都屬於這種俗神。
民間大多爲具有普遍性的俗神建立一定規模的廟宇，並伴隨祭祀
而有廟會活動。

　　鬼靈崇拜是中國民間信仰最早的也是最基本的信仰之一。鬼
靈信仰包括鬼靈世界的三類冥想物的崇拜對象，即；鬼帝閻王崇
拜、鬼吏崇拜及鬼魂崇拜。鬼帝全稱是「酆都北陰大帝」，又稱
「北方鬼帝」，四川酆都縣被道教附會傳說爲北極地獄的所在，
民間相信鬼帝是冥府的最高統治者。閻羅王又稱閻魔王，簡稱閻
王，原是佛教中主宰地獄的一位冥神，傳入中國後成爲民間廣泛

信仰的眾鬼王，是主管地獄的十位閻王的總稱。與崇拜鬼帝、閻王的同時，民間還曾流行對山神東岳大帝的崇拜，把東岳神視為冥府府君，其職司與閻王融合，也掌管十八層地獄七十二司。地藏王信仰雖然源於佛教的地藏王菩薩信仰，但在中國民間信仰中被附會為地府主宰鬼界之王。冥界鬼都不僅有帝王，也有專司鬼靈諸事的鬼官、鬼吏、鬼卒。判官是冥界鬼官，有多種分工，有各地判官，有各種死因的專司判官。民間相信鬼吏通曉所有生人於陽世的善惡，並記錄在案，以備結算壽限，又因此掌管死魂還陽轉生大事。牛頭馬面是地獄中較大的鬼卒，佛教傳入時已有「牛頭阿旁」、「馬面阿旁」兩個半人半獸的惡鬼，晉代以後，盛傳牛頭馬面執兵器拘魂捉鬼的冥司軼聞。由人死後亡魂幻化成的鬼，在信仰中並不都是同樣對待的，有的是親屬壽亡死後的家鬼；有的是非正常亡故的邪鬼；有的是游蕩在荒野墳山中的野鬼；有的是作祟興災的惡鬼、厲鬼。在少數民族的眾鬼崇拜中，最值得提到的是水族的古老信仰，《水書》中記載的水族凶鬼至少有一三〇種，每種凶鬼都有特定名稱。從各類惡鬼作祟的諸多方面可以看到水族崇信鬼靈的廣度與深度。作者指出水族崇拜如此眾多的幻想產生的鬼類，是鬼靈崇拜與神靈崇拜，精靈崇拜尚未區分清楚的表現⑥。

　　和早期的鬼靈崇拜、祖靈崇拜不可分的就是精靈崇拜，作者指出精靈崇拜是一種把活人的生魂和死人的亡魂信仰推衍到自然萬物都具有各自靈魂的信仰。在民間信仰中精靈、鬼怪很難嚴格區分，除死人亡魂被視為鬼以外，許多作祟興災的鬼怪都應是精靈。精靈崇拜的主要內容就是妖精崇拜、魔怪崇拜。作者指出崇拜幻想物的信仰，是民間信仰中的主要崇拜形式，其崇拜的幻想神靈、鬼靈、精靈，是這種形式的主要對象和多彩多姿的內容。

中國民間信仰的發展，從對萬物的實體崇拜向對萬靈的幻體崇拜發展，使中國的絕大多數民族走上了東方多神信仰的漫長道路。各民族在不同時期，對神靈、鬼靈、精靈的認定，不盡一致，不易區分清楚，因此，原書探討幻想物的崇拜時，區分爲神靈崇拜、鬼靈崇拜、精靈崇拜三個範疇，就不免有些重疊，同時也有些牽強。

原書第四章探討對附會以超自然力的人物崇拜，這是一種對實有人物神化或半神化的崇拜形式，這種崇拜幾乎可以被認爲是中國民間信仰的重要特色。在中國民間信仰中，對賦予實有人物神性或半神性的信仰實體，大致有四種：一是神人；二是仙人；三是聖人；四是巫師。其中神人崇拜，是指民間神化了的歷史人物、地方人物而言，這些人物不僅在民間傳說中傳誦其中神異的功績，而且還被民間供奉或祭祀。神化人物的崇拜是中國民間信仰中萬靈崇拜的獨具特色部分，是把對超自然力的幻想崇拜附會在特定人物身上的一種世俗信仰。仙人崇拜是由道教影響而形成的一種飛昇爲仙的人物。仙化與神化的相同處，是他們的原型本體都是人，都是實有其人，他們也都被賦予了超自然力的靈異，但是神人的神化過程是在該人物死後被附會穿鑿成神靈，而仙人的仙化過程是在該人物有生之年即從事專門的成仙得道修煉，直至被民間公認爲成仙得道、長生不死的有靈異神奇道法通變之人。民間信仰的仙人，源自道教，所謂仙人，就是古代方士、道士幻想成的超凡脫俗並有神通變化超能力的長生不死之人。聖人崇拜是對於聖化了的人物的供奉與崇拜。民間崇拜大聖大賢，主要崇拜他們爲國爲民建立的功德，通過祭祀的制度，方式和手段，表達民衆對他們的感戴。歷代以來，民間信仰中的聖人崇拜總是以儒家思想爲指引，以朝廷官方爲倡導，以建祠立廟爲標

誌，以崇拜祀奉爲手段，成爲中國信仰的獨特內容。與神人崇拜、仙人崇拜相比較，對古聖先賢的崇拜，更多的成分是品德節操方面的精神上的崇尙敬仰，對神人、仙人的崇拜，除了敬畏之外，主要是對神仙有功利方面的具體祈求。因此，民間對大聖大賢的崇拜更多地是用傳統的廟祀形式對聖人賢人的追念，也是民間崇拜的獨特形式。

　　民間信仰的傳承，主要來源於原始宗教，而巫的產生正是來自原始宗教盛行的氏族部落社會。巫師是民間信仰中特有的能夠與神靈、仙靈、聖靈、精靈、鬼靈相通，並使諸靈附體的活人，以他們擁有的某些神性與神格受到民間的特殊崇拜。因此，民間對巫師的崇拜包括兩方面的用意：一是民間信仰者力圖經由巫師的中介和某些與已相關的神靈、仙靈、聖靈、精靈及鬼靈溝通，以期祈願成功；二是民間信仰者擔心巫師利用自身的神鬼相通的能力作祟於人，因而對巫師存有敬畏心理。男女巫師自古至今門類繁多，職司不一，大體可以區分爲二：一是兼司跳神、請神、通神、施行巫術，主持祭祀、驅邪醫病的；一是專司祭神，不施巫術，不能通神的。在民間信仰中，顯然前者具有原始形態巫師特點，在民間受到格外崇拜；後者應近於宗教祭司，只能受到應有尊敬，難以達到高度崇拜。所以，巫師崇拜的實際含義，應當只限於對跳神、通神和施行巫術的那些巫師的崇拜。作者指出北方各族巫師的跳神活動和神靈附體的多種巫術，大體有相近相似甚至相同之處，反映了古老的巫師崇拜在北中國有著漫長的歷史，且有深遠的影響。同時，也可以追溯到古代氏族社會時期對巫師的崇拜，因爲大巫師或大薩滿同時又是部落首領的緣故，而與首領崇拜密不可分。巫師崇拜是指超自然力附會於活人而加以崇拜的最原始形態。巫師崇拜在廣泛的民眾中間是最貼近世俗生

活，最具樸素自然狀態的一種崇拜形式，很值得注意。

　　原書第五章探討對幻想的超自然力的崇拜，作者指出在中國民間信仰中，不僅把幻想的超自然附會於很多已死去的人物和一些活著的人物，而且還把這種幻想的超自然力附會於許許多多的事物中，使它們成爲人們崇拜的靈物、法術、咒語，這種崇拜在學術上又可以簡稱爲「魔力崇拜」，是對神秘的超凡的事物所蘊含的幻象的奇異魔力的崇拜。靈物所展現的魔力不外有兩大類：一類是防範性、保護性的魔力；一類是攻擊性的、克敵制勝的魔力，合力構成信仰上的求吉避凶效果。作者指出民間崇拜的靈物，並不包括自然界的動植物或岩石、山水之類，而是指具有神秘魔力的人工器物或自然物的分部、細部，如一塊護身符，一碗烏雞血，一絡獸毛，一定數量的黑石子，一縷五色絲，在特定的信仰中都是受崇拜的靈物。和祖靈崇拜、聖人、仙人崇拜有密切關係的靈物崇拜是對死去人物遺物的崇拜，通稱爲遺物崇拜。這種遺物崇拜，並不是對死者的追念，而是認爲這些靈物具有保佑崇拜者的神奇魔力。護身符是被認爲具有神秘魔力的靈物，其原來意義，主要是指古代道士利用符籙避邪護身的一種可以隨身佩帶的特件。但在民間信仰中，早已不只是畫符的靈物，而是用裝有多種可避災邪的有神奇功能的靈物而製成的。在許多民族中還有許多類似護身符之類的避邪靈物、鎮物，都被認爲具有神秘的魔力。在靈物避邪的崇信中，有許多是與巫術相聯繫的大量人工物，或採用的自然物部分，在特定的信仰儀禮條件下，它們被認爲都有神秘莫測的力量。

　　在對超自然力的崇拜中，靈魂崇拜是最基本的崇拜之一。靈魂在信仰中被視爲居於人的軀體內而主宰和支配軀體的一種超自然體，它有超自然的神秘力量。在靈魂崇拜的觀念中，還有的民

族把靈魂化解爲多部，分附於人軀體的各部位。在各民族的靈魂崇拜中，這種靈魂有各種離開身體而去的直接體驗和間接觀察。作者綜合各民族有關靈魂崇拜的說法，三魂說是具有普遍性的觀念，其中生魂是人或動物都有的魂，是和人或動物的生命始終結合在一起的魂。蒙古、滿洲、達呼爾、鄂倫春等族所說的生魂，是永生魂，當人死後，永生魂離開軀體，其魂不滅，可以爲子孫降福。在民間信仰中有永生靈魂觀，無論生魂與肉體既結合又分離的說法，還是生魂永生，可以追魂，起死回生的說法，都反映了民間對生的渴求，對死的恐懼，對災病的無能爲力。倘若沒有生魂崇拜，也就沒有原始的民間信仰。民間信仰中的靈魂崇拜，幾乎都有游魂這種超自然體，甚至認爲游魂是三魂中與生魂不相同的另一種可以離開軀體游走的魂。游魂信仰的重要觀念之一，就是認爲人的游魂中有一部分是形影魂，這是從魂可以暫時離開軀體而游離的觀念中派生出來的。北方民族的薩滿信仰認爲人如失去影像必死，人像淡薄模糊必病，禁忌頻繁照鏡和自視靜水中的倒影，否則很容易失魂。在靈魂崇拜的三魂中，轉生魂是晚期信仰的產物，和原始的靈魂不死不滅觀念的差異，就是於靈魂可以重新依附於人或動物軀體再生。民間的靈魂崇拜觀念擴展開來，推及到各種動物、植物，以至非生物界的山、水、石、風、雨、雷、電、日、月、星辰等等大自然物象，甚至推衍到許多人工製作的物品上，相信都有靈魂，形成了多種物神的崇拜，所以靈魂崇拜是超自然體的魔力崇拜的最重要內容。把民間信奉的神靈塑造成形象加以崇拜，是民間信仰經過實物崇拜、物神崇拜以後發展起來的一個偶像崇拜的階段。民間信仰在原始巫術道具的基礎上，受到多神教的文明影響，發展了自身的神偶、神像的製作和崇拜。在民間的偶像崇拜中，最值得注意的是由巫師製作並

供奉的多種神偶，反映了原始的物神信仰向偶像崇拜的發展進程。

中國民間信仰中的巫術活動，不僅源遠流長，而且佔有十分重要的位置。幾乎所有的民間信仰內容，都不可避免地具有巫術特點。原書指出巫術是幻想倚靠超自然力對客體強加影響或控制的手段，相信這種手段的功能的觀念，叫做巫術觀念，崇信這種手段神異影響力的種種表現，叫做巫術崇拜或巫力崇拜⑦。原書討論的巫術範圍主要包括：跳神驅鬼和占卜禁咒。前者由能通神靈的祭司和能顯神靈的巫師主持，有特定的祭神、請神、降神、顯靈、招魂、送魂儀式，儀式中各程序都有利用各種實物法具操作的法術伴隨，程序繁雜，法術瑣細。後者則由占卦師擔任，使用古代流傳下來的各種占卜算卦的方法和物器占驗手段，還包括江湖巫醫神漢的驗看風水、八字星命、測字合婚、扶乩看相、過陰壓勝等五花八門的方術、數術。作者指出所有巫術活動在中國民間信仰中都有其神秘莫測的特點嚴重地影響著生產與生活，在許多方面，如婚喪大事，生老病死等人生歷程中甚至起著消極的麻醉作用，延緩了民族文明進步的科學進程。但作者同時也指出作為有著悠久傳統和深刻影響的神秘超凡魔力的崇拜，還會在中國廣袤的山野村寨中繼續遺存和延續下去。只要民間生活處於天災人禍的侵害之中，生老病死處於無可奈何的狀態之下，人們對超自然力的畏懼和祈願就不會停止和終結⑧。誠如所言，民間信仰中的巫術崇拜有其消極作用，但是倘若山野村寨等地區的生態環境並未改變時，人們對超自然力的崇拜，就不會終結。

原書結語指出中國民間信仰在已往的研究領域中，由於過分強調以漢族信仰為中心成了慣例，所以忽視了它的多民族性。當有關民間信仰研究的視點向多民族的廣角展開以後，就會發現中

國民間信仰的歷史形態具有較完整的多層次文化特點。只要把萬
靈崇拜和多神崇拜事象擺放到中國社會發展和文化演進的歷史長
河中，就可以從縱觀上顯示出較清晰的民間信仰文化史的軌跡來
⑨。中國歷代以來就是一個多民族的國家，探討中國民間信仰，
不可過分強調以漢族爲本位的信仰，而忽視多民族民間文化的廣
大財富。必須重視多民族性，從大文化的視野認眞對待它。原書
探討中國民間信仰問題時十分重視中國多民族信仰文化的多元化
研究，原書的研究成果，確實相當豐碩。

原書緒言中已指出中國的民間信仰，伴隨著歷代民衆的艱苦
歲月，十分緩慢地度過了千萬年時光。從遠古史前時期的遺址祭
壇和殘缺的衆神偶像上，發掘出中國史前文化原始信仰的珍貴形
象；又從現存的中國五十六個民族的大量口碑文化史中，讀到了
浩瀚的植根於鄉土文化的準宗教實錄和鮮活生動的篇章。誠如作
者的說法，中國民間信仰，不僅源遠流長，而且在中國文化史
上，確實有它極其厚重的分量。原書將歷代以來的中國民間信仰
以五章的篇幅概括敘述，未能就各民族民間信仰的發展特徵作分
期討論，且往往成爲流水賬似的記載，未能作更加深化的分析，
可說是美中不足之處。

近年以來，許多民俗學、民族學界的讀者們，不約而同地把
學術研究的觸角伸向了全國各民族的信仰生活中，進行了大規模
的田野調查，取得了豐碩的成果。除了出版有關民間信仰的一批
專著外，還出版了大型的工具書，例如《中國各民族宗教與神話
大詞典》、《中國風俗辭典》、《中國民間信仰風俗辭典》等，
這些書籍爲《中國民間信仰》一書的撰寫提供了翔實可信的實證
資料，爲鉤畫中國多民族的民間信仰面貌創造了空前的良好條
件。但是，除了充分依據民俗調查資料進行研究外，同樣不能忽

視典籍文獻或檔案資料的發掘工作。譬如原書討論星神崇拜時指出自古以來就認爲地上有多少人，天上就有多少星，每降生一口人，就多添一顆星；每死去一口人，天空就落下一顆星。這種人星混同、人星相應的信仰，在民間具有普遍性。在民間秘密宗教的案件中也可以發掘到星辰崇拜的檔案資料，例如乾隆四十三年（一七七八）正月，元頓教信徒河州人黨曰清等人被解送入京後，軍機大臣遵旨提訊。黨曰清供出元頓教又名紅單教，教主王伏林假借彌勒佛轉世，能點石成金，法力強大，立教惑衆。河州人楊伏龍也供出入教經過，現存《上諭檔》錄有供單，節錄一段內容如下：

> 楊伏龍供：我今年四十歲，是河州人。乾隆三十六年，原拜石忠信爲師，授三皈五戒，持齋行善，到四十二年六月，聽見羅常三、王丙順說，石忠信有妻再娶，不守清規，不如張志明識字通經，叫我轉從張志明爲徒。張志明叫我每早吸日光三口，能避水火，又叫我招引徒弟。我在碾伯縣浪灘地方共招了董一西、董一連、鮑清伏、張玉林、董文林、張進學、郝天順等家共大小男婦四十八個做徒弟。四十二年十月初九日，張志明叫我同石忠信、支文召、王丙信、黨曰清到羅聚洪家，張志明說：如今有教主王伏林是彌勒佛轉世，他母親是五聖老母轉世，他妹子是觀音轉世。王伏林法力甚大，不怕刀兵水火。他母親有件掃霞衣，凡投在他門下的，他把姓名寫在衣上，待天上星辰全時作起法來，將衣輪轉，要那個星附在那個人身上，那星就會掉了下來，那人得了星宿，就猛勇無敵，一切不怕。叫我們在鄉傳說王伏林能點石成金，定於十一月初四日起在王家坡豎幡念經，叫眾門徒各帶家口前來赴會，待

　　功果圓滿，點金賜與眾人，都有好處，眾人都聽信了⑩。

　　天上的星辰附在人的身上，人得了星宿，就會勇猛無敵，這也可以說是人星相應的具體例證。姑且不論掃霞衣的法力如何？但就民間信仰的研究而言，這是一則很珍貴的檔案資料。

　　古代突厥巫師有招致風雪的法術，稱為札答，是一種禱雨石。古代突厥人稱它為「Jadah」，波斯人稱它為「Yadah」，漢字音譯多作「札答」，巫師用禱雨石製造雲、雨、霜、雪。原書第三一頁據《突厥語大辭典》的記載，指出古代維吾爾人用動物腹中取出的結石，叫做「砟答」的東西祈雨，可以使老天降雨雪。原書第三三頁指出在新疆突厥語族的古老信仰中也有信仰一種風石的，俗稱雅達或加達，認為只要曝曬此石，便可生出旋風。同書又稱在蒙古族古老的信仰中，也有一種能生風生雨的神秘石塊，叫做札達或加達。據傳這種石塊出自水鳥、蛇、鹿的頭中或牛腹中，有暗色條紋，性冰冷，手摸或貼近耳邊聽時有沙沙作聲響，就是生風的標誌⑪。其實，砟答、雅達、加達、札達等等，都是「Jadah」或「Yadah」的同音異譯，原書未能標注羅馬拼音，以致漢字音譯並未統一。《多桑蒙古史》記載蒙古人使用獸體病石，投入水中，即產生煙霧，蒙古薩滿利用此種煙霧，可以製造雲雨⑫。《欽定四庫全書》收錄陶宗儀著《輟耕錄》，此書〈禱雨〉條有一段記載說道：

　　　　往往見蒙古人之禱雨者，非若方士然，至於印令旗斂符圖氣訣之類，一無所用，惟取淨水一盆，浸石子數枚而已，其大者若雞卵，小者不等，然後默持密咒，將石子淘漉玩弄，如此良久，輒有雨。豈其靜定之功已成，特假此以愚人耳？抑果異物耶？石子名曰鮓答，乃走獸腹中所產，獨牛馬者最妙，恐亦是牛黃狗寶之屬耳⑬！

引文中的「鮓答」，即「札答」的同音異譯。蒙古薩滿利用札答石招致風雨，就是常見的巫術活動。《中國民間信仰》一書的章節安排，把巫師崇拜置於第四章、巫術崇拜置於第五章，巫師離開巫術，就不能通神，亦即失去巫師崇拜的實際含意，原書分割兩章討論，並不妥當。而且使用札答石招風雨的巫術活動，有其信仰基礎。蒙古薩滿使用札答石時，大都將若干經過咒鍊的小石塊置於水中，然後施行法術，使當地龍王降下風雨。因此，討論札答問題時，究竟置於雨神崇拜、風神崇拜，或巫術崇拜、巫師崇拜？確實有待商榷。瑕不掩瑜，作者充分利用調查新資料，對中國多民族民間信仰作了綜合研究，內容包羅萬象，擴展了視野，確實作出了重要的學術貢獻。

【註　釋】

① 烏丙安：《中國民間信仰》（上海，上海人民出版社，一九九六年十二月），頁 2。

② 莊吉發：〈清代政治與民間信仰〉，《清史論集》（一）（臺北，文史哲出版社，民國八十六年十二月），頁 169。

③ 烏丙安：《中國民間信仰》，頁 14。

④ 《中國民間信仰》，頁 27。

⑤ 《中國民間信仰》，頁 99。

⑥ 《中國民間信仰》，頁 177。

⑦ 《中國民間信仰》，頁 290。

⑧ 《中國民間信仰》，頁 300。

⑨ 《中國民間信仰》，頁 301。

⑩ 《乾隆朝上諭檔》，第八冊（北京，檔案出版社，一九九一年六月），頁 887。乾隆四十三年正月十二日，楊伏龍等供單。

⑪　《中國民間信仰》，頁 33。

⑫　《多桑蒙古史》，第二卷，附錄一（臺北，臺灣商務印書館，民國五十四年八月），頁 291。

⑬　《輟耕錄》，《欽定四庫全書》，第一〇四〇冊，卷四（臺北，臺灣商務印書館，民國七十五年三月），頁 18。